KB054575

11월

글　하승우 외 13명
사진 노순택 외 7명
그림 류성환 외 9명

삶창

기획의
말
_____

2016년 11월에 일어난 시민항쟁의 징후는 사실 오래 전부터 있었습니다. 다만 그것을 알아차리지 못했을 뿐입니다. 인간의 역사란 것은 사건이 일어난 후에 그 결과를 갈무리한 것인지도 모릅니다. 소용돌이의 복판에서는 사건의 성격을 인식하는 게 쉽지 않은 일이니까요. 지금도 촛불의 물결은 꺼지지 않았습니다. 항쟁의 목소리가 단지 박근혜 대통령의 퇴진만을 겨냥하고 있지 않기 때문입니다.

우리가 2016년 11월의 목소리를 기록해야겠다고 결심한 것은 11월 하순 즈음이었습니다. 2016년 11월이 어떤 사건인지 초반에는 당연히 예측하기 힘들었으니까요. 촛불이 언제 꺼질지 또 얼마나 타오를지 알 수는 없지만, 계간 『삶이 보이는 창』을 통해 줄곧 관심을 기울였던 우리 사회의 문제들이 드디어 2016년 11월에 박근혜-최순실 게이트를 출구 삼아 터졌다고 판단했습니다. 다시 말하면, 광화문광장에 모인 100만의 함성은 그동안 우리 사회 곳곳에 존재하고 있던 고통어린 신음들이 그 기원이라고 생각했던 것입니다.

2016년 11월이 훗날 어떻게 평가되든 가장 질박하고 생동감 있는 목소리들을 문자로 모아놓아야 할 필요성을 느꼈습니다. 물론 광장의 발언들과 노래들이 모두 허공으로 흩어져버리고 만 것은 아닙니다. 다만 우리 사회의 구석구석에서 시작된 냇물의 목소리를 도외시하고 광장의 거대한 함성만을 기억해서는 안 되겠다는 생각입니다. 그래서 가능한 한 아래에서, 지역에서, 소수자의 눈으로 보는 11월을 기록하고 싶었습니다. 이 책의 몇몇 필자들이 거듭하여 말하고 있듯, 광장의 함성은 단일한 한 덩어리가 아니라 많은 이질적인 분자들이 모인 현상일 것입니다.

또 광장의 함성은 역사적 기원도 분명히 가지고 있습니다. 하지만 2016년 11월을 기록하는 자리에서 거기까지 깊게 들어갈 수는 없었습니다. 그 일은 다른 기회에, 적절한 역량을 가진 분들에 의해 점검될 필요가 있을 것입니다. 아무튼 우리는 가급적 함성과 동시적으로 기록되는 글들을 찾았고, 그 결과가 바로 『11월 : 모든 권력은 국민으로부터 나온다』입니다. 하지만 적잖은 목소리들이 빠졌습니다. 이것은 순전히 '책'의 형태를 빌리는 과정에서 파생된 결과일 뿐입니다. 기록되지 않은 다양한 목소리들은, 부록으로 실은, 2016년 11월에 봇물처럼 쏟아져 나온 시국선언문을 통해 일부 듣기로 했습니다.

『11월』이 가장 현장과 가까운 기록이라고 말하지는 않겠습니다. 이미 많은 목소리들이 단편적으로나마 언론에 의해 남겨졌고, 채록되어 있는 것을 알고 있습니다. 그러나 조금 더 '의도적'으로 기록을 남긴 최초는 될 거라고 생각합니다.

이 책은, 각자 다른 입장에서 2016년 11월에 일어난 항쟁의 의미를, 그리고 항쟁이 있기까지 대체 어떤 일이 있었는지에 대한 것들로 이뤄졌습니다. 그게 첫째 장을 이루고 있습니다. 해고노동자의 입장에서, 한국 사회를 가부장들의 카르텔로 보는 페미니스트의 입장에서, 개 사료값만도 못한 쌀농사를 지어야 하는 농부의 입장 등등에서 말입니다. 그 앞에는 한국의 정치체제가 어떻게 변화되어야 하는가에 대한 하승우 녹색당 공동정책위원장의 글을 실었고, 백무산 시인의 광장의 함성만큼 살아 꿈틀대는 시를 실었습니다.

둘째 장은 각 지역의 함성을 실었습니다. 특히 관심을 끄는 것은 부산과 대구 이야기입니다. 부산과 대구가 어떻게 아래에서부터 변화하고 있는지에 대한 리얼리티가 살아 있는 글입니다. 소중한 기록들입니다. 셋째 장은 화가들의 작품을 손이 닿는 대로 찾아 실었습니다. 당연히 2016년 11월과 직·간접적으로 연결되어 있습니다. 그리고 본문에서 숱하게 언급된 2014년 세월호 참사가 강제한 작품들도 있습니다. 그만큼 세월호 참사는 우리 무의식에 엄청난 상처를 남긴 비극이었습니다. 미술평론가 김종길 선생이 도와주셨습니다. 본문 사이사이에 실린 생생한 사진들은 이 책의 성격을 여실히 보여주는 데 큰 역할을 합니다. 흔쾌히 수록을 허락해주신 화가, 사진가 선생님들께 감사의 말씀을 드리며, 사정이 허락하는 한 앞으로도 삶창은 현실을 기록하는 일을 마다하지 않으려고 합니다.

차
례

11
월

2016년 시민항쟁을 통해 상상하는 새로운 민주주의

하
승
우

다시 거리다. 많은 시민들이 대통령을 청와대에서 끌어내기 위해 거리로 나섰다. 시위의 규모가 커질수록 볼거리는 많아지고 더욱더 많은 사람들이 거리로 나서고 있다. 한 자리에 모여 소리 높여 '박근혜 퇴진'을 외치는 시민들, 지난 12월 3일 6차 집회에서는 200만 명을 훌쩍 넘었다. 더 많은 사람들을 거리로 모으면 부패한 기득권 정치를 끝장낼 수 있을까? 시민들의 위세에 눌린 덕인지 국회는 대통령 탄핵소추안을 가결했고 대통령은 퇴진하진 않았지만 직무정지 상태에 들어갔다.

역사를 따져보면 거리를 메우는 목소리들이 하나였던 적은 없다. 지난 역시기 3·1운동 당시의 다양한 목소리들을 '대한독립 만세!'로 묶어버렸듯, 지금의 촛불 행진을 하나의 목소리로 묶을 수 없다. 노동자, 농민, 청소년, 여성, 장애인, 성소수자 등 다양한 주체들이 여러 이유로 거리에 나선다. 이 모든 목소리가 '박근혜 퇴진'으로 모이면 퇴진 이후 행진은 방향을 잃어버릴 수밖에 없다. 물결이 강으로 모였다 다시 갈라지듯 목소리도 모였다 흩어졌다 하면서 점점 더 큰 파동을 일으켜야 하는데, 그동안 한국의 시민사회운동은 하나 외의 목소리들을 '잡음'처럼 취급해왔다. 지금의 촛불집회는 그동안의 과정을 성찰하며 이런 목소리들을 들으려 하지만 여전히 시선은 큰 무대로 집중되어 있다.

그 '잡음'을 끄거나 배제하려는 순간 자신을 그렇게 해서만 드러낼 수 있는 주체들도 사라진다. 여성혐오 발언이나 장애인, 청소년 비하 발언에 대한 비판이 대의를 위해 뒤로 밀려나는 순간, 그 주체들은 다시 공론장에 모습을 드러내려 하지 않는다. 그래서 왜 내 곁에 아무도 없지?라는 의문을 가질 때쯤이면 힘을 가진 자들이 서서히 상황을 정리한다. 저들이 버티는 이유는 언제나 하나로 뭉치려는 이쪽의 움직임이 그다지 치명적인 위협이 되지 않고 예측 가능하기 때문이다.

사실 요구가 하나로 정리되면 저들은 법과 절차, 언론 등을 활용해서 그 요구에 많은 구멍을 낼 수 있다. 국회에서 탄핵안은 통과되었지만 탄핵의 절차, 특검의 기간, 대통령 퇴진 이후의 권력 서열과 내각 구성의 방식, 대통령 선거의 절차와 방법, 선거제도 등등을 거론하기 시작하면 하나로 보이는 요구안은 분열될 수밖에 없다. 특히 기성체제가 만들어놓은 규칙은 절대적으로 기득권 세력에게 유리하니 시민들이 불복종을 선언하지 않는 이상, 그리고 설령 불복종을 선언하더라도 상황은 그들에게 유리할 수밖에 없다. 또한 정계와 재계, 언론계, 문화계 등이 서로 탄탄하게 얽혀 있으니 어느 한쪽에 구멍이 뚫려도 기득권 세력은 능히 '돌려막기'가 가능하다.

가장 중요한 점으로 기득권 세력은 여전히 낮의 시간을 '지배'하고 있다. 촛불집회라는 이름 그대로 해가 떠 있는 노동의 시간에는 여전히 집회가 불가능하다. 총파업이라는 구호가 무기력한 만큼 낮을 둘러싼 싸움은 촛불에게 절대적으로 불리하다.

단절된 일상과 일상과의 단절

평일 저녁이나 주말에만 집회가 가능한 건 일상을 유지해야 하기 때문이다. 아니, 시민이 일상에 묶여 있기 때문이다. 내일 지구가 망해도 오늘 밥은 먹어야 하고 학교에 가야 하고 공장과 사무실에도 나가야 한다. 촛불집회에 나온 시민들은 낮 시간을 어떻게 보낼까? 기득권 세력이 만든 세상의 시간이 멈추는 시간, 그 시간이 바로 항쟁의 시간, 혁명의 시간이 아닐까?

일상에 균열이 생기는 바로 그 순간 시간과 공간이 정지되고 새로운 시공간이 열린다. 존 홀러웨이가 『크랙 캐피털리즘』(갈무리, 2013년)에서 호명하는, 자본주의에 맞서는 혁명의 주체들을 보라. 자신의 음악으로 분노와 꿈을 표현하는 작곡가, 자연 파괴에 맞서기 위해 정원을 만드는 정원사, 자치 공간을 만들고 매일 그것을 지키는 멕시코 치아파스의 원주민들, 비판적인 사상을 위해 대학 밖에서 세미나를 하는 대학 교수들, 자본주의에 대항하는 책을 출판하는 출판업자, 노래로 싸우는 브라질의 합창단들, 새로운 교육을 보여주기 위해 경찰과 맞서는 교사들, 일하지 않는 시간에 집회로 향하는 콜센터 노동자들, 물의 사유화에 맞서는 주민들, 공장을 점거하고 평의회를 구성하는 노동자들, 콘크리트에 대한 반란으로 창틀에서 식물을 가꾸는 노인, 빈집을 점거하고 집세를 거부하는 집 없는 사람들, 사랑과 상호부조의 삶을 만드는 것으로 분노를 표현하는 여성들, 바로 이들이 자본주의와 맞서 싸우는 사람들이다. 매우 놀랍게도 "오늘은 일하러 가지 않겠다며 이런저런 책을 들고 공원에 쉬러 가는 도쿄의 소녀"까지 홀러웨이는 투사로 소환한다.

일상의 균열이라는 관점에서 보면 한국의 혁명 주체들은 누구일까? 애써 그들을 찾을 필요는 없다. 일상과 단절된 사람들은 이미 수없이 많다. 당장 2년 넘게 광화문광장을 지키고 있는 세월호 유가족들을 보라. 유가족들은 세월호 이전의 일상으로 돌아갈 수 없다. 세월호 참사를 끔찍하게 기억하는 사람들의 일상도 그 이전으로 돌아갈 수 없겠지만 유가족들처럼 일상이 완전히 단절되어 있진 않다. 단절된 세상에서 기억의 끈을 일상에서 붙잡고 있는 유가족들은 싸울 수밖에 없다. 일상을 사는 우리는 이 싸움에 얼마나 공감할 수 있을까? 갑작스런 사고로 돌아갈 곳이 없는 싸움처럼 절망적인 것도 없지만 또 그만큼 허무의 파괴력을 가진 것도 없다.

사고가 아니라 의도적인 파괴를 경험한 노동자들도 있다. 유성기업의 노동조합 탄압은 악질 자본과 악질 컨설팅 회사의 대표적인 합작품이다. 2011년 당시 '창조컨설팅'은 노조 파괴를 컨설팅하고 돈을 받았는데, "회사의 교섭 거부와 단협 해지-파업 유도-사측의 직장폐쇄-용역깡패 투입-노조에 대한 대량 해고와 대량 징계, 막대한 손해배상 요구-조합원 탈퇴 종용-탈퇴 조합원 중심으로 기업노조 창립, 배타적 교섭권 부여"라는 노조 파괴 매뉴얼을 완성했다.

2013년 10월에 '창조컨설팅'이 설립인가를 취소당할 때까지 전국에서 수십 개의 노조가 이 전략 앞에 무너졌고(그리고 지금도 무너지고 있고) 비슷한 류의 컨설팅 업체들이 만들어졌다. 유성기업은 그 후에도 노조에 대한 탄압을 멈추지 않았고, 결국 2016년 3월 17일 한 노동자가 자살했다. 이 노동자와 함께 일상을 보낸 노동자들도 이전의 일상으로 돌아갈 수 없고 기약 없는 싸움을 계속할 수밖에 없다. 그렇지만 공장이 돌아가고 있는 이상 노동자들은 일상으로 복귀할 수밖에 없고 그런 복귀가 구호가 되기 쉽다.

'반도체 노동자의 건강과 인권지킴이 반올림'은 강남역 삼성 본관 앞에서 1년 넘게 노숙농성을 벌이고 있다. 단체가 결성된 지 7년 만에 삼성을 산업재해 협상 테이블로 끌어내는 데 성공했지만 삼성은 여전히 제대로 사과를 하거나 책임을 인정하지 않고 있고, 그래서 삼성그룹의 노동자들은 계속 위험하고 불합리한 노동조건에서 일하고 있다. 산업재해로 목숨을 잃은 노동자들의 가족과 반올림도 사고가 나기 전의 일상으로 돌아가기 어렵다. 삼성을 다니는 노동자들의 일상과 노숙농성을 벌이는 반올림의 일상은 어느 정도로 만날 수 있을까?

외부의 힘에 의해 일상에서 강제로 단절된 이들의 싸움은 힘겹게 이어지고 있지만 그렇지 않은 시민들은 촛불을 드는 동안만 일상과 단절된다. 연대라는 이름의 결속이 이 두 일상을 이을 수 있을까? 단절된 사람들의 고통이 단절하려는 사람들의 의지와 잘 만날 수 있을까?

일상에서 잠깐 멀어지는 것으론 기득권 세력의 시간에서 벗어날 수 없다. 우리의 시간을 우리 것으로 묶어둘 방법이 필요하다. 물론 이 방법들이 촛불집회에서 모두 나올 이유는 없다. 밤은 촛불에게 맡겨두고 낮을 조직할 단위가 필요하다. 민주노총이나 여러 시민사회 단체들이 있지만 문제는 낮을 조직할 의지나 힘이 있느냐이다.

촛불의 역량과 광장

촛불집회와 관련해 또 다른 쟁점은 촛불의 역량이다. 촛불은 법을 거부할 수 있는가? 눈앞의 차벽을 넘는 것 자체가 법을 어기는 것으로 인식되는 현실에서 촛불은 횃불이 될 수 있을까? 근본적으로 이것은 촛불집회에 나오는 사람들과 단체들이 자신의 역량을 어떻게 이해하고 있는지와 관련이 있다. 우리는 우리의 역량을 얼마나 이해하고 있을까? 그리고 그 역량은 광장과 거리라는 공간에서 어떻게 행사될 수 있을까? 지금의 광장이 촛불의 역량을 살리기에 좋은 공간일까?

흔히 광장은 사람들이 모이는 곳이라 얘기된다. 그런데 광장은 사람들이 모이는 장소인 동시에 그 사람들이 여러 갈래길로 빠져나가는 장소이기도 하다. 광장으로 들어가기만 하고 아무도 빠져나오지 않는다면 그 장소는 포화 상태에 빠질 것이다. 그런 점에서 광장은 진군해 들어가는 장소이자 퇴각을 준비하는 장소이기도 하다. 적의 사정권 내에 한 곳에 모여 있으면 그만큼 큰 피해를 입기 때문에 적절한 시기에 퇴각하는 것은 다시 진군하기 위한 전략이기도 하다.

재미있는 건 이 광장에 맞서는 한국 경찰의 전술이다. 경찰들은 광장의 촛불에 맞서 차벽을 세우고 바리케이드를 친다. 여러 방면에서 몰려오는 강한 상대에 대응하기 위해 힘이 약한 사람들이 이것저것 모아서 치는 것이 바리케이드인데, 한국에서는 강력한 물리력을 가진 공권력이 바리케이드를 치고 시민들을 상대한다. 이렇게 입장이 뒤바뀐 이유는 간단하다. 광장으로 모인 시위대가 한 방향으로만 가려 하기에, 막는 자의 입장에서는 그것만 차단하면 되기 때문이다. 그런 점에서 촛불은 자신의 역량을 살리기 어려운 방식으로 행진하고 있다. 다수의 힘은 예측 불가능할 때 살아나는데 지금은 그 경로를 예측하기가 너무 쉽기 때문이다.

자기 역량에 대한 파악이 없으니 폭력/비폭력 논쟁이 다시 불거지고 평화란 무엇이냐, 시위의 목적과 한계는 무엇인가라는 논쟁이 벌어진다. 충분히 벌어질 수 있는 논쟁이다. 광장에서는 충돌과 갈등이 필연적이기 때문이다. 다만 그 논쟁의 결과가 하나로 뭉쳐질 필요는 없다. 누가 더 현명한가, 누가 더 올바른가를 놓고 따질 필요도 없다. 그 현명함과 올바름은 상황에 따라 드러나는 것이지 내부의 가치나 합의로 판단될 일이 아니기 때문이다.

일상과 단절하지 않는다면 광장에서의 물러남 역시 자연스러운 일이다. 광장에 성을 쌓고 농성을 할 게 아니라면 광장은 다시 비워질 수밖에 없다. 다만 광장으로 조직된 시민의 역량은 점검되어야 한다. 단지 수가 중요한 게 아니라 시민들은 광장에서 무엇을 서로 나누고 헤어졌나? 나아가 그렇게 헤어진 시민들은 다시 광장으로 모일 의지가 있는가? 언제,

어떻게 다시 모일 것인가? 폭력/비폭력 논쟁보다는 이 부분에 대한 질문이 더 중요하다. 광장에 나온 사람들은 어떤 '관계'를 맺고 어떤 공통감각(common sense)을 가지게 되었을까? 다른 신체와 관계를 통한 감정의 변동이 없다면, 광장은 주체성에 아무런 변화도 주지 못한 것이고 광장의 정치는 지속되기 어렵다.

다양한 주체들이 목소리를 낸다면 그때야말로 집단지성이 발휘되고 다양한 시나리오들이 나올 수 있다. 누구나 접근하려고 하면 많은 정보들에 접근할 수 있고 또 자기 능력을 발휘해 그런 정보들을 가공할 수 있다. 한국에서는 소통보다 주로 논쟁의 도구로 사용되고 있지만 온라인 역시 시민들에게 매우 중요한 광장이다. 지금 시민들에게 필요한 건 '지도(指導)'가 아니라 길을 찾아 나설 '지도(地圖)'이다. 시민들의 발로 그린 지도는 싸움의 좋은 도구가 될 수 있다.

이런 지도 없이는 광장이 촛불에게 좋은 공간이 되기 어렵다. 저들이 만든 공간, 저들이 짜놓은 규칙 속에서 벗어나 시민들이 바리케이드를 쌓아야 그 역량이 증가할 수 있다. 스펙터클한 광장에서 촛불의 역량은 제한된다. 세를 과시하기 위해 광장으로의 소집이 필요하지만 구체적인 정치는 광장 안과 밖에서 동시에 이루어질 수밖에 없다.

시민항쟁과 시민정치

항쟁은 상대에 맞서 싸우는 행동을 뜻하고, 시민항쟁은 기득권에 맞서 싸우는 행동이다. 정치 역시 타자를 전제하고 그에 맞서 또는 그와 더불어 행동하는 과정이고, 시민정치는 많은 동료 시민들이 있다는 점을 전제하고 함께 행동한다. 이처럼 정치는 싸우는 과정만이 아니라 협상하고 타협하고 화해하는 과정까지 포함한다는 점에서 항쟁보다 더 포괄적인 과정이다. 민주주의 역시 항쟁보다 더 큰 개념이다.

　박근혜 퇴진을 외치는 것이 항쟁이라면 박근혜 퇴진 이후를 보는 것이 정치이다. 시민정치는 누구와 어떻게 정치를 펼치려 하나? 기득권 세력과의 협상이나 타협은 시민정치의 기반을 붕괴시키는 일이기에 불가능하다. 그렇다면 기득권 세력을 몰아내고 난 뒤에야 시민정치가 가능할까? 그렇지는 않다. 현실에 기득권 세력만이 존재하지는 않기 때문이다.

　박근혜 탄핵을 지지하는 81%가 선거에서 박근혜를 찍었던 51.6%의 사람과 완전히 다른 사람들은 아니다. 즉 기득권 세력에게 배척당한 사람들만이 아니라 기득권 세력에게 포섭당한 사람들, 기득권 세력에게 이용당한 사람들 등 매우 다양한 범주의 사람들이 현실에 살고 있다. 이 사람들과 어떤 관계를 맺을 것인지는 여전히 시민정치의 과제이다. 배척당한 사람들은 시민정치가 연대할 대상이라면, 포섭당한 사람들은 철저히 책임을 추궁 받고 반성과 속죄의 길을 걸어야 하고 이용당한 사람들 역시 스스로 반성하며 걸어온 길을 되돌아봐야 하는 사람들이다.

　시민정치는 면죄부를 주는 과정이 아니라 다양한 시민들에게 성찰과 사유의 기회를 제공하는 과정이다. 공적인 사안에 대해 생각하고 판단하고 결정하는 과정에 참여하는 과정을 통해서만 사람이 사람답게 살 수 있음을 자각하는 과정이다.

　그런 점에서 섣불리 무엇이 더 중요하다고 말할 수는 없지만 지금 단계에서는 항쟁이 중요하다. 시민이 잘 싸워야 파동이 만들어질 수 있기 때문이다. 일단 파동이 한번 만들어지면 그 파동은 계속 퍼지고 사회는 울렁거린다. 더글러스 러미스의 말처럼 민주주의는 고정되거나 완성된 모델이 아니라 계속 출렁거리는 상태이다. 그런 점에서 광장의 유동성을 지속시키는 것이 매우 중요하다. 몇 명이 모였나 출석 체크를 하는 방식보다 광장에서의 활동을 다양화시키는 방식이 중요하다. 각자의 목소리들이 때론 섞이고 때론 충돌하며 만들어지는 파동이 있어야 출렁거리는 상태는 지속될 수 있다.

정치란 어차피 그 결과를 미리 예측할 수 없는 것, 역사를 살펴보면 항쟁의 결과는 바로 드러나지 않는다. 그러니 '잘 싸우는 것'에 너무 집착할 필요도 없다. 다만 시민항쟁과 시민정치의 경계가 분명하지 않으니 끊임없는 변화와 더불어 그 변화를 지속시킬 수 있는 구조에 대한 고민은 필요하다. 즉 한편으로는 끊임없이 파동을 일으키면서 다른 한편으로는 그 파동을 지속시킬 수 있는 제도를 만들어가야 한다. 그리고 그 제도는 완전함을 지향하기보다는 민심을 반영할 수 있고 시민이 결정할 수 있는 통로여야 한다. 지금의 기득권 정치를 근절하려면 구조와 제도의 전환도 필요하다.

그런 점에서 시민정치의 지향이 논의되어야 한다. 기계적으로 매달릴 이념은 아닐지라도 시민이 어디로 가고 있는지 길을 확인할 좌표는 필요하다. 그런데 지금 우리에겐 그런 좌표조차 명확하지 않다. 정보가 없는 것은 아니다. 비정규직 철폐, 탈핵, 선거제도 개혁, 식량주권 등 많은 의제들에 관한 대안적인 비전들은 이미 만들어져 있다. 의제들은 이미 수없이 많다. 과제는 이런 의제들을 정치의 구체적인 의제로 만드는 일이다. 법을 만들고 조항을 만들고 따지는 일은 전문가나 대표들에게 맡겨놓더라도 수없이 다양한 의제들 중에서 어떤 하나의 의제가 실제로 효력을 발휘하려면 정치적인 힘이 구성되어야 한다.

시민정치의 좌표는 무엇일까?

촛불 이후의 지속적인 파동을 위해 논의해야 할 시민정치의 좌표들을 다음과 같이 정리할 수 있다.

첫째, 부패한 기득권 정치는 '밀실정치'에 의존한다. 박근혜-최순실 게이트나 이명박 정권의 4대강사업이나 자원외교 역시 밀실에서 이루어진 결정들이다. 그렇다면 밀실정치와 다른 정치는 광장의 정치라 얘기할 수 있는데, 광장이란 표현이 애매할 수 있기에 '공개정치'라고 말할 수도 있다. 주요한 정책 결정과 관련된 정보들이 전혀 공개되지 않는다고 말할 수는 없지만 시민들이 접근할 수 있고 이해하기 쉬운 형태로 정보가 제공되지는 않고 있다. 정보가 제대로 공개되지 않는다면 그 정보를 모으고 가공해서 시민들에게 제공하는 기반이 마련되어야 한다. 이번 촛불항쟁 기간 동안 온라인에서 만들어진 '박근혜게이트닷컴(http://parkgeunhyegate.com)'이나 '박근핵닷컴(http://parkgeunhack.com)' 등은 이런 공론장의 가능성을 엿보게 한다.

또한 밀실에서의 결정을 막으려면 그 책임을 분명하게 물을 수 있어야 한다. 그런 점에서 대통령이나 국회의원의 불소추 특권이나 불체포 특권은 폐지되어야 한다. 정치인이라고 해서 시민들보다 많은 특권을 누려야 할 이유는 없다. 외려 정치인들은 권력을 행사하기 때문에 퇴임 이후에도 더 무거운 책임을 져야 한다.

현직에 있으면서 기업의 뒤를 봐주고 퇴임 후 그 기업의 사외이사나 임원으로 취직하는 '회전문 인사'를 막으려면 정치인들에게 더 엄격한 윤리규정을 강요해야 한다. 이런 규정 역시 정치인들이 알아서 마련할 리 없다. 국회의원을 소환, 해임할 수 있는 국민소환제 운동이나 정치인들이 지켜야 하는 윤리 규정을 시민들이 직접 만들려는 노력이 필요하다. 탄핵 이후 정치 개혁을 요구하는 활동들이 이어져야 한다.

둘째, 정치 개혁은 경제 개혁과 맞물려 있다. 정계, 재계, 관계, 언론계의 기득권층은 혼맥과 이해관계로 촘촘하게 얽혀 있다. 우리가 낮의 시간을 주도하고 싶다면, 정경유착의 고리를 끊고 노동과 일상을 지배하는 힘을 바꿔야 한다. 그런 점에서 재벌 개혁, 언론 개혁은 필수적이다. 박근혜-최순실 게이트에서 드러났듯이 재벌들은 시장을 규제하는 법에 영향을 미치기 위해 권력과 끊임없이 유착한다. 그리고 여론을 조작하기 위해 직접 언론사를 소유하거나 언론과 결탁한다.

낮의 시간이 흐르는 일터와 삶터를 바꾸기 위해 어떤 힘들이 구성되어야 할까? 일터에서 구성되어야 하는 가장 기본적인 힘은 정치와 마찬가지로 문제를 발견하면 기계를 멈추고 사장도 끌어내릴 수 있는 권리의 실현이다. 그런 의미에서 '기업은 누구의 것인가?'라는 질문에 진지하게 답하는 과정이 필요하다. 노동조합이든 노동자평의회이든 정치권력과 유착해서 온갖 비리를 일삼는 자본을 기업 내부에서 감시하고 견제할 장치가 필요하다.

삶터도 마찬가지이다. 교육과 복지, 건설과 상권이 형성된 삶터에는 복잡한 이해관계의 그물망이 존재한다. 기득권 세력이 좌우하는 이 그물망을 끊거나 시민들이 주도권을 잡아야 삶터의 시간이 바뀔 수 있다. 민중의 집이든 공동체 미디어이든 생협이든 삶터를 변화시킬 공간들이 조금씩 확산되어야 한다.

셋째, 지금의 한국 사회에서는 대의민주주의조차도 제대로 작동되지 않고 있다. '형식적 민주주의에서 실질적 민주주의로' 같은 구호들이 한때 얘기되었지만 사실 한국은 기본적인 체계조차 갖춰져 있지 않다. 예를 들어, 자유민주주의의 가장 기본이라고 할 입법, 행정, 사법의 삼권분립조차 제대로 되어 있지 않다. 사실상 대통령이 거의 모든 권한을 가지고 국회는 대통령 소속 정당에 따라 여당과 야당으로 나뉘고 사법부도 실질적으로 대통령의 지시를 받아 왔다. 이런 사회에서는 시민의 기본권이 보장되기 어렵고 대의민주주의는 '미작동'된다. 기득권화된 두 개의 정당이 새로운 정치 세력의 출현을 막고 실질적인 권력을 분점한다.

이를 바꾸기 위해서는 민의가 반영되는 정치체계를 만들어야 하고, 대의민주주의 관점에서도 가장 기본인 연동형 비례대표제를 도입하는 것이다. 연동형 비례대표제는 각 정당의 득표율에 따라 전체 의석수를 정하고 지역구에서 당선된 사람을 제외한 수만큼을 비례대표로 채우는 방식이다. 국회가 제대로 활동해야 삼권분립이 될 수 있다. 그리고 '사법부의 정치화'를 막으려면 사법부의 독립성을 보장해야 할 뿐 아니라 사법제도도 개혁되어야 한다. 전관예우를 당연시하는 문화를 없애고 국민참여재판 제도를 확대하는 것은 물론 법원 인사체계의 민주화, 검사장 직선제, 검찰의 수사권, 기소권, 공소유지권 등의 권한을 더 아래로 내려야 한다. 이역시 사법부의 손에 맡겨둘 문제는 아니고 시민들이 나서야 한다.

넷째, '중앙' 정치에서 지역 '자치'로의 전환이 필요하다. 지금처럼 대통령의 권한이 지나치게 크다면 부패는 언제든 일어날 수 있고 절대권력을 놓고 다투는 싸움은 치열할 수밖에 없다. 지방자치제도를 더 강화해서 분권형 국가를 만들거나 연방국가로의 전환을 고민할 필요가 있다. 간혹 자치를 주장하는 정치인들이 있지만 어느 정도까지 실질적인 분권을 할지는 알 수 없다. 전국 각 지역에서 일어난 촛불 시민들이 자기 지역의 주요한 사안들을 스스로 결정하겠다고 외쳐야 아래로부터 분권의 힘이 만들어질 수 있다. 분권이 되면 핵발전소나 송전탑도 중앙정부 마음대로 지을 수 없고 주요한 사안들은 반드시 주민투표를 거치도록 만들어야 한다. 이는 서울이나 수도권이 아니라 지역의 시민들이 손수 만들어야 한다.

다섯째, 한국 사회에는 직접민주주의 장치가 '부재'하다. 그래서 시민들이 정치인을 통제할 수 있는 장치가 전무하다. 그리고 수도권으로 모든 사회 자원이 집중된 사회이기에 비수도권은 수도권의 배후지처럼 여겨지고 있다. 주요한 정책 결정들은 모두 중앙정부 차원에서 내려지고 정작 해당 지역 주민들은 소외된다. 그래서 공공 갈등이 빈번하게 발생한다. 그런 점에서 직접민주주의 장치들의 도입이 필요하다. '시민을 위한 정치'에서 '시민의 정치'로의 전환이 필요하다. 지역주민의 삶에 영향을 미치는 주요한 결정들은 일시적인 여론조사가 아니라 공론조사를 통해 지역 사회에서 충분한 논의를 거치도록 하고 그 뒤에 투표가 이루어져야 한다. 아니면 베네수엘라에서 차베스가 헌법을 개정해서 만들었던 시민부(Citizen Power)라는 제4의 헌정기관을 만들 수도 있다.

여섯째, 한국 사회의 공권력은 너무 폭력적이고 공(公)권력이라는 이름을 붙이기가 미안할 만큼 사유화되어 있다. 폭력적인 공권력에서 '평화로운 정치'로의 전환이 필요하다. 아주 간단한 과제는 물대포 사용을 금지시키는 것부터 의경제도를 폐지하거나 의경을 시위 진압에 투입하지 못하도록 금지하는 것, 대체복무제도를 도입해서 양심이나 신념에 따른 병역거부를 인정하는 것도 방법이다. 그리고 전국의 경찰이 수직적으로 통제되어 있는 현재의 경찰 체계를 개편하는 것도 필요하다. 지방정부가 생활 안전과 치안, 교통, 경비 업무를 맡는 자치경찰을 관리하고 지방경찰청장은 선거로 선출하는 것도 방법이다. 그렇게 되면 지금처럼 서울의 시위를 막기 위해 지방의 경찰들이 올라오는 일도 없을 것이고, 중앙의 입맛대로 지침이 바뀌지도 않을 것이다. 그리고 최소한 자기 지역의 시위대에 대해서는 신경을 쓸 수밖에 없다.

　지금까지 논의된 좌표들은 새로운 것이 아니라 이미 기존에 논의되었던 것들이다. 오래 전부터 제기되었지만 시민들이 권력을 가지지 못했기에 논의만 되고 사라졌던 것들이다. 우리가 정말 살기 좋은 세상, 좋은 삶을 누릴 수 있는 세상을 만들고 싶다면 이제 그런 좌표들을 보며 부지런히 걸어가야 한다. 가다 못 가면 쉬었다 갈 수도 있지만 시민권력이 구성되는 기회는 흔치 않다. 갈 수 있을 때 많이 가야 나중에 다시 걸어갈 수 있다.

올바른
민주주의
대한민국

움직여야 할 때
움직이지 않으면
아무것도 움직이지 않는다.

©노순택

광장은 비어 있다

백무산

우리가 우리를 버리고 기꺼이 이곳에 모인 것은
시위를 하기 위해서가 아니다
우리가 모여 이토록 뜨거운 광장을 이룬 것은
데모를 하기 위해서가 아니다

저 문란한 짐의 나라는 더 이상 우리의 나라가 아니고
저 지저분한 연회장은 결코 우리의 정부가 아닌데
우리가 저들에게 요구할 것은 아무것도 없다

우리가 이곳이 모인 이유는
우리가 맡긴 양 떼를 찾아오기 위해서다
저들 맘대로 도륙하고 처분한 양 떼를 데려오기 위해서다

우리가 이곳에 모인 것은
진압을 하기 위해서다
국헌을 걸레로 만든
쥐들의 내란과 개들의 소요를 진압하기 위해서다

우리가 이 광장에 모인 것은
우리 삶을 더럽히지 않기 위해서다

부패한 나라에서는 누구든
정직하게 사는 것은 불가능하기 때문이다

우리가 광장에 모인 것은
철거를 하기 위해서다
저들의 금고에 빼돌린 정부를 회수하기 위해서다
저들이 담장을 치고 착복한 국가를 압수하기 위해서다

그 무엇보다도 우리가 이곳에 모인 것은
의회를 위해서다
지금 이곳이 바로 국민의 의회이기 때문이다
이 광장이 바로 이 나라 최고 권력기구인 시민의회이기 때문이다
이 의회를 개돼지들의 떼거리로 취급해왔기 때문이다

우리가 여기에 모인 것은
억류된 역사의 수문을 열기 위해서다
피로 이뤄낸 민주주의를 썩은 물에 익사시킨
불통과 독재의 댐을 폭파하기 위해서다

저들의 금고에 새긴 애국에 똥칠을 하기 위해서다

저들의 동상에 새겨진 권력의 문장을 들어내고
새로 쓰는 역사의 공동 집필자가 되기 위해서다

우리가 이 광장에 모인 이유는
그 무엇보다도 광장은 차별을 지우고
평등을 열어놓기 때문이다
모든 수저를 한곳에 녹이는 뜨거운 용광로이기 때문이다

광장에서는 그 누구든 어디서건
자신이 서 있는 그 자리가 바로 중심이기 때문이다
광장의 평등은 우리 삶의 뒤틀린 질서를 질책하는
뜨거운 심장의 사상이기 때문이다

그리하여 광장은 언제나 비어 있는 것이다
우리가 모여 빈틈없이 가득 채워진 이 순간에도
광장은 텅 비어 있는 것이다
뜨겁게 뜨겁게 비어 있는 것이다

몸으로
써내려가는
희망의 시

아래로,
더 아래로

한하늘

초등학생 때부터 가끔, 읍내를 돌아다니다가 '야이 대-한민국 씨-발놈 개-새끼들아!'라고 외치며 쉴 새 없이 동네를 걷는 아저씨 한 분을 만나 곤 했다. 다른 말씀은 거의 없으시고 내내 같은 말을 반복하며 부지런히 걸으시는데 대한민국을 부르짖는 소리가 워낙 특이해서, 그의 진짜 이름 에는 아무도 관심이 없고 모두 약속이라도 한듯 민국이 아저씨라고 불 렀다.

수능이 막 끝나고, 허탈감과 해방감에 몸이 반쪽씩 잠긴 채 집으로 돌 아온 며칠 전에 그 아저씨를 봤다. 마지막으로 마주쳤을 때가 벌써 4년 전이라, 멀리서부터 들려오는 익숙한 욕설에 반가워서 웃음이 나왔다. 아 직 잘 계시는구나, 여전하시네. 그렇게 생각했다.

그러나 그 반가움도 잠시, 목 쉰 소리로 쉴 새 없이 외쳐대는 소리가 점 점 가까워지고 '야이 대한민국-!'이 귓전을 때린 순간 미묘한 슬픔에 가

©김이하

습이 먹먹해졌다. 전에는 마냥 우습기만 했던 그 말에 나도 모르게 다른 의미를 부여한 걸까, 늘 나라 걱정을 하던 아저씨의 말이 내 가슴을 친 걸까. 무슨 생각이든지 마구 피어오르는 걸 보니 몇 년 사이 내 머리가 더 자라긴 한 건지, 감정이 걷잡을 수 없이 밑바닥으로 떨어지는 것만 같았다.

그러고 보니 내가 나라를 걱정할 자격이 있는가, 그럴 만큼 아는 게 많나, 그런 생각을 했던 적이 있었다. 세월호 사건이 일어나고, 매일 포털 사이트의 뉴스란을 살피며 불안에 떨 때였다. 그때, 나는 내 슬픔과 분노, 걱정을 많은 사람들에게 이야기하기를 망설였다. 정말 '어리다'는 것만으로 나는 겁이 났다. 말을 못해서도, 뚜렷한 주관이 없어서도 아니었다. 심지어, 내가 나름대로 발버둥쳐봐야 뭐가 바뀌겠냐며 나서지 못하고 우물쭈물하는 자신을 위로하기에 바빴다.

어른들은 어차피 듣지 않을 것이고, 단순히 단원고등학교 언니 오빠들의 또래이기 때문에 화가 난 것이라고 생각하기만 할 거라고 말하면서 끊임없이 거짓말을 했다. 입만 열면 어떤 말이든 쏟아낼 수 있으면서, 펜만 들면 어떤 글이든 쓸 수 있으면서.

그렇게 혼자 명분을 만들어가며 숨는 동안, 다른 친구들은 움직이고 있었다. 청소년 촛불 문화제가 있었고, 자유발언이 있었고, 삼삼오오 모여 〈다이빙 벨〉 같은 시사고발 영화를 보러 갔다. 나는 촛불문화제에 처음 참여하면서, 자유발언을 할까말까를 망설이다가 역시 '내가 말을 잘해봐야, 얼마나 잘하겠어' 하고 사람들 사이에 숨는 것을 택했다. 참여한 것만으로 큰 의의가 있고, 스스로의 뜻을 드러내기에 충분하다는 데에는 이의가 없다. 하지만 내가 '숨는다'고 이야기하는 이유는, 하고 싶었던 말이 있었기 때문만이 아니라 평소의 나라면 진작에 어디 가서든 누구 앞에서든 하고야 말았을 말들이기 때문이다. 어느 자리이든 내 생각을 펴는 데 주저한 적이 없었는데도 유독 두려워하고, 말을 잘 못하면 어쩌나 하는 강박관념을 갖고 있었기 때문이다.

사실 쓸데없는 족쇄였다. 내 생각이 옳든 그르든, 말을 잘하든 못하든 그저 진술하게 내 이야기를 하는 것이 자유발언이라는 것을 나는 너무 늦게 알아버렸다. 연단에 올라온 내 친구들, 동생들, 그리고 어른들은 각자 '자기가 받아들인' 세월호 사건을 말하고 있었다. 수학여행을 못 가게 돼 불쾌하고 억울하다는 중학교 2학년, 단원고 학생, 선생님 뿐 아니라 다른 여행객들도 잊지 말아달라고 하소연하는 아주머니. 모두 자신이 받아들인 대로였고 특별히 화려하게 말하려 하지도 않았다. 울기도 했고, 떠는 바람에 몇 분간 아무 말도 못 하기도 했다. 그건 전혀 비난받을 일도, 이상한 일도 아니었다. 각자는 모두 자기 자리에서 자기 일을 하다가 슬픔을 맞아버린 사람들이니까. 설령 연설을 하는 전문가라도 그 앞에 서면 세월호 정국을 맞은 비통한 심정의 시민이었으니까.

한차례 큰 깨달음의 시기가 아픔과 함께 지나고 나서, 세월호 문제가 국정교과서, 청년 실업과 함께 대두될 때부터 나는 내 목소리를 낼 수 있는 곳이면 어디든 가려고 노력했다. 그러면서, 나와 비슷한 친구들이 어른의 도움이나 참견 없이 하고 싶은 말을 하고, 때로는 창의적인 방법으로 시국을 비판하는 것을 보고 전율을 느꼈다.

이런 와중에도 아직 청소년은 어려서 뭘 모른다고, 부모님이 집회 현장에 열심히 데리고 다니면서 '선동', '날조'한 결과라고, 학교에서 가르쳐 주는 대로 열심히 공부나 하고 좋은 대학에 갈 생각을 해야 한다고 말하는 사람들이 있었다. 세상이 변하고 목소리를 내는 방식은 점점 매체나 분야를 초월해 가는데.

이는 청소년에게만 국한된 시선이 아니다. 장애인, 여성, 노인에게도 이와 같은 비난이 쏟아진다는 것을 느꼈을 때, 나는 장애인이자, 여성이자, 청소년으로서 민주주의와 자유 외에도 또 다른 것들과 다시 맞서 싸워야 한다는 것을 알았다. 그때 찾아온 무력감, 그 무력감은 세월호 사건이 막 발생했을 즈음의 그것과는 또 다른 것이었다. '싸우고 있지만, 지금 가장 도드라진 이 하야 정국의 문제가 해결되고 나면 분명 나는 또 이 약자의 포지션에서 '우리를 그만 괴롭혀 주세요'라고 외쳐야만 할 것이다.' 이런 결론에 내포된 두려움이 무력감을 점점 키우고 있었다.

여성 혐오(Misogyny), 청소년 혐오(Ageism), 장애인 혐오(Ableism), 성소수자 혐오(Homophobia). 그래, 나는 하야도 하야인데, 이것들과 더더욱 분리될 수 없었다. 모두가 쉽게 알고 쉽게 외칠 수 있게 된, 이제는 거의 당연하다는 듯이 말하게 된 하야하라, 퇴진하라, 물러가라, 해체하라 사이에서 나는 대부분의 사람들이 쉽게 주목해주지 않는, '병신년', '닭년', '미친년', '여자라서 안 돼', '강남 아줌마', '여자 둘이 나라를 말아먹었다', '청소년은 가만히 있으라' 따위의 말들에 집중하게 되었다. 이런 나를 주변 사람들은 걱정했다.

'지금 그걸 걱정할 때가 아니다. 이런 표현을 뭐 진짜 여자가 싫고 혐오스럽다는 의미로 썼겠느냐, 어쨌든 지금 이 표현들을 쓰는 건 시국을 비판하기 위함이니까, 말 한마디에 너무 예민해지지 마라'는 게 그들의 항변이었다. 더더욱 그들을 이해하기 어려워지기만 했을 뿐, 내게는 아무런 위로나 도움이 되지 않은 말들. 민주주의의 가치는 인권 존중과 양립해야만 성립하는 것이 아니었나, 사람을 존중하는 마음이 없는데 어떻게 국민이 주인이라고 이야기할 수 있는가, 그리고 왜 여성, 청소년, 장애인이 아닌 사람은 자신들이 무심코 내뱉는 말이 어떤 문제를 갖고 있는지, 왜 의도와는 상관없이 써서는 안 될 말인지 생각조차 해보려 하지 않는가.

그들과 이야기하면서 각 단어 하나하나를 짚어가며 이게 왜 혐오 정서에서 나온 단어이고 왜 쓰여서는 안 되는지를 설명하는 일은 이미 너무 많이 했고, 가장 지루했고, 가장 의미 없었다. '년'이 여성혐오라고? 아아, 그렇구나. 하고도 돌아서면 그들은 닭년, 병신년 같은 표현을 남발하고 낄낄거렸다.

노동자들,
촛불과 만나다

고동민

박근혜 퇴진으로 가는 길

'둥둥'

북소리가 울리면 하얀 민복을 입은 이들이 길바닥에 엎드렸다. 양 팔꿈치와 무릎 그리고 이마를 땅에 대고 가쁜 숨을 몰아 쉴 무렵 다시 북소리가 어김없이 울렸다.

'뚝뚝'

일어설 때마다 온몸에서 뼈마디가 부딪히는 소리가 들렸다.

쉰 살이 다 되어 보이는 이들이 어금니를 깨물며 엎드리고 다시 일어서기를 반복했다. 그들이 걸쳐 입었던 하얀 민복은 길바닥 색깔과 점점 비슷해졌다. 세상의 오물을 그들이 대신 뒤집어쓰는 것 같은 느낌이 들었다. 비가 쏟아졌다. 금방 물 천지가 된 길바닥에 몇 번 엎드리자 온몸이

흠뻑 젖었다. 잠깐 쉬는 시간 손에 꼈던 장갑을 짜니 물이 주르르 흘렀다. 보는 이들의 마음은 타는데 본인은 정작 허허 웃는다. 기죽지도 절망하지도 않았다. 그들에겐 이런 고행은 늘 친숙한 것이었다. 벌써 6년째였다. 6년 동안 그들의 삶은 고행이라기보다 지옥이었다. 그들은 양재동 현대기아자동차 본사 앞에서 청와대까지 4박 5일 동안 엎드리고 다시 일어서길 반복했다. 대열 맨 앞쪽엔 '박근혜 퇴진', 유성기업 노동자들의 '오

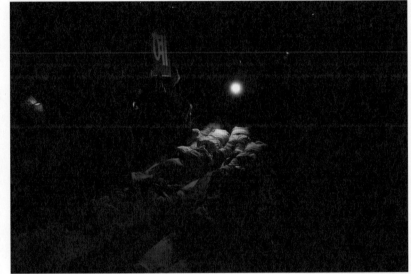

©정택용

체투지행진'이라는 글자가 기죽지 않고 펄럭거렸다.

유성기업은 충남 아산과 충북 영동에 공장을 두고 있는 자동차 엔진
에 들어가는 피스톤 링을 만드는 기업이다. 이 회사는 생산직 노동자 500
여 명이 일하는 중소기업이지만 현대자동차를 포함한 완성차에 전량 납
품하는 소위 잘나가는 부품회사였다. 노동자들은 자신이 만드는 제품에
자신이 있었고, 그런 자신감만큼 노동조합 활동이나 지역 연대 활동에 열

노동자들, 촛불과 만나다 · 고동민

심이었다. 회사가 성장함에 따라 노동조합의 요구가 더 많아지는 것은 당연한 일이었다. 24시간 주야간 맞교대로 일을 하던 노동자 중 몇 명이 과로사나 심혈관 질환으로 목숨을 잃었고, 유성기업 노동자들은 주간 연속 2교대제를 자연스레 요구하게 되었다. '밤에는 잠 좀 자자'는 상식적인 요구였고, 더 이상 일하다 죽을 수 없다는 절박한 요구이기도 했다. 유성기업 경영진들은 완성차에서도 주야간 근무를 하는데 부품업체에서 먼저 주간 연속 2교대제를 시행할 수 없다는 말도 안 되는 이유를 대며 버텼지만 끝내 노사합의를 이루게 되었다.

그러나 노사합의 후 몇 개월이 지난 2011년 5월 18일, 유성기업은 갑작스럽게 직장폐쇄를 선언하고 용역깡패를 동원하여 노동자들을 공장에서 쫓아낸다. 이번 기회에 말 잘 듣는 노동자들로 만들겠다는 선전포고였다. 용역깡패들은 노동자들을 봉고차로 밀어버려 수십 명을 다치게 했고, 소화기를 집어던지고 쇠파이프를 휘둘러 노동자들의 두개골이 함몰되고, 코뼈가 주저앉는 등 말도 안 되는 폭력을 저질렀다.

곧이어 회사 말을 잘 듣는 노동자들을 규합하고 회사의 모든 지시로 어용노조 설립을 진행하게 되었다. 헌법에 보장되어 있는 자주적인 노동조합 설립이라는 노동자들의 권리를 부정하는 부당 노동행위였다. 민주노조에 가입되어 있는 노동자들에겐 징계해고를 하고, 감시카메라를 설치하고, 관리자들을 동원해 현장 통제에 나섰다. 화장실 가는 일에도 시말서를 쓰게 했고, 시말서에 항의한다고 고소 고발을 이어갔다. 노동자들은 경찰 조사를 받고, 검찰 조사를 받고, 법원에서 재판받는 일이 일상이 되어버렸다.

경영진들은 신들린 듯 임금 차별을 하고, 부당 노동행위를 하고, 대법원에서 승소한 징계, 해고자들을 다시 해고했다. 모두 불법으로 이뤄진 일들이었지만 경영진들은 계속 밀어붙였다. 그런데 유성기업 경영진들에 대해선 기소는커녕 조사조차 제대로 하지 않았고, 수많은 폭력을 저질렀던 용역깡패 또한 그 누구도 처벌되지 않았다.

박근혜 정부는 재벌들의 흥신소

언제까지 버틸 수 있는지 보겠다는 회사의 오기였을까. 그렇게 6년이 흘렀다. 출근하는 문이 지옥문 같았다던 유성기업 노동자들의 하소연은 허무맹랑한 이야기가 아니었다. 계속 싸워나갔지만 점점 지쳐갔고 마음이 흔들렸다. 이혼을 하고 파산을 하는 악순환이 계속되었다. 일터에서의 괴롭힘을 견디지 못하고 노동자 한 명이 스스로 목숨을 끊었다. 경영진들은 애도나 추모가 아니라 죽음을 이용하지 말라는 비아냥 혹은 그 죽음이 자신들과 상관없다는 외면으로 대응했다.

국회에 국정조사를 요구하고 청문회를 요구하던 노동자들은 이상한 문건들을 발견한다. 현대자동차 고위 임원이 유성기업 노사문제에 개입했고 구체적인 지시를 했다는 내용이었다. 유성기업뿐만 아니라 상신브레이크, 발레오만도 등 현대자동차에 납품하는 여러 부품업체가 유성기업과 똑같은 방식으로 일터 괴롭힘을 당했고 증거만 없을 뿐 현대차의 지시를 받은 것으로 유추되었다. 그 악명 높은 노무관리업체 창조컨설팅이 개입한 모든 기업에서 똑같은 매뉴얼의 노동조합 파괴가 우후죽순 이루어졌다.

돌이켜보니 이상했다. 유성기업 경영진들의 오기가 아니었다. 노동자들이 회사가 자행한 부당 노동행위에 대해 경찰과 검찰에 고소고발을 하고 경찰과 노동부조차 문제가 있다고 기소 의견을 밝힌 사안을 검찰은 기소조차 하지 않았다. 노동자들이 제기한 재심청구가 법원에 받아들여져서 간신히 재판이 열린 후 3년에 가까운 시간이 지나서야 검찰 구형 1년, 그것이 전부였다. 유성기업 뒤에는 현대자동차가 버티고 있었고 그 뒤에는 박근혜가 있었던 것일까. 복잡했던 퍼즐 조각이 맞아 떨어지는 기분이었다. 넘기엔 너무 높은 벽, 노동자들은 숨이 막혔다.

현대자동차를 포함한 재벌들은 미르재단, K스포츠 재단에 수백억 원이 넘는 돈을 헌납했고 입금한 다음날 박근혜는 대국민담화를 통해 더 쉬운 해고, 더 낮은 임금, 평생 비정규직의 노동개악을 밀어붙였다. 뿐만 아니라 성과연봉제, 취업규칙 변경 등 노동조합의 근간을 흔드는 정책을 줄지어 밀어 붙였다. 파업하면 모조리 불법으로 몰아세웠고, 헌법의 보장된 노동자들의 권리를 무력화하는 데 혈안이 되었다. 귀족노조, 이기적인 집단, 불법폭력집단으로, 국가경쟁력을 갉아먹는 집단으로 낙인찍기에 바빴다. 수많은 유성기업을 만들자는 소리였고, 해고를 손쉽게 하자는, 노동조합 자체를 없애자는 소리와 다름없었다.

노동자들은 안중에 없고 오로지 재벌들의 이익에만 정부 정책을 맞춰 갔다. 반도체공장에서 직업병에 걸려 죽은 노동자들에게는 위로금 500만 원도 아까워하면서 10억 원의 명마와 수백억 원을 최순실에게 안긴 삼성전자는 어떠한가. 국민의 노후를 책임져야 할 국민연금을 털어서 몇 배의 이익으로 되돌려 받았을 뿐 아니라 이재용의 삼성에 대한 지배 강화를 위해 입법부, 행정부, 사법부 모두 눈을 감아주었다. 박근혜와 최순실이 저지른 국정농단 커넥션은 비선실세

가 저지른 사익 추구를 넘어 재벌들의 뒷돈을 받고 재벌들의 불법적인 요
구를 들어주는 공생관계였다. 정부는 불법 흥신소에 다름 아니었다.

　그러니 법원에서 불법파견이라고 선고해도, 근로기준법을 위반해도,
심지어 사람이 죽어나가도 재벌 회장은 어떤 책임도, 법적 처벌도 받지 않
았다. 아무리 헌법에 보장된 노동자들의 권리를 요구해도 추악한 뒷거래

노동자들, 촛불과 만나다 · 고동민　　　　　　　　　　　　　　　　— 47

로 공고해진 박근혜와 재벌들의 정경유착 벽을 넘을 수가 없었다. 박근혜와 현대자동차 그리고 유성기업으로 이어진 노조 파괴 공작 또한 마찬가지의 벽이었다. 유성 노동자들이 그 벽을 넘기 위해, 지옥 같았던 6년 싸움에 종지부를 찍기 위해 청와대로 향한 이유였다.

광장의 정치

사람들의 끝이 보이지 않았다. 광화문광장으로는 들어갈 엄두조차 나지 않았다. 틈이라도 만들어서 비집고 들어가야 할지, 아니면 주변에 있어야 할지 망설여졌다. 수많은 이들이 모여 만든 거대한 촛불은 일찍이 경험해보지 못한 광경이었다. 수만 명의 노동자들이 모여 집회를 하고 행진을 하고 경찰 차벽 앞에서 몸싸움을 하는 일들은 수없이 많았지만 백만 명이 한목소리로 박근혜 퇴진을 외치는 모습은 경이롭다는 표현으로도 부족했다. 광화문 근처 어딜 가나 구호를 외쳤고, 손에는 초를 들고 있었다. 대한민국 국민 전체가 데모꾼이 된 것 같았다. 이름 있는 대중가수들이 본 무대에 오르자 절정에 이른 듯 광화문광장은 함성과 환호로 들썩였다.

수없이 이어지는 시민들과 청년학생들의 자유발언은 너무나도 명쾌하고 기발하게 박근혜 퇴진의 이유를 설명했다. 누군가의 이야기에 함께 웃고, 누군가의 이야기에 눈물짓게 되고, 누군가의 이야기에 박수치고 환호하는 것을 넘어서 그 광장의 이야기 하나하나가 모여 민주주의란 무엇인지, 서로의 생각을 존중한다는 것은 무엇인지, 진짜 권력의 주인은 누구인지 글이 아닌 마음으로 깨닫게 되는 광장의 정치를 경험하게 되었다. 마르지 않는 감명이 서로에게 오고 갔다. 책으로만 봤던 고대 그리스의 아고라가 이러했을 것이라는 확신이 들었다.

근데 이상했다. 그 백만의 함성과 환호 속에서 수년 동안 박근혜 퇴진을 외쳤던 노동자들의 목소리는 찾을 수가 없었다. 함께하는 백만 명 중 한 명이 아니라 백만 명과 노동자가 나눠진 느낌이었다. 박근혜 하야는 퇴진으로, 또 구속으로 요구는 더 진화했지만 노동자들은 계속 어딘가 주변부에서 맴도는 것 같았다.

'아, 저거 노동자들이 계속 해왔던 이야기였고, 요구해왔던 일인데. 왜 노동자들의 이야기는 하지 않지?'

박근혜 정부가 밀어붙인 정책에 의해 해고되고, 쫓겨난 노동자들에게도 마이크가 건네지지 않았다. 노동자들의 이야기가 진부하다 느껴질까 걱정 되었을까. 아니면 백만 명의 시민들이 노동자들의 이야기를 제대로 듣지 않을 것이라 생각했을까. 그도 아니면 노동자들 스스로가 자신들의 투쟁으로 이뤄진 일들이 아니라서 무임승차하는 기분이 들었을까. 모를 일이었다.

4박 5일 동안 박근혜 퇴진을 외치며 서울 시내 길바닥을 오체투지로 기어 다녔던 유성기업 노동자들뿐만 아니라 박근혜 퇴진을 걸고 싸우는 노동자들은 또 있었다. 구미 아사히글라스 비정규직 해고자, 구로 하이텍 노동자, 명동 세종호텔 해고자, 이천 하이디스 해고자, 삼척 동양시멘트 비정규직 해고자, 충무로 사회보장정보원 비정규직 해고자, 기타를 만들었던 콜트콜텍 해고자 등 비정규직이나 해고로 자신의 삶을 부정당한 이들이 함께 박근혜 퇴진을 걸고 싸움을 이어갔다. 이 노동자 한 명 한 명이 박근혜 퇴진을 향한 촛불이었다. 그 촛불들은 몇 년 전부터 밝히고 있었지만 세상 사람들 눈에는 잘 보이지 않거나 애써 외면했던 촛불들이었

©정택용

다. 그들은 광화문 정부청사 앞에서 12월의 혹한과 경찰들의 괴롭힘을 견디며 농성에 돌입했다. 또한 광화문광장에는 박근혜 정부에 의해 블랙리스트 예술인이 되어버린 예술노동자들이 박근혜 퇴진 캠핑촌을 만들며 농성을 이어가고 있었고 이들 또한 스스로 촛불이 되었다. 그 촛불들은 모든 일상을 포기하고 매일 매일을 박근혜 퇴진운동에 삶을 거는 이들이었지만 광화문 촛불에서는 주변부로 취급되었다. 하지만 박근혜 퇴진으로 향하는 길을 뚜벅뚜벅 걸어 나갔다. 그것이 지금 중요한 일이기 때문이었다. 스스로 길을 열어가던 사람들이기 때문에 가능한 일이었다.

©정태용

한상균이 유죄? 아니 박근혜가 유죄!

한상균, 그 또한 스스로 길을 열어가던 노동자였다. 2009년 쌍용자동차 정리해고 반대투쟁으로 3년의 감옥살이를 마치고 난 뒤 3개월 만에 정리해고문제 해결을 요구하며 쌍용차 평택공장 근처 송전탑에서 171일 동안이나 고공농성을 했다. 그리고 2년 뒤 박근혜 정부의 노동개악에 맞서 총파업을 조직하겠다는 공약으로 민주노총 조합원 다수의 지지를 받으며 첫 직선제 선거로 당선된 민주노총 위원장이었다. 그는 당선 직후 산하 노조의 위원장들의 우려와 반발을 견디며 총파업을 호소하면서 현장을 누볐고, 2015년 4월 24일 당선된 지 4개월 만에 24만 명이 참가하는 파업을 성사시켰다. 그리고 5월, 7월, 10월의 파업투쟁, 11월의 민중총궐기투쟁을 이끌었다. 정부와 보수언론에서는 그를 폭력집단의 수괴로 낙인찍었지만 실상 그는 누구보다도 정부와의 대화를 원했던 해고자이기도 했다. 그는 누구든 가리지 않고 만나 대화를 통해 문제를 해결하고 싶었지만 노동자들의 생존을 위협하는 상황이라면 좌고우면하지 않고 투쟁으로 돌파할 수밖에 없다고 생각했다.

2009년 쌍용차 평택공장은 전쟁터 한복판이었다. 회사 측 구사대와 용역깡패들이 쉴 새 없이 새총으로 공격해왔고, 하늘에선 경찰 헬기가 최루액을 비처럼 뿌렸다. 밤이 되면 수천 명의 경찰들이 방패를 두드리며 파업노동자들이 잠을 자지 못하도록 괴롭혔고, 경찰특공대가 5만 볼트가 흐르는 테이저건을 쏘며 노동자들을 몰아내기 위해 혈안이 되었다. 전기도 끊기고, 물도 끊기고, 식료품도, 의약품도 모조리 차단되었던 평택공장에선 일촉즉발의 팽팽함이 늘 공기중에 떠다녔다.

씻지도 못하고 먹지도 못해 마른침을 습관처럼 삼키던 파업노동자들을 독려하기 위해 한상균은 밤낮을 가리지 않고 현장을 누비고 다녔다. 하루에 2~3시간 남짓 그것도 20분, 30분 쪽잠을 자면서 현장을 독려했다. 어떤 날은 구사대들의 새총 공격이 빗발치는 도장 공장 옥상 위를 맨몸으로 파업노동자들을 만나기 위해 돌아다녔다. 한상균이라는 걸 확인한 구사대는 무슨 게임하듯 새총을 퍼부었다. 그러나 그날 그는 다친 곳 하나 없이 돌아다녔고 그 이야기는 77일간의 파업투쟁에서 늘 회자되는 일화이기도 했다. 안전장비 없이 왜 돌아다니냐는 걱정스런 힐난에 '정부나 회사입장이 하도 강경해서 머리에 새총이라도 맞으면 대화에 나설까 하고 그랬다'는 그의 너스레를 듣고 동료들은 할 말을 잃어버렸었다. 그에게 무슨 용빼는 재주가 있어 빗발치는 새총을 피할 수 있었을까. 일견

무모해 보이지만 나 하나 희생해서 대화라도 이어갈 수 있다면 피하지 않겠다는 간절한 마음 때문이었을 것이다.

2015년 11월 14일 진행되었던 1차 민중총궐기 투쟁은 그를 포함한 노동자들의 간절한 마음에 화답하는 각계각층의 민중들이 함께 만든 투쟁이었다. 노동자들만 사지로 내모는 노동개악 반대뿐만 아니라 세월호 참사 진상규명, 국정교과서 반대, 농민, 빈민, 청년 문제 해결을 요구하는 전 사회적인 투쟁이었다. 민주노총은 사전에 합법적인 신고를 하고 청와대 행진을 진행하려고 했지만 경찰은 시민들의 교통 불편을 이유로 집회를 금지했다. 하지만 경찰은 광화문광장 앞쪽에서부터 안국역까지 시민들의 통행 불편은 아랑곳하지 않고 전국의 경찰버스를 동원하여 차벽을 설치했다. 평화로운 집회를 가로막고 방해하는 차벽과 경찰들에게 항의하는 노동자와 시민들에게 물대포를 발사했다. 쓰러진 사람들에게조차 물대포는 멈추지 않았고 심지어 구급차에 타는 부상자들에게도 물대포가 쏟아졌다. 일방적이었다. 수많은 이들이 물대포에 맞아 부상을 당했고 농민 백남기 님이 물대포에 맞아 일어나지 못했다.

경찰들의 과잉진압 문제가 확산되자 갑자기 피해자와 가해자가 뒤바뀌어 버렸다. 정부와 보수언론은 민중총궐기투쟁을 민주주의 국가에선 있을 수 없는 폭도들의 테러 행위라고 선언했다. 국회에선 민주주의를 역행하는 복면금지법이라는 부끄러운 법까지 제정하겠다고 화답했고, 검찰은 일제 강점기에서나 써먹던 소요죄를 부활시켰다. 경찰과 검찰은 집회에 참여한 노동자와 시민들 중 28명을 구속하고 700여 명을 기소했다. 박근혜에게 맞서면 어떻게 되는지, 공안탄압이라는 것이 어떤 것인지 본보기를 보일 참이었다.

박근혜 정부의 지상최대 과제는 이 투쟁의 구심점이었던 한상균을 구속시키는 것이었다. 이를테면 희생양이 필요했던 것이다. 보수언론은 연일 조계사에 있던 한상균 위원장의 일거수일투족을 보도했고 민주노총과 노동자들을 불법 폭력세력으로 몰아세웠다. 그리고 검찰은 민중총궐기 투쟁 당일 한상균 위원장 옆에 있었다는 이유만으로 쌍용차 해고자들을 마구잡이로 기소하고 구속시켰다. 한상균 위원장이 버티면 버틸수록 주위 사람들을 괴롭히겠다는 야비한 탄압이었다. 결국 한상균 위원장은 스스로를 구속했다. 법원은 한상균에게 5년형을 선고했다. 하지만 백남기님을 죽음에 이르게 했던 물대포를 발사한 경찰과 지시했던 경찰 간부와 사태를 총체적으로 책임져야 할 경찰청장 모두 승진을 하거나 환하게 웃으며 퇴진했다. 사과 한마디 없었다. 국민행복시대를 열겠다던 박근혜가 재벌들에게 뒷돈 받아 '순실행복시대'만 만들지 않았더라면, 헬조선을 탈출하자는 민중들의 요구를 받아들이는 척이라도 했더라면 일어나지 않았을 참극이었다.

그리고 1년 뒤 광화문광장에는 백만 명의 시민들과 노동자들이 모여 박근혜 퇴진을 외쳤다. 2015년 11월 민중총궐기와 2016년 11월 광화문 촛불은 주최단체뿐만 아니라 행진 경로, 주요 구호 모두가 같았다. 차이점은 경찰의 불법적인 차벽 설치와 물대포가 사라졌다는 것뿐이었다. 한상균이 유죄라면 광화문 백만 촛불도 유죄가 되어야 하는가. 그리고 박근혜가 구속된다면 검찰과 법원은 몇 년을 구형하고 선고할 것인가.

박근혜 체제를 넘어야 진정한 승리

광화문에 모인 많은 시민들은 평화집회를 이야기한다. 광화문 집회가 폭력 시위로 비춰지면 국민들의 진정성이 왜곡될 수 있기도 하고, 궁지에 몰린 박근혜가 무슨 짓을 저지를지 모르니 빌미를 주지 말아야 한다고, 더 많은 시민들과 학생들이 함께 하기 위해 평화집회를 계속 이어가야 한다고 말이다. 비단 시민들만 이야기하는 것은 아니다. 많은 언론에서도 이 촛불집회를 상찬한다. 100만 명이 모이고 200만 명이 모였는데 폭력 사태 하나 없이, 쓰레기 하나 없이 깨끗한 광화문을 보여주면서 놀라워한다. 2015년 민중총궐기 투쟁과는 얼마나 다른지 설명을 덧붙이면서 말이다. 보수 언론뿐만 아니라 외신들, 미 국무부 대변인까지 칭찬 릴레이를 이어갔다.

그래서 그런지 절박한 노동자들이 경찰버스에 올라서서 피켓을 들고 있어도, 청와대 행진을 가로막는 경찰 차벽을 두드려도, 경찰들이 세워놓은 폴리스 라인을 넘어가도 많은 시민들이 내려오라고, 두드리지 말라고, 넘어가지 말라고 이야기한다. 심지어 폭력 시위를 조장하는 프락치 아니냐는 의심의 눈초리까지 보낸다. 경찰 차벽의 꽃모양 스티커를 붙이는 퍼포먼스마저 의경들이 무슨 죄냐며 스티커를 친절하게 떼어준다. 경찰청장이 기자회견을 통해 감사의 인사까지 전했을 정도다. 하지만 경찰 버스에 올라가는 행위도, 경찰 차벽을 두드리는 일도, 폴리스 라인을 넘는 일도, 꽃모양 스티커를 차벽에 붙이는 것도 평화시위의 한 방법이며 민주주의를 지키는 방법이다. 나아가 불법을 저지르고 국가를 혼란에 빠뜨린 박근혜를 경호하는 공권력에게 항의를 하는 것 또한 민주주의를 지키는 방법이다. 참가하는 이들이 서로의 다양한 의견과 방법을 존중할 때 광장의 정치는 더 큰 힘으로 작동한다는 것을 잊어서는 안 된다.

100만 명, 200만 명의 시민들과 노동자들이 박근혜 퇴진을 위해 매주 주말 촛불을 들었다. 여론조사 결과 박근혜 지지율이 4%, 새누리당 지지

세월호 특조위 단식농성

총   42 일차

김선아   관 2일차

©김이하

율 또한 바닥이다. 박근혜는 아직 하야하거나, 탄핵당하거나, 퇴진하지 않았고, 새누리당 이정현은 수많은 사퇴 요구를 이겨내며 탄핵 불가론을 외치고 있다. 하지만 촛불은 김대중, 노무현 정부 시절 관료를 국무총리와 비서실장에 앉히는 꼼수라도 부리게 했고, 국회의장을 찾아가 여야 합의로 추천된 국무총리를 선임하겠다고 하게 했고, 여야 합의로 일정을 잡으면 명예롭게 퇴진하겠다며 조금 물러서게 만들었다. 광장의 정치가 작동되고 있다는 방증이기도 하지만 현실은 녹록치 않다.

정작 박근혜 자신은 조금의 사심도, 잘못한 것도 없다고 강조했다. 임기 내내 스스로의 잘못을 인정하지 않고 늘 남 탓하는 유체이탈 화법은 여전했지만 여당의 태도가 슬쩍 바뀌었고 야당 또한 동요하는 모습이 가관이다. 이렇게 버티다 내년 8월에 18차 대국민담화문을 발표하는 박근혜를 볼지 모를 일이라는 푸넘이 웃어넘기기엔 섬뜩하기 그지 않다. 이 촛불정국에서도 박근혜는 국정교과서, 한일군사정보보호협정, 사드배치 강행, 성과연봉제, 세월호 특조위 사무실 철거 등을 밀어붙이고 있는 것은 엄연한 현실이기 때문이다.

촛불은 계속 타올라야 한다. 하지만 경찰들이 정해 놓은 폴리스 라인 안에서, 법원이 지정해주는 집회 공간 안에서, 보수 언론이 상찬하는 평화 프레임 안에서의 환호와 함성만으로는 부족하다. 싸움에서 이기려면, 혹은 상대를 놀라게 하고 싶으면 예측 가능한 시나리오로 가서는 곤란하다. 화염병을 던지자거나, 쇠파이프를 들자는 것이 아니다. 물론 그럴 만한 상황이 생긴다면 주저하지 않는 것이 이 싸움의 열쇠라는 생각 또한 동의한다. 박근혜 너머를 고민하는 기득권 세력에겐 촛불의 민심이 언제 평화집회 프레임에서 벗어날지가 진짜 공포니까 말이다. 하지만 광장의 정치에 함께하는 모든 이들이 서로 토론하고 존중하고 규율을 세우는 것 또한 여전히 중요하다. 광장에 모여야 하는 시간이 길어질 수도 있기 때문이다. 우린 그 시간들을 잘 준비하고 대비해야 한다.

　자본과 권력은 광장의 정치가 대한민국 사회를 작동시키는 것을 계속 두고 보지 않을 것이다. 보수언론은 곧 촛불을 꺼트리기 위해 광장의 정치를 갈라놓을 것이고, 민중총궐기로 노동자들을 테러집단으로 매도했던 것처럼 광장의 정치를 국정 혼란의 주범으로 몰아갈지도 모른다. 하지만 금수저 흙수저의 기울어진 운동장을 다시금 회복시키려면, 민주주의가 작동하고 국민을 위한 정부를 세우고 싶다면, 노동자들이, 장애인들이, 철거민들이, 성소수자들이 헌법에 보장된 사람의 권리를 되찾으려면 이 광장의 촛불을 지켜나가야 한다. 87년 6·10항쟁의 성과가 전두환에 이은 노태우 정권으로 이어진 서글픈 역사가 우리에게 있다. 그러나 6·10항쟁 이후 곧이어 노동자대투쟁이 일어났다는 사실 또한 잊어서는 안 된다. 시민과 노동자들이 함께 할 때 광장의 정치는 계속 작동할 것이다. 정부마저 흥신소로 전락시켜버린 재벌들의 책임을 묻고, 국정농단의 부역자 노릇을 한 정치인들, 언론인들, 공무원들 또한 반드시 처벌해야 한다. 해방이 되고 일제에 부역했던 자들을 처벌하지 못해 생긴 역사적 과오를 이번에는 반드시 바로 잡아야 한다. 박근혜가 아닌 박근혜라는 허상을 만들었던 세력을 넘어서는 것이 광장의 정치가 가야 할 길이다.

©노순택

광장의 페미니스트,
'함께'와 '우리'에 대한
질문을 던지다

나영

"SNS를 통해 집회 참여 여성들의 성추행 피해 제보가 쏟아지고 있는 상황이다. 그러나 집회 현장에서 여성을 상대로 벌어지는 '엉만튀', '슴만튀' 성추행 범죄에 대해 주최측은 아무런 대책도 세워놓지 않고 있다. 이런 상황에서 광화문 집회에 나가는 것은 성범죄자들의 소굴로 자진해서 걸어 들어가는 것이나 다름이 없다. (…) 박 대통령과 최순실 씨를 향한 비판은 '부패 기득권층에 대한 심판'이라는 명확한 목표에서 이미 한참이나 비껴가 버렸다. 박 대통령과 최순실 씨는 권력자가 아니라 '여성'으로 대상화되었으며 이는 권력이 아닌 '여성'을 겨냥한 발언들이 인터넷이든 집회 현장이든 가리지 않고 홍수처럼 범람하고 있는 상황을 통해 입증된다. 여성에 대한 온갖 모욕적인 발언들이 쏟아져 나오고 있지만 주최측이 아무런 제재도 하지 않는 집회에 여성들이 굳이 참여해야 할 이유는 없다. (…) 좌우를 떠나 '대통령 하야'라는 구호로 뭉친 이들은 여성혐오 따위보다 대통령을 끌어내리는 것이 더 중요하다고 말하지만 실제로 그렇게 말할 수 있는 이들은 기존의 가부장제 사회에서 기득권을 쥔 채 살아온 사람들이다. 요컨대 대통령이 바뀌든 바뀌지 않든 여성의 삶은 조금도 달라지지 않는다. 남성 중심의 가부장적 질서는 조금도 타격받지 않는다. (오히려 집회가 가부장적 질서를 더욱 강화하고 있다.) 그러니 여성들이 굳이 집회에 참여해야 할 이유가 없다. (…) 여성혐오적인 구호로 정의와 진보를 외치는 사람들은 여성의 생존과 관련된 싸움에는 연대하지 않는다. 여성의 생존에는 아무런 관심이 없는 것이다. 관심이 없는 것으로 끝나면 모를까 저들은 여성의 삶을 좀먹고 고통스럽게 만드는 가부장적 질서에 가담해 그 질서를 더욱 견고하게 만든다. 그러니 여성들에게 저들과의 연대를 강요해선 안 된다. (…) 현재의 집회는 남성 중심의 질서로 구축된 국가를 남성 중심의 방식으로 수호하기 위한 거대한 맨스플레인일 뿐 여성을 위한 싸움은 아니라는 사실을 기억해야 한다. 여성이 궁극적으로 끌어내려야 할 것은 대통령이 아니라 남성들의 젠더 권력이다. (…) 여성혐오로 물든 민중총궐기에서 누가 '민중'을 부르짖든 거기에 여성은 포함되지 않는다. 성추행 당할 위험을 무릅쓰고 촛불을 들고 나가도 '시위녀'로 소비되는 것이 전부다. 집회에 나가지 않겠다고 선언하는 여성이 있다고 해서 과연 누가 손가락질 할 수 있을까? 성추행과 성적 모욕으로 가득 찬 공간을 누군들 들어가고 싶을까? 민중의 사명이니 국민의 명령이니 떠들기 전에 먼저 여성을 '민중'으로, '국민'으로 동등하게 대우하지 않으면 여성들은 점점 '당신들만의 투쟁'에 염증을 느끼게 될 것이다."

위의 인용문은 처음으로 참가인원 100만 명을 넘겼던 11월 12일의 촛불집회 이후 이틀이 지난 14일, '바람계곡의 페미니즘'이라는 페이스북 페이지에 올라온 글 내용 중 일부를 발췌한 것이다. 이 글에는 곧 수많은 댓글이 달렸고 엄청난 논쟁과 관리자의 댓글 삭제, 차단, 다른 이에 의한 관리자 신상 공개 등이 이어진 끝에 결국 페이지 운영이 중단되고 말았다. 비록 안타까운 결과를 가져오기는 했지만 이 글에서 지적된 문제들과 이어진 논의들은 주목하고 기억할 필요가 있다. 실제로 11월 5일과 12일 민중총궐기를 기점으로 집회 내에서의 여성비하/성차별/여성혐오 발언들과 성추행 등에 대한 제보와 논쟁이 본격적으로 쏟아져 나왔고 이후 페미니스트 단체와 모임들이 '페미존'을 결성해 참여하면서 많은 변화를 이끌어냈기 때문이다. '바람계곡의 페미니즘' 페이지는 다소 극단적으로 "여성들이 참여할 필요가 없다"고까지 주장했지만, '페미존'의 참가자들은 그 대오에서 빠지는 대신 광장 사이사이를 누비며 당당하게 문제를 제기하는 방향을 택했다. 비하/차별 발언이 나오면 현장에서 즉각 외치고 항의하며, 주최측에 메시지를 보냈고, 성추행과 문제 발언들을 아카이빙했으며, 원치 않는 신체 접촉이나 언어폭력, 추행 등을 당하는 참가자가 있으면 직접 '자경단'이 되어 함께 대응했다. 19일에는 '페미니스트 시국선언'을 발표했고, 사전집회와 기고 등을 통해 적극적으로 문제의식을 공유했다. 그러나 이 과정에서 다시 되돌아온 상처도 만만치 않았다. 결정적으로 DJ DOC 공연을 둘러싸고 벌어진 논쟁과 공격들은 결국 문제제기를 했던 많은 참가자들을 지치게 만들기도 했다.

10월 29일부터 12월 3일까지, 민중총궐기와 범국민행동 촛불집회에 참여하면서 경험하고 느꼈던 것들을 한 명의 여성이자 페미니스트 입장에서 전해보고자 한다.

박근혜와 여성 대표성, 그 균열이 야기한 왜곡된 지점들

먼저, 시간을 거슬러 2012년 대선 당시로 돌아가 보자. 대선 국면이 막바지로 치닫기 몇 개월 전까지만 하더라도 당시 박근혜 후보는 '여성'이라는 상징을 적극적으로 내세우지 않았다. 1997년 한나라당에 입당하고 1998년 대구 달성군 재보궐 선거에서 당선된 이후 대통령 후보가 되기까지, 박근혜는 여느 여성 정치인들과 마찬가지로 굳이 '여성'이라는 사실을 강조하지 않았다. 대한민국 정치에서 사실 '여성'이란 굳이 내세워서 좋을 것이 없는 카드였기 때문이다. 더구나 박근혜에게는 박정희와 육영수, 70년대라는 숙명 같은 상징이 들러붙어 있었다. 박근혜는 언제든 '한국 사회를 가난으로부터 구출한 카리스마 있는 가부장'이 될 수도, '힘든 시절에 국민을 돌봐준 국모'가 될 수도 있었으며, 동시에 '어린 나이에 끔찍한 사건으로 부모를 여의고도 국민을 위해 홀로 험난한 정계를 헤쳐 나온 장한 딸'이 될 수도 있었다. 게다가 그 스스로도 탈당과 복당을 거치고 노무현 전 대통령 탄핵 국면과 '4대 개혁입법' 반대 투쟁을 주도하며 나름 치열한 정치투쟁의 과정을 거쳐 당내 권력 기반을 확보했다.

보수층의 지지 기반만을 고려한다면 아마 굳이 '여성'을 내세울 필요는 없었을 것이다. 그런데 9월 인민혁명당(인혁당) 사건 판결에 대한 발언과 10월 정수장학회 입장 표명 이후 지지율이 하락하자 그제서야 최후의 카드로 꺼내들 수밖에 없었던 것이 '여성 대통령'이었던 것이다. '여성 대통령' 상징을 선점당하고 뒤통수를 맞은 민주당은 이에 즉각 반발했다. 민주당 정성호 대변인은 "출산과 보육 및 교육, 장바구니 물가에 대해 고민하는 삶을 살지 않은 박 후보에게 '여성성'은 없다"고 비판했고, 황상민 교수는 "한국 사회에서 여성으로 산다는 것은 생식기가 남성과 다르게 태어났다는 게 아니라 역할"이라며 "대표적인 게 결혼하고 애 낳고 키우면서 나타나는 현상인데, 그것을 보고 여성이라고 얘기하지 생식기가 다르다는 것을 보고 여성이라고 하지는 않는다"고 주장해 파문을 일으키기도 했다. 하지만 야권의 이러한 반발과 박근혜와의 비교 전략으로써 문재인을 '강한 남성', '훌륭한 가부장'으로 상징화한 전략은 오히려 40~50대 여성들의 박근혜 지지율을 높이는 효과를 가져왔다.

당시 이진옥 서강대 사회과학연구소 상임연구원은 전국여성노동조합 서울지부에 소속된 서강대학교 청소용역분회의 조합원들 중 다섯 명을 대상으로 인터뷰를 진행한 연구 결과[1]를 발표하며 40~50대 저소득층 여성들의 박근혜 지지에는 일종의 보상심리가 투영된다고 분석했다. 여성으로서 자신들이 가부장 사회에서 겪어야했던 차별을 '최초의 여성 대통령'이라는 상징을 통해 보상받고 싶은 심리가 작동했다는 것이다. 또한 여기에는 그동안 남성들을 중심으로 한 구태 정치가 비리와 강권 통치에 기대어 왔다는 점에 대한 불신도 작동했다. 새누리당은 이 지점을 적극 공략하며 "여성 대통령이 곧 정치 쇄신"이라는 점을 지속적으로 강조했다. 그리고 마치 여성 대통령만 탄생하면 한국의 젠더 불평등이 극적으로 사라질 것처럼 선전했다. 결국 18대 대선 최종 득표율을 보면 20~40대 여성들은 문재인 후보를 더 많이 지지한 반면, 50~60대 이상 여성들은 박근혜 후보를 더 많이 지지한 것으로 나타났다.

18대 대선에서 드러났던 이와 같은 정치적 지형들은 한국 사회에서 여

---

1) 이진옥, '박근혜는 과연 여성을 대표하는가?', 프레시안, 2012. 11. 13.
  http://www.pressian.com/news/article.html?no=64312

성의 정치적 대표성과 시민성이 어떻게 다루어지고 있는지를 여실히 보여주었다. 박근혜의 여성 대표성을 비판하고자 했던 남성 지식인, 정치인들과 민주당이 생식기나 임신/출산/결혼 경험 등을 통해 박근혜의 '여성 자격'을 묻는 동안, 새누리당과 박근혜 선거대책본부는 박근혜의 '여성성'을 강조함으로써 위기국면을 돌파했다. 그리고 자신의 일생을 통해 가부장제를 몸소 겪었던 50대 이상의 여성들은 '여성 대표자'가 그 한을 풀어주기를 진심으로 바랐다. 이러한 현상은 정치의 '기본값'으로 설정되어 있는 남성이 대표자가 되는 상황에서는 벌어지지 않는 일이다. 남성 대표자는 그가 어느 성별을 대표하는지 굳이 질문 받지 않으며, 남성이라는 사실만으로 대표자로서의 자격이 있는지, 어떤 자격을 지녀야 '남성으로서', '남성을 대표할' 자격이 있는지와 같은 주제들도 논쟁의 대상이 되지 않는다.

남성은 당연히 '보편자'이고, 따라서 보편자 남성은 남녀노소 모든 이의 대표자가 될 자격을 기본적으로 부여받기 때문이다. 그러나 그 자리에 '여성'이 등장하는 순간, 정치의 장은 갑자기 성별 투쟁의 장이 된다. 여성은 언제나 '보편자'가 아니라 '타자'였기 때문이다. 그런 의미에서 평생을 '타자'의 위치에 있던 50대 이상의 여성들이 자신들을 '보편자'의 위치로 만들어 주리라는 기대를 박근혜 후보에게 걸었다는 것은 상당히 상징적인 의미를 지니고 있다고도 볼 수 있을 것이다. 결국 박근혜는 박정희의 권위를 통해 보편자의 위치를 획득하고, 그 위에 타자였던 여성의 상징성을 정치 쇄신으로 덧입히는 전략을 취함으로써, 타자들의 열망을 발판삼아 선거에서 승리할 수 있었던 셈이다.

그런데 중요한 것은 박근혜 정부의 파탄이 드러나고 그를 받치고 있던 권력의 주변 기반이 무너지자 순식간에 그에게는 '여성'이라는 상징만이 남아버리게 되었다는 점이다. 최순실이 비선실세로 드러나고 각종 피부 미용 관련 시술과 약물 사용 의혹이 불거지자 박근혜 정권의 파행은 곧 '여자 대통령'의 문제로 환원되었고, 대한민국은 여자 대통령을 조종한 '저잣거리 아녀자', '강남 아줌마' 최순실에 의해 농락당한 상황이 되었다. 정작 이 파행의 핵심에 있는 40년간 이어져 온 권력의 카르텔과 권력형 비리, 특혜의 네트워크는 여자, 미용, 샤머니즘 같은 키워드에 묻혀 자꾸만 그 방향이 어긋나고 있다. 일례로 세월호 참사 당일 '사라진 7시간'의 경우 왜 대통령이 구조에 책임지고 나서지 않았으며 그 사실만으로도 얼마나 심각한 직무유기인지가 핵심이 되어야 하는데, 그 시간 동안 어떤 시술을 누구에게 받았는지만이 연일 언론과 정치권의 핵심 관심사가 되어버리는 식이다.

박근혜 정권의 파행을 '보편적 여성성'의 문제로, '여성 대표성의 실패'로 환원시켜버리는 이러한 문제들은 곧 촛불집회의 광장에서도 쉽게 여성 비하와 성차별적 표현, 여성혐오적 태도들로 나타났다. 광장에 나온 여성들과 페미니스트들은 박근혜 퇴진을 위해 싸우면서 동시에 이 역사가 '여성이 실패한 역사'로 남지 않도록 하기 위한 정치적 주체화의 싸움을 이어가야 했다.

광장에 선 페미니스트들

10월 29일 '민중총궐기'는 이재명 시장이 문제의 발언을 한 날이었다. 그는 오랜만에 발 디딜 틈 없이 인파로 가득 찬 청계광장의 무대 위에 서서 격앙된 목소리로 이렇게 발언했다.

"박근혜는 이미 국민이 맡긴, 무한 책임져야 될 그 권력을 근본을 알 수 없는 저잣거리 아녀자에게 던져주고 말았습니다."

현장에서 그의 발언은 '사이다' 발언으로 우레와 같은 박수와 함성을 받았으나, 이후 소셜네트워크 등을 통해 빠르게 전파되며 강한 비판을 받았다. 문제는 비선실세로 드러난 최순실을 두고 '근본을 알 수 없는 저 잣거리 아녀자'라고 표현한 그의 발상이 사실 당시의 보편적인 정서였다는 점이다. 이 사태의 출발점에서 대중적 공분의 촉매제가 된 것은 다른 무엇보다 공인되지 않은 권력, 게다가 어디서 나타났는지 알지도 못했던 '여자'가 사실상 대통령을 대신하여 국정을 주무르고 있었다는 사실이었기 때문이다. '아녀자'라는 표현은 앞서 언급했듯, 기본적으로 여성은 '정치적 타자'의 위치에 있으며 따라서 정치적 시민성이나 대표성을 지닐 수 없다는 인식을 전제하고 있다.

박근혜는 박정희 시대의 권력적 상징을 지닌 예외적 존재였으나, 여기서 또 다시 그 배후에 있는 비선실세가 공인된 권력도 아닌 '여자'였다는 점에서 최순실이 지니고 있던 권력적 위치는 '근본을 알 수 없는 저잣거리 아녀자'로 치환되는 것이다. 이러한 인식과 표현들은 도처에 넘쳐났다. 박지원 국민의당 비대위원장은 11월 9일 KBS 라디오 공감토론에 출연하여 박영선 더불어민주당 의원에게 "대단히 미안하지만 우리 대한민국에서 앞으로 100년 내로는 여성 대통령 꿈도 꾸지 말라"고 말했으며, 새누리당 유승민 의원은 10월 25일 "헌법을 진지하게 받아들인다면 강남에 사는 웬 아주머니가 대통령 연설을 저렇게 뜯어고치는 일이 일어날 수 있었겠느냐?"고 발언했다.

프라다 신발, 미용시술 등이 여성성의 전형이자, 여성 정치인의 속성으로 다뤄지고, 최순실과 박근혜의 문제가 여성성으로 환원되어 비하의 대상이 될수록 시민으로서의 여성, 정치적 주체로서의 여성의 위치는 더욱 더 '타자'의 경계로 밀려나는 효과를 가져오게 된다. 때문에 광장에 나선 페미니스트들은 더욱 적극적으로 이러한 발언들에 문제를 제기하게 된 것이다.

집회의 규모가 커지고 발언의 장이 더욱 확대되면서 이 문제는 더욱 본격적으로 표면화되기 시작했다. 게다가 그 대상은 여성 뿐 아니라 장애인 등 똑같이 정치적 타자의 위치에 있는 다른 소수자들로도 이어졌다. 박근혜에게 정신적, 심리적 문제가 있다는 일부 전문가들의 분석과 관련 기사들은 이를 더욱 부채질했다. 두 번째 범국민행동 집회가 열린 11월 5일의 집회에서는 사회자가 박근혜를 지칭하여 여성을 비하하는 욕설을 사용했으며, 한 발언자는 참가자들에게 "박근혜를 병원으로!"라는 구호를 외치자고 제안하기도 했다. 결국 11월 11일 '민중총궐기투쟁본부/박근혜정권 퇴진 비상국민행동'은 다음과 같은 내용의 사과문을 발표했다

"국정파탄, 민생파탄, 민주주의 파괴자들인 저들을 향한 우리의 분노를 여성과 장애인을 차별하는 언어로 표출하는 것은 온당하지 않음을 잘 알고 있습니다. 저들이 저지른 큰 죄와 우리 사회의 구조적 폐단을 개인의 문제로 한정짓지 말아야 합니다. 지금 박근혜 퇴진을 외치는 국민 중 다수가 여성이고, 장애인이며, 차별받는 이들입니다. 우리는 성차별과 소수자에 대한 혐오로 우리를 분열시키려는 저들의 전략에 넘어가지 않겠다고 다짐합니다."

이후 페미니스트들은 사전집회로 별도의 '여성대회'가 열렸던 11월 12일 3차 촛불집회를 기점으로, 본격적으로 함께 다니며 박근혜 퇴진 등 시

국 관련 구호와 함께 "혐오발언 중단하라!"는 구호를 외치고 다니기 시작했고, 이후 본격적으로 '페미존'을 형성하여 함께 행진했다.

서두에 언급했듯 페미존이 시작된 시기는 촛불집회에서의 성추행 경험에 대한 제보가 소셜네트워크에 올라오고, 집회와 언론을 통해 여성혐오, 여성비하와 성차별적 발언들이 쏟아져 나오던 때였다. 페미당당, 강남역 10번출구, 지구지역행동네트워크로 시작된 페미존은 이후 불꽃페미액션, 노동당 여성위원회, 녹색당 여성특위, 박·하·여·행(박근혜 하야를 만드는 여성주의자 행동), 용기당, 정의당 여성위원회, 정의당 여성주의자모임 Just Feminist, 정의당 이화여대 학생위원회, 청년좌파, 범야옹연대, 징병제 폐지를 위한 시민모임, Antifa Action, 행동하는성소수자인권연대, 여성주의 춤 동호회 스윙시스터즈, 알바노조, 전국디바연합 등이 함께 하면서 점점 규모가 커졌고 사전집회와 행진 도중에는 더 많은 참가자들이 함께하기도 했다.

페미존의 참가자들은 사전집회에서 자신들의 경험과 시국에 대한 입장을 나누었고, 행진 도중 성추행이나 참가자 개인에 대한 비하·혐오 발언, 무단 촬영 등이 벌어질 경우를 대비해 '페미 자경단'을 구성해 함께 대응했다. 집회 도중 여성, 장애인 등에 대한 비하나 혐오 발언이 나오면 즉각 비상국민행동에 메시지를 보내 문제를 제기했으며, 참가자들이 겪은 문제나 제보 등을 모아 아카이브를 만들기도 했다. 그리고 대응 매뉴얼을 만들어 배포하고 문제가 발생할 시 비상국민행동 내의 여성단체들에 연락하여 법률적 대응이나 상담을 받을 수 있도록 연계했다.

페미존에 함께하면서 또 한 가지 새삼스럽게 느낀 것은 여성들이 모여 구호를 외치며 행진하는 모습을 남성 참가자들이 쉽게 구경거리로 삼거나 "기특하다"는 반응을 보인다는 것이었다. 참가자들은 다양한 연령대로 구성되어 있었음에도 불구하고, 일단 여성 집단이라는 점에서 '정치의 장에 나온 기특한 여자애들' 취급을 받았다. 페미존의 상징 문구가 된 "우리는 여기서 세상을 바꾼다"라는 구호 역시 12일 페미존 행진 당시 지나가던 남성들이 "기특하네" "집에 가서 공부나 하지" 등의 발언을 하여 이에 대응하는 구호로 함께 외친 일이 계기가 된 것이었다.

이렇게 본격적으로 광장에서 문제를 제기하면서 이 흐름은 '페미니스트 시국선언'으로 이어졌다. 지구지역행동네트워크의 제안으로 준비된 이 시국선언은 비하·혐오발언에 대한 대응을 넘어 페미니스트의 입장으로 직접 시국을 규탄하고, 박근혜 이후의 '다른 세상'을 향한 방향을 제안하는 자리였다. 이 시국선언에서 페미니스트들은 '여성'이라는 프레임으로 그들의 죄를 희석시키려는 행위도, '여성'이 문제라며 권력의 본질을 왜곡하려는 행위도 문제임을 분명히 했다. 13개 페미니스트 단체, 모임의 시국선언문은 박근혜 정부와 권력 카르텔의 본질에서부터 여성혐오 비판, 사회 패러다임의 변화에 이르기까지 폭넓은 제안을 담았다.

'정의당 이화여대학생위원회'는 이화여대의 투쟁의 결과로 결국 박근혜 정권의 비선실세가 드러나게 되었음에도 불구하고 투쟁의 의미는 사라지고 정유라를 통한 여대(女大) 비하만이 남은 상황을 규탄하면서, "여성이 배제된 혁명과 여성이 배제된 정의는 과연 누구의 것인가?"라고 묻고, "여성의 투쟁을 대수롭지 않게 여기는 사람들에게 우리는 동등한 위치에 놓인 동지이며 여기 있다고 외쳐야 한다. 그래서 지금 우리는 이곳에 나왔다"고 밝혔다.

또한, '건강과 대안 젠더건강팀'은 유영하 변호사의 "대통령의 여성으로서의 사생활을 존중해달라"는 발언을 강력하게 규탄하며 "미용시술이 여성의 사생활이고 자연스러운 욕망인 것처럼 포장하는 것은 기만적이고, 모욕적인 치사한 전략"이라고 지적했다. 그리고 "차움병원과 박근혜의 '의료게이트'에서 싸워야 할 것은 박근혜와 1% 의료민영화 정책"이라며 "지금도 추진하고 있는 모든 의료민영화 정책을 폐기시켜야 한다"고 주장하기도 했다.

지구지역행동네트워크는 "박근혜의 카르텔은 신자유주의가 초래한 각자도생의 삶을 파고들어 혐오를 부추겨왔으며, 군사적 긴장과 동맹에 기대어 끊임없이 불안을 야기해왔다. 그들은 허울뿐인 '여성대통령'을 상징으로 내세웠으나 여성들의 삶은 더욱 열악해졌다. 우리는 바로 그들이, 민중을 자신들의 탐욕과 특혜를 위해 길들일 개, 돼지로 여기고, 세월호 참사로 304명의 생명을 앗아간 공동정범임을 똑똑히 알고 있다"고 밝혔다. 그리고 "이제 우리는 더 큰 싸움을 시작할 것이다. 우리는 박근혜와 가부장적 권력집단의 카르텔을 종식시키고, 그들이 야기한 파탄에 명백히 책임을 물을 것"이라고 선언했다.

장애여성공감은 장애─여성의 입장에서 박정희 시대에서 박근혜 정부까지 이어지는 개발, 성장중심주의와 정상성을 잣대로 한 혐오·비하에 문제를 제기했다. 장애여성공감은 시국선언문에서 "우리는 사회가 규정하는 여성의 역할과 자리를 거부하고, 여성의 의미를 새롭게 만들 것이다. 우리는 자주 무능력하다고 규정되지만 사회가 요구하는 정상성의 기준에 맞출 생각이 없다. 우리는 존재 자체로 존엄성을 인정받을 수 있는 세상을 원한다"고 밝히고, "우리는 페미니스트, 장애 , 퀴어 정치를 새롭게 써나가며 계속 목소리를 높일 것이다. 우리의 존재가 모욕당하지 않고 헌법적 가치에 우리의 이름이 새겨질 때까지 싸움은 지속될 것"이라고 선언했다.

'불꽃페미액션'은 '여성 대통령'이 아니라 '여성주의자 대통령'이 필요함을 역설했고, '페미당당'은 페미니스트의 행동은 '해일이 오는데 조개나 줍는 것'이 아니라, '해일이 몰려올 때, 대피신호를 쏘아 올리고, 구명보트를 띄우고, 해일 속으로 뛰어들어 소외되고 차별받아 뒤처진 마지막 한 명까지 구하는 것'임을 밝혀 많은 감동을 주었다.

이후 12월 10일 촛불집회까지 페미존은 계속 이어지고 있다.

DJ DOC와 '페미나치'들

그런데, 의외의 곳에서 난관이 터졌다. 힙합그룹 DJ DOC가 <수취인분명>이라는 곡을 가지고 무대에 서기로 했다는 소식이 전해지면서 페미존 참여단체들이 이에 문제를 제기한 것이 발단이 된 것이었다. 처음 공개된 곡의 가사는 'fuck you'를 연상하게 하는 '박U'로 시작하여, 박근혜를 '미스 박'이라고 칭하고, 새누리당은 스페인어에서 여성을 호명하는 단어인 '세뇨리따'에서 발음을 따온 '새뇨리땅'으로 표현한 내용을 담고 있었다. 또한 '하도 찔러대서 얼굴이 빵빵', '빽차 뽑았다 널 데리러 가 빵빵' 같은 표현도 문제가 되었다. 그렇지 않아도 사전에 가사를 보고 우려했던 주최측은 문제제기를 받아들였고, 결국 DJ DOC에게 무대 공연이 어렵겠다는 결정을 전달했다. 그런데 이 결정이 알려지면서 문제를 지적한 페미니스트들을 향해 '페미나치'의 권력을 가지고 '검열'을 행했다는 비판이 쏟아진 것이다. '미스 박'이 여성혐오 표현이냐 아니냐와 같은 논쟁들이 벌어졌고, 이전 촛불집회에서 차별적 발언들에 문제제기를 한 것에 대해서도 '가난하고 배운 것 없는 민중'들에게 '훈장질' 한다는 비난이 돌아왔다. 처음 문제를 제기했다고 알려진 '페미당당'의 운영진들은 페이스북 등을 통해 언어폭력과 집요한 공격에 시달려야 했다. 그리고 결국, 12월 10일 DJ DOC는 '민주주의국민행동'이 주최하는 무대에 올라 '미스 박'에서 '미스'만 뺀 가사로 공연을 마쳤다.

이 일련의 사태가 의미하는 바는 무엇일까.

사실 본질은 '미스 박'이라는 단어 하나에 있는 것이 아니었다. 문제는 〈수취인분명〉의 가사가 지난 몇 주 간의 촛불집회 내내 페미니스트들이 광장에 참여하면서 목이 터져라 외치고 주장했던 문제의 본질과 맞닿아 있는 내용이라는 사실이다. 부패 권력을 처벌하는 주체는 흔히 등장하는 레토릭의 맥락에 따라 '(빽)차 뽑아 데리러 가는' 남성으로 설정되고, 자연스럽게 박근혜와 새누리당은 모두 여성의 위치에 놓인다. 동시에 박근혜의 미용시술 같은 문제는 마치 여성성의 본질인 듯 환원되면서, 곡 전반에 깔린 맥락을 통해 여성들은 다시 한번 정치적 주체의 위치에서 탈각되는 것이다. 그리고 이는 전형적으로 여성을 타자화, 대상화함으로써 여성들을 향한 구조적 차별과 통제를 만들어내는 '여성혐오'의 맥락과 맞닿아 있다.

DJ DOC가 이런 지점들을 제대로 이해하고 이에 대한 성찰의 발언과 함께 수정된 가사로 노래를 불렀다면 좋았을 테지만, 결국 논쟁의 방향은 엇나갔고 아쉽게도 DJ DOC는 자신들의 가사가 왜 문제인지를 끝내 알지 못한 것으로 보인다.

또 하나의 문제는 여전히 페미니스트들은 '해일이 밀려오는데 조개나 줍는'다거나 '큰 일을 도모하는데 사소한 일로 흠집이나 내는' 존재들, 아니면 '가난하고 못 배운 민중'에게 '훈계질'이나 하는 '잘난 척하는 여자들'로 비난받는다는 것이다. 여기서 '가난하고 못 배운 민중'의 기본값은 역시 남성들이다. 집회에서의 성차별이나 여성혐오에 문제를 제기하는 여성들은 민중이나 노동자, 농민으로 지칭되는 범주에서도 삭제되고, 분명 이 변화의 과정에 함께하고 있음에도 불구하고 '큰 일'의 주체적 참여자에서 배제된다. 그러나 스스로를 페미니스트라고 부르든 그렇지 않든 간에 여성들이 문제를 제기하는 것은 그것이 바로 민중, 노동자, 농민인 여성들 스스로가 매일같이 삶에서 부딪혀야 하는 문제들이기 때문이다.

백인 대통령의 잘못은 곧 '백인'의 문제로 돌아오지 않지만, 흑인 대통령, 장애인 대통령, 여성 대통령, 성소수자 대통령의 잘못은 쉽게 흑인, 장애인, 여성, 성소수자의 문제로 환원될 수 있고 이는 결국 그들과 정체성을 공유하는 이들에게 타격이 되어 돌아온다. 사회적 위계에서 상대적으로 하위에 있는 이들은 자신의 삶으로부터 문제를 인식하게 되는 법이다. 지금 우리가 싸우고 있는 '큰 일'이 단순히 박근혜 대통령의 퇴진과 정권교체로 끝날 일이 아니라면, 이 차별적 위치를 제대로 성찰하는 일부터가 '사소한 흠집내기'가 아니라 중요한 줄기로 여겨져야 하지 않을까.

대한민국은 '민주공화국'인가?

"대한민국은 민주공화국이다. 대한민국의 모든 권력은 국민으로부터 나온다." 2008년부터 촛불집회에서 늘 불리는 노래, 헌법 제1조의 내용이다. 박근혜 게이트가 터져나온 이후 한동안 '공화국'에 대한 이야기가 곳곳에서 등장했다. 그런데 이 '공화국' 논의에서조차 여성의 지위는 다시금 '깨끗한', '모성'의 이미지로 환원된다. 일례로 박명림 교수는 11월 11일 『한겨레』 기고글에서 "공화국의 최후 골간"은 "공공성"이며 이것은 "희생적인 군인과 깨끗한 음부를 뜻했다"고 썼다. "그것이 없다면 인간과 국가 생명은 죽기 때문"이란다. 그리고 글의 말미에, "우리 어머니, 그건 공화국이네"라는 '레 미제라블'의 가사를 옮겼다. 40년이 지난 후에도 여전히 박정희 개발독재를 벗어나지 못하는 한국사회를 보며, 그는 아마도 이제는 '죽이는 아버지'가 아니라 '돌보는 어머니'가 필요하다고 생각한 것인지도 모르겠다.

강인한 표정으로 세상을 주시하면서 한 손엔 공화국의 깃발을 들고, 두 가슴으로는 아이들에게 젖을 먹이며, 발치에서는 책을 읽는 다른 아이를 돌보는 어머니의 모습은 프랑스 혁명 이후 공화국의 상징이었다. 그러나 '죽이는 것'이 아버지의 속성이거나, '돌보는 것'이 어머니의 속성인 것은 아니다. '깨끗하고 순결하며 희생적이면서도 강한' '어머니 공화국'이란, 또 다시 가부장적 가족모델의 체제가 기대하는 여성의 상을 강화하는 것 이상의 무엇도 아니다. 어쩌면 공화국을 공화국답지 못하게 만드는 것은, 여전히 국가에 아버지 혹은 어머니의 상을 덧입히고, 그 보호나 돌봄을 받아 마땅한 '국민'의 자격을 끊임없이 갈라온 이 사회의 익숙한 '습'에 있는 것인지도 모른다.

여전히 대한민국은 이상한 모양새다. '남성 중심의 가부장적 가족'을 설정하지 않고는 권력 관계의 비리와 특혜를 설명할 길을 찾지 못하는 모양이다. 12월 13일, 검찰은 최순실과 박근혜가 '가부장적 남편-지시받는 아내' 관계였고, 문고리 3인방은 '남편의 지시를 받아 아내에게 전달해 주는 사촌'이라고 설명했다. 같은 날 새누리당 친박계 김태흠 의원은 CBS 라디오 '김현정의 뉴스쇼'에 출연하여 "친박이 박근혜와 최순실 관계를 몰랐던 것은 남편(박근혜)의 외연녀(최순실)와의 관계를 아내(친박)가 가장 늦게 안 것"이라는 요지의 발언을 했다.

그런가하면, 언론은 한참 새누리당의 친박계와 비박계가 '이혼 다툼

중'이라고 보도를 하고 있는 중이다. 가장 끔찍한 것은 우병우를 잡겠다는 어느 남성 누리꾼의 패러디물인데, 일본의 어느 AV 배우가 달리다 잡히면 질내사정을 당하는 식으로 100명의 남성들과 섹스한다는 내용의 DVD 표지를 패러디하여 여성 배우의 몸 위에 우병우의 얼굴을 합성하고, 뒤를 쫓는 남성들의 얼굴에는 JTBC, 주갤러(주식갤러리 이용자), 정봉주, 안민석 등의 얼굴을 합성한 것이다. 이 패러디 물에서 남성들의 정의 구현은 역시 '여성'으로 설정된 정치인을 집단적 성행위로 처벌하는 행위로 표현된다.

우리는 언제까지 이렇게 설정된 세계에서 살아야 할까? 공화국을 뜻하는 영어 단어 republic의 어원은 '공공의 것'을 뜻하는 라틴어 res publica이다. 한자로 '공화'는 '공동으로 화합하여 일을 행하는 것'이고, 국어대사전은 '공공'을 '국가나 사회의 구성원에게 두루 관계되는 것'이라고 풀이한다. 우리는 과연 '두루 관계되는 구성원'들로서 존재하고 있을까?

박근혜 정권의 파탄으로부터 우리가 반드시 확인해야 할 것이 있다면, 박정희 시대부터 이어져온 권력집단의 카르텔이 바로 민중을 개, 돼지로 여기는 체제를 유지해왔다는 사실이다. 이 체제는 개발과 성장의 이데올로기를 내세워, 자본을 쥔 이가 곧 권력이 되고, 나머지는 그에 의존해 살아가는 존재들이라는 것을 당연한 '질서'로 만들어 유지되는 체제이며, 살아남기 위해서는 그 자본과 권력에 길들여지거나 때로 복종해야 한다는 논리, 여기서 위계를 흩뜨리는 자들은 혐오와 낙인, 차별을 통해 배제시켜 간다는 원리를 자양분으로 삼아 성장해온 체제이다. 가부장적 권력집단의 카르텔이 주도하는 이 체제는 '시민의 자격'을 끊임없이 나누고, 그럼으로써 위계를 다시 공고히 한다. 여성, 장애인, 청소년, 노인, 성소수자 등이 놓여 있는 위치를 성찰하는 것은 곧 이 체제에서 우리 각자가 놓인 위치들을 다시 확인하는 작업이다. 길들여지고, 복종하는, 그리고 다른 이들을 다시 배제하거나 차별함으로써 그 위계를 스스로 다시 만드는 위치에 남아있지 않으려면 우리는 이제 다른 방식으로 '관계'를 맺어야 한다. 그래야 한국 사회를 지배해온 이 지긋지긋한 개발 중심의 패러다임도 박근혜 정권과 함께 끝낼 수 있다. 더 이상 개발의 뒷전으로 권리와 평등이 밀려나는 시대를 만들지 말자. 지난 2개월 여, 페미니스트들이 광장에서 외쳤던 "여성혐오와 민주주의는 함께 갈 수 없다!"는 구호에 담긴 의미가 새로운 세상을 향한 방향으로 보다 많은 이들에게 가 닿을 수 있기를 바래본다.

"우리가 달성할 민주주의는 단지 청와대에 숨은 박근혜를 끌어내리는 것으로만 끝나지 않아야 합니다. 우리의 민주주의는 박근혜와 그 패거리들이 망쳐놓은 우리의 삶을 다시금 살 만하게 만드는 과정을 통해 더 커질 수 있습니다. 힘없고 늘 지기만 했던 사람들이 역사의 주인공으로 다시 설 때 민주주의는 더 풍부해질 수 있습니다. 함께 투쟁하는 사람들이 평등한 대화를 나눌 수 있을 때 변화가 시작될 수 있습니다."(11월 11일 '민중총궐기투쟁본부/박근혜정권 퇴진 비상국민행동' 사과문 중에서)

©노순택

©노순택

백남기가
넘겨주고 간
촛불광장

전희식

서로 대립될 수도 있는 여러 가지 소식들이 하루에도 몇 번씩이나 교차한다. 대통령 탄핵을 앞둔 치열한 공방들의 한 편에는 광장의 촛불이요 다른 한편에는 박근혜 정권을 구축하고 있는 기득 권력층과 중간지대 세력들이다. 촛불 이야기를 나는 고 백남기 농부에서 시작할 수밖에 없다. 백남기를 따라 촛불 행렬에 이르렀다고 보기 때문이다.

부춘 마을회관 간판이 걸려 있는 곳에서 노제를 지낼 때는 보지 못했는데 상여 행렬이 되돌아 나올 때 뚜렷이 보였다. "의로운 사람 헌신하는 삶 당신을 잊지 않겠습니다." 웅치면 부춘 마을 주민 일동 명의의 현수막이 마을 입구에 길게 가로 걸린 게 보였다. 현수막 위쪽에는 고 백남기 님의 명복을 빈다고 적혀 있었다.

의로운 사람. 헌신하는 삶.

마을 주민들은 백남기 농부를 이렇게 기억하고 있었다. 이 모습을 잊지 않겠노라 다짐하고 있었다. 밀을 갈아 놓은 밭에 운구 행렬이 올라갔을 때 그와 초등학교 동기들이라는 한 떼의 아주머니들의 대화에서도 엿들을 수 있었고 오랫동안 서울대병원 앞 농성 텐트와 영안실에서 그 분의 삶을 나름대로 헤아려 볼 때도 느낄 수 있었다. 농부 성직자. 이런 느낌이었다. 11월 6일이었다. 가정에서뿐 아니라 사회관계나 가톨릭농민회 활동에서도 온화하고 유순하면서도 여유와 웃음. 뚝심을 가진 모습의 고 백남기 농부. 그의 한 평생은 개인적 수행과 사회적 실천을 함께 한 참 농부로 보였다.

보성역에서 추모제를 하고 바로 광주 금남로로 갔는데 어마어마한 인파가 모였다. 전날 보성장례식장에서 하룻밤을 보내고 출발을 할 때는 망월동 장지까지 가면 장례 인파가 더 줄지 않을까 했는데 반대였다. 거리 추모제의 분위기도 뜨거웠고 시민들의 얼굴과 행위에서 알 수 없는 어떤 힘을 느낄 수 있었다. 보성역에서는 보성군수가 나와서 추모사를 했는데 광주에서는 전남도지사가 직접 나와서 추모사를 했다.

"백남기 농부님이 이제는 마음 놓고 떠날 수 있겠다 싶으셨나봐. 중환자실에서 오늘이 오기까지 1년을 견디셨던 것 같지?"

이틀을 나랑 같이 지내는 중인 녹색당 후배도 내 말에 동의했다.

9월 25일. 촛불은 시작되었다

그날은 일요일이었다. 9월 25일 새벽에 나는 경상북도의 서쪽 끝에서 충청북도와 접경을 이루고 있는 상주시 화북면 입석리에서 출발하여 서울대병원으로 향하고 있었다. '녹색당, 농부가 되자'는 농가 체험 프로그램을 진행하던 전날 밤에 백남기 농부님이 곧 운명할 것 같다는 소식과 함께 경찰 2000여 명이 병원을 에워싸기 시작했다는 연락을 받았었다.

25일 오후 2시에 의식불명 상태로 317일을 버티던 백남기 농민은 운명하였다. 내가 병원에 도착한 지 두세 시간 뒤였다. 이날부터 촛불이 켜졌다. 검경의 부검 영장 앞에서 시신을 지키기 위해서였다. 그 뒤로 촛불은 무서운 기세로 마른 들판을 태우듯 번졌다. 박근혜 정권의 부정과 패악질이 하나하나 드러날 때마다 자신에게 기름을 끼얹는 꼴이었다. 어리석은 자는 물러날 때와 나아갈 때를 알지 못하고 계속해서 제 발등을 찍는

©김이하

법이라는 것을 증명해 보였다.

백남기 장례식장을 지키던 가녀린 촛불이 광장으로 진출하자 아득할 정도로 견고해 보이던 박근혜 정권은 구멍 뚫린 댐처럼 허물어지기 시작했다. 백남기 농부는 2015년 11월 14일의 민중총궐기 날 물대포 앞에서 온몸을 한 자루의 예리한 정이 되어 댐을 쪼기 시작했고 구멍 하나가 뚫릴 때까지 중환자실에 누워 버텨 오지 않았나 하는 생각이 광주 금남로 광장의 추모제에서 문득 들었던 것이다.

10월 25일을 맞을 때만 해도 서울대병원 장례식장은 초긴장 상태였고 광화문을 중심으로 전국에서 200만 개의 촛불이 타오를 것이라고는 아무도 예상하지 못했다. 이날은 재청구된 시신 부검영장 유효기간이 만료되는 날로 강제집행이 예상되었다. 전날부터 사람들이 모여들기 시작해서 장례식장 안과 밖에 촘촘히 자리를 잡았다. 나는 마대 부대를 뒤집어 쓴 채로 경찰이 진입해 오면 바닥에 드러눕는 팀에 들어갔다.

바로 이때 JTBC에 초대형 특종이 보도되었다. 최순실, 박근혜 게이트로 불리는 현 정권의 명백한 국정농단 물증인 태블릿PC 속의 적나라한 내용들이 폭로된 것이다. 온 세상은 들끓었고 경찰은 물러갔다. 작은 구멍이 난 댐에 기다랗게 금이 간 것이라 하겠다. 이틀 동안의 장례를 마치고 여러 날 만에 나는 집이 있는 장수로 와서 촛불을 딱 하루 들고는 다시 집을 나왔고 계속 생쥐가 곳간 드나들듯이 집을 들락거리는 생활을 하고 있다.

드디어 100만이 모였고 230만이 모였다

날이 밝았다. 백남기가 쓰러진 지 꼭 1년 되는 그
날 그 자리였다. 11월 12일 광화문. 오후 2시에
명동 한국은행 앞이 우리가 사전집회를 하는 곳
이었다. 녹색당 당원들이 모이는 곳이다. 내가
녹색당 활동을 시작한 뒤로 거리에서 가장 많은
당원들을 만나는 날이었다. 순천과 청주에서 올
라온 사람들이 보였고 부산에서 올라온 사람들
과도 인사를 나누었다. 이렇게 모인 사람들이 이
날 광화문에만 100만 명이었다. 230만 촛불로
가는 징검다리였다.

며칠 전에 인터넷으로 연락을 하면서 뜻을 모
으기 시작했다는 당원들이 풍물패를 구성하여
길잡이 노릇을 하였다. 신임 공동운영위원장인
최혁봉 님은 북채를 잡았다. 낯익은 얼굴들이 쇠
잡이와 장구잡이로 판을 이끄는 모습은 놀라웠
다. '박근혜 퇴진'이라 쓰인 엄청나게 큰 녹색 풍
선을 굴리며 우리는 시청광장 쪽으로 나아갔다.
'시작이다 시민의 정치'라고 쓰인 현수막도 앞세
웠다.

'시민의 정치'. 사실 이 한마디는 현 시기 대한
민국에서 대단히 혁명적인 구호다. 근대의 시민
사회를 넘어 새로운 세계를 여는 열쇠 말이라 할

©김이하

수 있다. 광장정치, 시민의회, 비상국민회의, 시민권력, 촛불권력 등과 동
의어로 시민의 직접정치를 강화하고 지방 분권을 확고히 하며 특권을 해
체하여 기회와 재부의 균등을 이루고자 하는 염원이 서려 있는 것이다.

나는 농민 기본소득을 표시하는 목도리를 몸에 두르고 대열을 따랐
다. 전날 나는 서울에서 두 가지 행사를 치룬 뒤였다. 하나는 한살림 30
주년 대화마당이었고 다른 하나는 유성기업 노동자들의 오체투지였다.
두 행사는 서로 다른 듯 보였지만 12일의 민중총궐기로 모아져 큰 물결
이 되었다.

한살림 행사는 '성장을 넘어 성숙사회로' 가자며 '살림운동의 새로운
모색'을 주제로 삼았다. 3번 세션에서는 유니온신학대학 교수 정현경 님
이 세상을 바꿀 혁명적인 앎은 바로 '살림'이라면서 '마음의 풍요, 민주주
의의 성숙'을 북미 인디언 얘기를 곁들여 풀어주었다.

한살림 행사가 우리 서로 손잡고 나아가는 방향을 보여주는 자리였다
고 한다면 유성기업 노동자들의 현장은 민주주의가 처참하게 파괴된 곳
이었다. 겉으로 멀쩡해 보이는 우리 사회가 속이 곪아터지고 있는 맨 얼
굴을 보여주는 자리였다.

11월 7일부터 50여 명의 노동자들이 하얀 소복을 입고 소음과 매연이
짙은 차디찬 시멘트 바닥에 오체투지를 하며 청와대를 향해 침묵의 시위
를 하는 곳. 340일째 장례조차 못 치르고 있는 노동자 고 한광호 님의 억
울한 죽음을 몰고 온 유성기업 회장에게 검찰이 겨우 1년 징역을 구형하
자 시작된 항의의 표시였다. 현대자동차와 유성기업의 노조 파괴로 동료
노동자가 죽자 이를 대속하는 고행의 순례에 나섰다고 보면 된다. 십자
가를 메고 골고다로 가는 예수와 비교 못할 바가 아니다.

"재벌 해체 새누리당 해체"

최순실의 미르·K스포츠 재단에 돈을 갖다 바치고 노조 파괴를 사주한 현대기아차 회장 정몽구와 유성기업 회장 유시영의 구속을 넘어 111억을 받고 이에 눈 감는 박근혜 정권의 퇴진을 요구하는 것은 가슴에 한을 품은 노동자들의 어쩔 수 없는 절규로 보였다.

나는 녹색당 대열에서 나와 농민회를 찾아 나섰지만 쉽게 찾을 수가 없었다. 발 디딜 틈도 없는 인파 속에서 움직이기조차 힘들었다. 길을 가로질러 가려는데 엄두가 나지 않아서 지하도로 가려고 했지만 지하도 역시 콩나물시루 같았다. 대열의 뒤로 한참을 돌아서 청계광장으로 빠져나와 우회해서 안국동 방향으로 가는데 가는 곳마다 시민들의 함성과 손팻말, 현수막이 즐비했다.

한국기독교협의회 정의평화위원회의 현수막 앞에는 몸벽보 조끼를 입은 노동자들이 손팻말을 들고 서 있었다. 위장 도급을 분쇄해야 한다면서 삼표동양시멘트는 노동자를 직접 고용하라는 내용이었다. 자초지종을 물었다. 어서 농민들의 대열을 찾아 합류하고 싶었지만 길거리에서 목 놓아 부르짖는 이들의 이야기를 그냥 지나칠 수는 없었다.

동양시멘트를 인수한 삼표가 집단으로 해고된 하청노동자 101명을 정규직으로 복직시켜야 하는데도 도리어 고소고발을 하고 가압류와 손해배상소송을 일삼아 지금 7명의 노동자가 구속되어 있다고 했다. 불구속 상태로 재판을 받았는데 판사가 중형을 선고해서 구속되었다니 기가 막힐 노릇이었다. 해고 문제는 노동부와 중앙노동위원회에서도 부당 판정이 나고 정규직화하라고 한 모양인데 현실은 이 모양이다.

시민의 정치, 시민권력이 절실해 보였다. 걸음을 옮기는 곳마다 아우성이고 억울함이 넘쳤다. 그동안 서울에 볼 일이 있어 올라올 때는 대학로 길바닥에 설치된 백남기 농부님의 농성장을 주로 들르고 그곳에서 보름 간 지킴이로 지내면서 농민의 요구와 목소리만 크게 가슴에 차 있던 나는 인터넷과 뉴스로 잠시 스쳐보던 실제 주인공들과 사연을 광화문에서 접하게 되었다. 이런 고통의 근원을 집권당인 새누리당과 최순실, 박근혜 국정농단으로 보고 해체를 요구하는 구호가 등장한 것이다.

박근혜, 최순실 일당의 전 재산을 환수해야 한다는 '환수복지당'을 만났다. 창당선언문이 담긴 자료집도 구했다. 재벌, 관료, 부자 등 특권층들이 노동자와 농민의 피땀을 도둑질해 간 것이라면 도둑놈은 처벌하고 장물은 주인에게 되돌려 주는 것이 맞으리라. 최순실이 주물렀던 수천억 원의 돈들, 삼성 이재용이 최순실에 갖다 바친 수백억 원의 돈들은 사실 노동자-민중의 고혈이라고 봐야 할 것이다.

전국학교 비정규직노동조합을 만났다. 교육 공무직을 쟁취하자는 몸벽보와 손팻말을 들고 있었다. 현실보다 더 생생한 교과서가 없는 법인데 비정규직 교육노동자들의 노동을 가벼이 여기고 갈취하는 교육의 현장에서 학생들이 뭘 배울 것인가. 국정교과서 중단하라는 시위대도 있었다. 교육문제 참으로 심각하다. 국정교과서 반대집회를 하는 사람들은 아주 어린 학생들이었다.

한반도 평화 위협, 전쟁 위기 조장 사드배치 반대를 외치는 사람들도 눈길을 끌었다. 우리 녹색당이 집채만 한 풍선 홍보 시설을 굴리고 다녔는데 이 분들 홍보시설은 주사위처럼 생긴 풍선으로 정사각기둥이었다. 한쪽 변이 사람 키만 했다. 풍선 형 선전 시설보다 사람들에게 메시지를 전달하는 효과가 커 보였다. 여섯 개의 면에 정연하게 글자가 씌어 있었다.

조선산업 말아먹은 박근혜 퇴진을 외치는 조선산업 정리해고 노동자들을 지나서 가는데 일본어로 된 빨간 만장을 든 부대를 만났다. 40여 명 될까 싶은 무리였다. '한국 총파업 연대'라는 글자도 보이고 '지역합동 노조' 또는 '오끼나와', '부인 민주클럽 전국협의회' 등이 보였다.

민주노총 초청으로 일본에서 오셨다고 했다.

시민 자유발언대

저만치 상여가 보였다. 농민 대열이다. '농업, 농촌, 농민 말살 박근혜 퇴진하라'는 문구가 선명했다. 굵은 삼베옷을 입고 상여 소리를 내며 청와대로 가고 있었다. 상여꾼만 대충 봐도 50명이 넘어 보이는 거대한 장례 행렬이었다. 정면에는 영정 사진 대신 청와대 영정 만장이 붙어 있었다. 국가 원수이자 행정의 수반이고 국군통수권자인 대통령은 이미 죽었다는 상징이었다.

상여 다른 옆쪽에는 '쌀값 대폭락 박근혜 퇴진하라'였다.

이날 서울에서 가장 크게 기억에 남는 것은 밤 11시쯤 광화문광장 주 무대에서 진행된 '시민자유발언' 시간이었다. 전혀 가공되지 않은 생목소 리들에 나는 압도당했다. 문화예술인 블랙리스트에 이름이 올랐던 것으로 보이는 여성 연극인이 무대에 섰다. 주어진 3분 동안에 쏟아낼 말들은 너무 많았고 쌓인 울분은 산을 이루었다. 작품과 공연이 거부되었던 그 예술인의 피를 토하는 울부짖음은 얼굴 전체를 눈물덩어리로 보이게 했다. 예술인들의 자유혼을 짓누르고 고통을 기획한 당사자들을 지목했다. 조윤선 현 문화체육관광부 장관을 직접 거명했다.

40대 초반으로 보이는 노동자가 올라왔다. 한상균 민주노총 위원장

이 작년 이맘때 같은 취지로 열린 민중총궐기 행사로 5년 징역을 산다면서 한상균이 5년이라면 박근혜 대통령은 500년도 모자랄 거라고 했다. 그 노동자의 바위 같은 결기와 노한 표정을 잊을 수 없다. 온몸에 팽창된 분노와 의지가 꽉 차 있었다.

아홉 살 어린 나이에 형제복지원에 끌려가 살아야 했다는 중년 아저씨가 농민들 시위 현장에 등장하는 마대자루 옷을 뒤집어 입고 올라왔다. 12년 동안 513명이 사망한 사건의 진상을 규명해달라고 부르짖었다. 박정희 유신독재 시절에 만들어져 1987년 처음으로 세상에 폭로된 형제복지원 사망 사건이 제대로 해결되지 않다 보니 장애인 시설 인강원 사건과 노숙인 복지시설인 대구 희망원 사건 같은 것이 줄을 잇는다고 규탄했다.

이화여대생은 최근의 이대 사태에 대한 해결책을 요구했고, 고등학생도 나서서 앳된 목소리로 정국을 규탄했다. 자정을 넘기고서야 나는 전날 밤처럼 혼자 사는 친구 집에 들었고 다음날은 수운회관이 있는 천도교중앙대교당으로 졸저 『소농은 혁명이다』와 『삶을 일깨우는 시골살이』 출판기념 잔치에 갔다.

농기계의 진격, 전봉준투쟁단

농민들은 치밀했다. 눌려 산 세월, 농사지은 땀방울이 사료값만도 못한 현실에서 일구어낸 용기와 지혜는 빛났다.

12일 민중총궐기 대회가 다음 주 토요일인 19일을 기약하고 해산할 때 '전봉준투쟁단' 트랙터 상경 부대를 조직했다. 나는 주중에는 한국작가회의 문학 모임과 귀농학교 강의를 하고 박근혜 정권 퇴진 비상국민행동의 결정에 따라 지역 촛불대회인 전주로 갔는데 여기서 트랙터 부대를 만났다. 아는 농민회 분들이 여럿 있었다.

'전봉준투쟁단'.

민중총궐기 대회의 열기를 이어가는 전략이면서도 촛불을 항쟁으로 이끌어 가겠다는 의지가 서려있다. 전봉준은 남접 동도대장이었다. 동도대장(東徒大將)은 동편의 대장이 아니다. 여기서 동(東)은 훈이 '동녘'이 맞지만 방위로서의 동쪽을 말하는 게 아니고 조선을 말한다. 동의보감이나 동학, 동국대전 등에 나오는 동(東) 자처럼 조선이라는 뜻으로 쓰인다. 그래서 전봉준은 조선 총대장인 셈이다.

70년 동안 계속되어온 농민압살 농정과 농산물 수입 개방으로 파탄에 이른 농민들이 촛불정국의 시민사회 전체에 긴장감과 결기를 불러일으키는 전략을 세운 것으로 보인다. 진주에서 동군. 해남에서 서군을 출발시켰는데 두 갈래 길로 서울을 향해 진격하는 코스였다. 11월 19일, 전주에 들어올 때는 신태인 읍내를 거쳐 김제 농민군들과 합세하여 왔다. '농기계 몰고 가자 청와대로'라는 현수막과 '박근혜 퇴진' 현수막이 보였다. 전주 시내를 사람 키만 한 수십 대의 트랙터 바퀴가 굴러가자 굉음이 났다. 전남 담양에서는 쌀값 보장과 박근혜 퇴진을 위한 나락 적재투쟁 기자회견을 했고 광주에서는 농기계 진격투쟁 광주 출정식을 하며 올라왔다고 한다.

11월 19일 오후 3시 전북도청 앞에서 박근혜 퇴진 제2차 전북도민총궐기에 앞서 사전 대회를 열고 농민들은 결의문을 통해 "한국 농업을 박대하고 농민을 죽인 살인정권을 끝장내기 위해 이제 우리가 죽창이 되어야 한다. 보국안민, 척양척왜를 외치며 한 몸 내던졌던 동학농민군의 후예로서 주저 말고 분연히 들고 일어서 박근혜 정권 몰아내고 민중이 핍박

받지 않는 세상을 세우자"고 외쳤다.

또한 농민들은 "박근혜 하야를 촉구하는 100만 민중의 들끓은 함성이 광화문을 메우고 청와대를 포위했지만 박근혜는 여전히 청와대에 숨어 호시탐탐 반격의 기회를 노리고 있다. 동학농민군의 기세로 똘똘 뭉쳐 의를 바로 세우자"며 트랙터를 몰았다.

2016년의 전봉준투쟁단은 갑오 동학농민군의 폐정개혁 12조에 빗대어 신 폐정개혁안을 발표했다. 1조가 박근혜와 그 일당을 구속, 처벌한다는 것이고 새누리당 해체와 그 당의 국회의원 전원 사퇴, 재벌과 언론 및 법조계 부역자 처벌, 비정규직 철폐, 농산물의 최저가격 보장과 농민 생존과 존엄 보장 등을 이어서 주장한다.

외세와 결탁을 끊고 민족정기를 세우자는 것은 어쩌면 그렇게도 122년 전 동학농민군과 똑 닮았는지 참 서글프다. 마지막으로 농민들은 개성공단을 원상복구하고 민족공조로 평화통일을 이룩하자는 주장을 신(新)폐정개혁안에 담았다.

새로운 나라 우리들의 밝은 나라

동학농민군은 끝내 우금치 고개를 넘지 못했다. 공주를 향해 세 방향에서 공격을 했지만 우금치 고개는 너무도 높았다. 대포와 기관총, 스나이더 신식 총으로 무장한 관군과 일본군을 이길 수가 없었다. 전봉준투쟁단은 양재 나들목에서 경찰과 대치했다. 36명이 연행되고 다수가 부상했다. 11월 25일 저녁부터 다음날 새벽까지였다. 농민들이 타고 온 트럭도 약 29대가 견인됐다. 농민 100여 명은 이들의 석방을 요구하며 고속도로에서 농성을 벌였다.

그러나 패배는 아니었다. 전투에서는 졌을지언정 촛불전쟁에서는 이긴 것이다. 촛불을 더 키우는 열기가 되었다. 농민회 의장 김영호 님의 피가 낭자한 얼굴은 전봉준투쟁단의 상징이 되었다.

나는 11월 26일 서울 집중 집회 앞뒤로 정말 바빴다. 십 수 년 동안 몸담고 있는 전국귀농운동본부 창립 20주년 행사와 생태살림 교육, 의료복지사회적협동조합 강의. 그리고 명상수련 정기모임이 있었다. 3일 동안 모두 4개나 연이어 있었던 셈이다. 최초로 청와대 앞 100미터까지 행진이 보장된 날이라 끝까지 갔었다. 경찰은 단순한 도로의 차선 정도의 역할을 하는 데 머물고 있었다. 이미 정권의 파수꾼에서 멀찌감치 떨어져 있는 상태였다.

전라남도 곡성에서 올라왔다는 한 농민은 박근혜의 나라는 비아그라와 팔팔정이 겨우 세우고 있다면서 우리가 제대로 세우자고 역설해서 다들 웃었다. 어떤 농민은 "미국에서 클린턴이 당선하면 미국 최초의 여성 대통령이 당선한 사례로 남고 트럼프가 당선하면 미국 최초 미친 대통령이 당선되는 것이었는데, 우리나라는 지난 2012년에 이걸 한꺼번에 다 해냈다"라며 현 정부를 신랄하게 비판했다. 80Kg 쌀 한 가마 값이 11만 원까지 주저앉은 상태다. 농민은 주저앉지 않고 촛불을 들고 있다.

지금 시국을 87년과 비교하며 주장과 조언이 쏟아진다. 탄핵 이후에 시민 권력을 어떻게 수립해갈지 논의가 무성하다. 시스템을 재구축하자는 주장도 있고 사람개벽, 정신개벽을 주장하기도 한다. 나를 어떻게 어느만큼 개벽하느냐에 나는 관심이 크다.

두어 달 사이에 내가 초안을 쓴 성명서가 여럿이다. 틈틈이 가을걷이를 마무리 했고 땔감을 해 날랐다. 음력 시월 초사흗날에는 천제도 지냈다.

위빠사나 코스도 다녀왔고 아난다마르가 명상 모임도 빠지지 않았다.

나를 어떻게 어느만큼 개벽하느냐.

사회개혁과 시스템 개조 못지않게 중요한 과제라고 본다. 지금은 박근혜 정부를 비난하고 규탄하는 과정에서 비난하는 자신 속에 똬리 틀고 있는 부정의와 연줄 의식과 끼리끼리 관행이 은폐되고 면탈되기 싶다.

박근혜-최순실 게이트는 사실 우리 사회의 소비, 과시, 과욕, 성장, 허례, 경쟁, 이기심, 돈, 권력의지 등이 밑바탕에서 자양분을 공급한 것이라고 본다. 그 누구도 자유롭지 못한 죄목들이다. 이를 극복해갈 대대적인 대중문화운동, 개벽 캠페인이 필요해 보인다.

촛불의 열기가 한국 사회의 고질적인 문제인 대통령중심제를 근간으로 하는 정치의 후진성과 시민 배제의 선거제도, 정경유착과 재벌 중심 경제시스템, 검찰의 권력화, 사법 정의의 붕괴, 사학 경영의 타락, 언론 문제, 핵 발전을 축으로 하는 국가 에너지 체계의 문제 등 산적한 과제들이 하나씩 또는 한꺼번에 도마에 올려질 것이다. 많은 충돌과 진통이 따르는 것은 당연하겠다.

농민들의 삶도 농업 문제와 농촌 사회를 본격적으로 진단하고 해법을 찾아 나서게 될 것으로 보인다. 얼마나 걸릴지는 모르나 나를 다시 하는 작업과 우리나라를 밝은 나라로 세워가는 작업이 병행되리라 본다. 흥겹게 웃으며 가자.

©노순택

선생님,
다녀오셨어요?

─────── '페이스북'으로 읽는
팽목항에서 광화문까지

권혁소

11월 3일은 학생독립운동기념일, 학생의 날이다.

박근혜 정부는 2015년 11월 3일에 '역사교과서를 국정화하겠다'는 발표를 했다. 이른바 국정화 확정고시다. 반대 의견을 제출하려고 했지만 교육부 팩스는 꺼져 있었고, 의견 제출용으로 명시된 전화는 받는 이가 없었다. '의견 제출은 팩스나 전화, 우편으로만 받고 그 결과 처리만 홈페이지에 하겠다'는 IT 강국 대한민국 교육부의 횡포.

이 날은 지난 '스승의 날'에 받은 분에 넘치는 축하를 조금이나마 아이들에게 돌려주자는 행사를 기획한 날이었다. 아침도 제대로 못 먹고 등교하는 아이들을 위해 시루떡을 찌고 선생님들은 동물 캐릭터 옷을 주문해 입었다. 사자, 판다, 원숭이, 강아지, 고양이 등등. '닭이나 쥐도 사자'는 의견이 있었지만 '좋은 날에 재수 없다'는 의견이 많아 부결되었다. 교장, 교감은 물론 전체 교사가 마당에 나와 등교하는 아이들을 안아주고

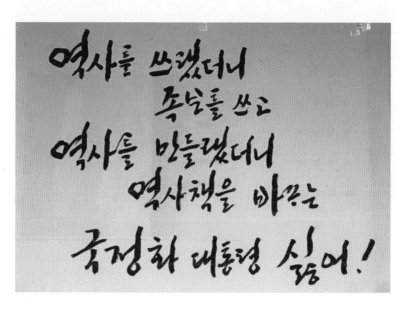

2015년 11월에 들었던 피켓. 민중의 재기발랄한 '패러디'는 이때부터 본격화되기 시작했다.

ⓒ권혁소

등을 토닥여주고 따뜻한 격려와 덕담을 전했다. 모처럼 학교가 환해지는 몇 안 되는 날 중의 하루다.

국정화 확정고시를 비판하는 대자보를 만들어 행사 현장에 붙이려고 했지만 '혹여 좋은 분위기를 망가뜨릴지도 모른다'는 자기검열 때문에 붙이지는 못했다. 대신 그 자리에는 고등학교 1학년 아이가 쓴 시화 한 편이 걸렸다. 세월호 참사 1주기 추모 주간에 쓴 시였다.

아직 어린, 못다 핀 꽃봉오리만을 파는 이상한 가게
주로 못된 어른들이 자신의 잘못을 감추기 위해 사 간다

그 꽃봉오리들 영원히 세상의 빛을 보지 못하고
움츠리기만 해서 울지도, 어른들을 원망하지도 못한다

그 꽃봉오리들 모여 꽃봉오리 밭을 이룰 때
다 늙어버린 꽃들이 차가운 눈물을 흘리지만
주변의 벌과 나비들만이 따뜻한 눈물을 흘린다

어쩌면 우리는 어른들에게 팔려온 꽃봉오리들
그대들의 희생이 헛되지 않게 꼭 꽃이 되리
우리가 먼저 꽃이 되어 어린 꽃봉오리들
팔지도 사지도 않으리

잊지 않으리 못다 핀 꽃봉오리들
반짝이지 못하는 별들이여

　　　　　　　—이승훈(원통고 1학년)의 시, 「꽃봉오리만을 파는 가게」 전문

　　우리 학교 전교조 분회원들은 아침에는 학교 앞에서, 퇴근 후에 나는
인제읍의 '번화가'에서 역사교과서 국정화 반대 1인시위를 시작했다.
　　아침마다 학교 앞은 제 자식을 내려놓는 차들로 분주하다. 응원을 바
라고 하는 일은 아니지만 학부모들의 반응은 별로였다. 노란 조끼를 입
은 공공근로 어르신들은 얼굴에 잔뜩 불편한 심기를 담아 쏘아보기도 했
다. 그들에게 박근혜는, 박정희는 어떤 사람이던가.
　　교과서 밖의 노래를 종종 가르치는 내게 아이들은 '선생님은 꼭 사회
선생님 같아요'라는 말을 한다. 그 말이 무슨 뜻인지, 나는 아주 잘 알고

있었다. 그래도 국정교과서의 폐해를 설명하지 않을 수 없었다. 그것은 내가 바로 국정교과서 세대이기 때문이기도 한데, 아이들 앞에서 박정희 작사, 작곡의 '나의 조국'과 김동진 작곡의 '조국 찬가'를 기억나는 대로 불렀다. 아이들은 30년도 훨씬 이전의 노래를 기억 하나로 부르는 음악 선생을 신기해했다. 나는 그것이 바로 국정교과서의 '흠'이라고 설명했다. 역사는 지배자의 강요로 만들어지는 것이 아니라 민중의 생생한 삶으로 이루어지는 것이리라. 그랬다, 나는 교련복을 입고 행군을 했으며 행군 때에는 그런 노래를 목이 찢어져라 불렀다. '아아 잊으랴 어찌 우리 이 날을'로 시작하는 '6·25노래(박두진 작사/김동진 작곡)'는 지금도 학교 인근의 군부대 확성기가 아주 자주 불러댄다.

　박근혜 정권의 악마성을 들여다보려면 2014년 4월 16일로 거슬러 올라가야 한다. 당시 나는 소읍의 작은 중학교에 근무했었는데, 교무실에 우편물을 찾으러 갔다가 동료교사의 컴퓨터 화면으로 참사를 처음 접했다. '전원 구조'라는 붉은 자막이 떠 있었기에 대수롭지 않게 '단순 사고'로만 인식하고 음악실로 돌아왔다. 그런데, 그러나 화면 속의 여객선은 점점 기울며 가라앉고 있었고, 전원 구조는 오보라는 것이 금세 밝혀졌다. 그 때부터였다. 아무것도 할 수가 없었다. 심장은 쿵쾅대고 손은 떨리고, 도무지 진정이 되지 않았다. 참사 다음 날인 4월 17일, 내 페이스북은 세월호 참사에 대해 이렇게 기록하고 있다.

　　세상에 참 많은 사고가 있고 불행한 죽음이 널려있지만, 선생인 나는 학생들의 사고를 접할 때, 참 대책 없이 아프다.

　　'아직도 수학여행이 필요한가?'에 대해 동료들과 토론한 적이 있다. 대도시 부잣집 애들은 모르겠지만, 산골 애들은 아직 바다를 보지 못한 애들이 있고, 바 닷가 애들은 아직 지하철을 타보지 못한 애들이 있는 것도 사실이다. 그렇다 하더라도 수학여행이야말로 '빛 좋은 개살구'다. 입시교육으로 멍든 애들에게 베푸는 은전, '행사'에 그친 지 오래다. 이름도 '체험학습'으로 바뀌지 않았던 가. 그놈의 학습, 학습, 학습……

지역민들의 말에 의하면 거긴 암초도 없고, 그 시간에 조업에 나선 배들도 없 었고, 있다고 애야 1, 2톤짜리 소형일 거라는데……. 해당 선박은 정기 검사 도 통과했다는데, 아직 좌초 원인조차 못 밝히고 있다. 그렇다면 어린 생명을 노린 북한 잠수정이 쏜 어뢰? 김정은이 무서워한다는 중2도 아닌데? 박근혜와 남재준의 어줍지 않은 사과 발표 뒤에 터지는 대형 참사라니……

먹먹하다.
저 어린 꽃들을 어찌할 것인가.
부디 엄마 아빠 부르며 힘차게 살아들 오렴……

참사 일주일가량 되었을 때 민주노총 관계자로부터 '노동절 집회에서 읽을 세월호 참사 추모시를 한 편 써 달라'는 부탁이 왔다. 이 난국에 시 를 쓰다니. 완강하게 고사했지만 노동절은 가까워 오고 결국 나는 추모 시를 쓰기 시작했다. 제법 긴 추모시였다. '세월호 희생자에게 바침'이라 는 부제를 단 추모시 「껍데기의 나라를 떠나는 너희들에게」는 그렇게 삽 시간에 씌어졌다. '쓴 것'이 아니라 '써진 것'이 분명했다. 나도 알 수 없는 어떤 힘이 그렇게 쓰라고 떠미는 것 같았다. 마치 접신 상태에서 작두를 타는 것처럼.

부랴부랴 원고를 보내고 노동절 당일 집회장에는 나갈 수가 없어 핸드폰을 열고 동영상을 찍었다. 시를 쓴 시간보다 영상을 찍는 시간이 훨씬 많이 걸렸다. 내 시에 내가 밟혀, 눈물이 흘러 시를 녹음하는 일이 여간 힘들지 않았다. 나는 4월 24일 페이스북에 시를 올렸다. 아이들의 죽음을 추모하는 내용인 만큼 '교사 시인'이라는 신분도 분명하게 밝혔다. 시를 올리자 '사용해도 되냐'는 문의가 여기저기서 왔다.

이제 모래 위에 지은 나라를 떠나는 아이들아
거기엔 춥고 어두운 바다도 없을 거야
거기엔 엎드려 잔다고 야단치는 선생님도 없을 거야
거기엔 네 성적에 잠이 오냐고 호통 치는 대학도 없을 거야
거기엔 입시도 야자도 보충도 없을 거야
거기엔 채증에는 민첩하나 구조에는 서툰 경찰도 없을 거야
거기엔 구조보다 문책을, 사과보다 호통을 우선 하는 대통령도 없을 거야
어여쁜 너희들이 서둘러 길 떠나는 거기는
거기는 하루, 한 달, 아니 일생이 골든타임인 그런 나라일 거야

따뜻한 가슴으로 꼭 한 번
안아주고 싶었던 사랑하는 아이들아
껍데기뿐인 이 나라를 떠나는 아이들아
미안하고 또 미안하다
눈물만이 우리들의 마지막 인사여서 참말 미안하다
우리 다시 만날 때까지 부디 안녕

　　　　　　　　　　　　　　─졸시, 「껍데기의 나라를 떠나는 너희들에게」 마지막 부분

추모시는 당일 서울역 집회뿐만 아니라 원주, 전주, 제주 등지에서도 낭독된 모양이었다. '페이스북에서 시를 접했다'며 미국이나 독일에서도 연락이 왔다. 독일에 산다는 분은 '지역의 한글 신문에 시 전문을 수록했다'며 우편으로 보내주기도 했고, 미국에 산다는 분은 '시를 영역하여 써도 되겠냐'는 허락을 구해 왔다.

전교조는 내 목소리에 영상을 입혀 홈페이지에 게시했다. 이때부터였다. 정권과 보수 언론의 공격이 시작된 것. 조선일보, 문화일보, MBC 등이 앞장서서 비난을 시작했다. 조선일보는 5월 7일 '전교조가 선동에 나섰다'며 "세월호 사고는 박근혜 정부 무능에 의한 타살"이라는 제목의 기사에서 "전교조가 이번 사고를 '박근혜 정부의 무능에 의한 타살'로 규정하는 추모 동영상을 올려 논란이 일고 있다"고 주장했고, 문화일보도 7일 "어린 희생·국가 재난을 '反정부 투쟁' 도구로 삼는 전교조"라는 제목의 기사에서 "전교조가 세월호 희생자들을 김주열·박종철 군에 비유하며 박근혜 정부를 비판하고 있다"고 썼다. 이에 대해 나는 5월 8일의 페이스북에 이렇게 썼다.

조선일보, 문화일보, mbc…, 왜들 이러실까.
적이 문제를 삼아 이 난국을 혼탁하게, 범벅을 만들고 싶다면 권혁소 '시인'의 원작 '추모시'를 문제 삼아야 하는 것 아닌가? 느닷없이 전교조라니…….

'알고 봤더니 이 시를 쓴 시인이 전교조 조합원이라 카더라…….'
대체 언제 써먹던 수법인지 모르겠다.
입이 쓰다.

그랬다. 그들은 나를 문제 삼기보다는 전교조를 문제 삼으려 했던 것이다. 최근 '김영한 비망록'을 통해 새롭게 밝혀지기도 했지만, 박근혜 정부는 '전교조 죽이기'에 혈안이 되어 있었다. 6만 명 조합원 중에 해직 상태인 아홉 명의 교사를 조합원으로 인정한다는 전교조의 총투표 결정을 문제 삼은 것이었다.

내 기억으로는 가수 김창완이 제일 먼저 세월호 추모곡 '노란 리본'을 만들어 불렀다. 악보가 공개되지 않았던 때라서 반복해 들으며 악보를 그리고 전교생들에게 가르치기 시작했다. 아이들과 함께 '노란 리본'을 부르는 시간은 참 눈물겨운 시간이었다. 우리는 매 시간 눈물로 노래를 불렀다.

무능하고 파렴치한 박근혜 정부를 더는 인정할 수 없어서 전교조 교사들은 청와대 게시판에 '박근혜는 퇴진하라'는 1차 교사선언을 했다. 예상대로 파장이 일었다. 거기서 멈추지 않고 곧바로 더 많은 교사들이 추모시 「껍데기의 나라를 떠나는 너희들에게」 일부를 선언문에 추가하여 2차 교사선언을 진행했다. 경향신문에 의견광고도 게시했다.

보수 언론의 포화가 시작되자 지인들의 안부 전화와, 무탈을 바란다는 메시지가 쇄도했다. '연약한' 나는 연일 악몽에 시달려야 했다. 아름드리나무들로 꽉 찬 산 하나가 도미노처럼 쓰러지는 꿈, 장애가 있는 은선이를 가슴에 안고 헛발 디디며 도망치는 꿈, 수해로 잠긴 마을을 또 다시 산사태가 덮치는 꿈들.

조선일보, 문화일보, MBC가 '고군분투'했지만 몇 건의 전화 테러 외에는 이렇다 할 일들은 일어나지 않았다. 그러나 결국 "세월호 참사를 정치 선동에 이용한 '교사'"로 고발을 당했다. '세월호 참사를 정치 선동에 이용하기 위해 시를 썼다'면서도 고발자는 '시인'을 고발하지 않고 '교사'

를 고발했다. 고발장에 명시된 '범죄 사실'이 재밌다.

"권혁소는 대통령을 명예훼손했고 공무원 의무 중에서 정치운동금지의무(65조), 집단행동금지의무(66조), 품위유지의무(63조)를 위반했습니다."

적시된 '범죄 사실'이야말로 명예훼손이었다. 나는 집단행동(집단창작)을 한 바 없이 홀로 창작했으며, 품위 유지를 위해서는 안 입던 재킷까지 입고 책상에 앉아서 정중히 썼는데 말이다. 아무도 모르겠지만 솔직히 마음속으로는 명예훼손을 좀 하기는 했다.

나는 '다까끼 마사오'의 딸에게도 존경하는 선생님이 있을까를 생각하며 세월호 참사를 견뎠다. 힘들었다. 그러는 사이 박근혜 정부는 전교조를 법외로 내몰았고 교육부는 공문을 시행할 때 '(구)전교조'라는 명칭을 썼고, 우리는 '법외 노조'라는 말 대신 '헌법 노조'라는 말을 쓰기 시작했다. 세월호 특별법은 '악법'의 전형을 보이며 통과됐고, 추모시 한 편이 어떻게 대통령의 명예를 훼손했는지 알 수 없는 상태에서 이런저런 '피의자 출석요구서'는 산중 시골집을 잘도 찾아왔다. 8월 21일 나는 이렇게 기록했다.

4월 16일 이전과 이후,

유민 아빠의 단식 이전과 이후,

단식 30일 이전과 30일 이후,

교황의 방한 이전과 이후,

이 모든 것들이 삶의 기로가 되었다.

3차 출석요구서는 아직 당도하지 않았고

팽목항의 눈물과 애환, 배신과 능욕의 한을 품은 비가, 비만, 하루 종일, 욕 나오게 퍼붓는다.

3학년 애들과는 '음란검사'의 사표 수리의 부당성에 대해

2학년 애들과는 의문사로 위장된 군대 내 숱한 죽음에 대해

1학년 애들과는 유민 아빠의 단식에 대해 얘기했다.

내가 할 수 있는 일이 지금은 이것밖에 없다, 없다고 핑계 댄다.

1학기 때보다 귀담아 듣는 녀석들이 몇몇 늘어 보인다.

2014년 4월로부터 단 한 발짝도 나아가지 못하고 있던 답답한 내게
도 2016년 11월, '촛불 혁명'의 날들이 왔다. 정윤회 문건 유출, 정유라
부정입학, 미르재단과 K스포츠재단의 불법적인 삥 뜯기, 그리고 마침내
10월 24일 터진 태블릿PC의 전모. 이튿날 곧바로 이어진 박근혜의 녹화
담화.

10월 29일 청계광장으로 나온 2만의 첫 촛불은 겉으로는 최순실의 국
정 농단을 규탄하는 것으로 보였지만, 그 속내는 세월호 진상규명을 요
구하는 목소리였다. 그만큼 세월호 참사는 우리 현대사, 박근혜 정권의
민낯 그 자체이기 때문이다.

작년 11월 14일의 민중총궐기 투쟁으로 우리는 백남기 선생을 잃었고
한상균 민주노총 위원장을 빼앗겼다. 나도 경찰로부터 또 한 번의 출석
요구를 받았다. 총궐기 당일 페이스북에 올린 글과 사진 때문 같았다. 집
회를 마치고 내려오는 버스에서 물대포 사진과 백남기 선생이 쓰러진 사
진 등을 간략하게 올렸던 것인데, 경찰은 집요하게 물었다. 백남기 농민
이 쓰러지던 현장에 있었느냐, 현장에 있었다면 밧줄도 당기지 않았느
냐, 사진은 직접 찍은 것이냐 등등.

민주노총과 전교조는 꽤 오래 전부터 2016년 11월 12일을 노동자대

회 및 민중총궐기 투쟁일로 계획하고 차근차근 준비를 하고 있었다. 나도 몇 차례에 걸쳐 조합원들에게 참가 독려 메시지를 보내고 안내를 하였다. 2016년 10월 28일, 또 이렇게 적었다.

혁명 전야의 어떤 날, 혹은 날들 같다.

'지식인'들의 학내 시국선언, 그나마 '용기'를 내어 하는 거겠지만 지금 할 일은 광장으로 나가는 것 아니겠나.

11월 12일은 너무 멀다.

청계광장에서 시작한 촛불은 이미 걷잡을 수 없는 속도로 타오르기 시작한 때였다. 나도 박근혜 퇴진을 요구하는 교사 시국선언에 참여했다. '징계를 받을 수 있다'고 했지만 예전의 시국선언과는 다르게 많은 조합원들이 과감하게 참여했다. 11월 4일에는 '내가 이러려고 대통령 했나, 자괴감이 든다'는 2차 담화가 있었고 이어진 5일의 2차 촛불에는 30만이 광장을 메웠다.

첫 광장으로 가는 11월 12일의 날이 밝았다. 조합원의 절반가량이 서울행 버스를 탔다. 지회가 생긴 이래 거의 처음 있는 일이었다. 전교조 집회에도 잘 참석하지 않던 조합원들이 노동자대회를 겸한 민중총궐기대회에 30명 이상 참석한 것, 대절버스를 꽉 채운 동지들의 설레는 눈빛과 목소리로 버스는 축제장 같았다. 확연히 달랐다. 예전의 그 눈빛들이 아니었고 예전의 그 맥빠진 함성이 아니었다. 눈빛 하나하나에, 목소리 하나하나에 결기가 담겨 있었다.

광화문 촛불집회에서 돌아온 월요일, '청소년 시국 버스'가 운행되긴 했지만 참여하지 못한 우리 학교 아이들이 물었다. 그러니까 아이들은 주말 내내 언론을 뜨겁게 달궜던 '100만 촛불' 뉴스를 모두 보았던 거였다.

"선생님, 다녀오셨어요?"

"그래, 뉴스는 봤지? 실은 사람이 너무 많아서 나도 앞사람 뒤통수만 보고 왔어."

촛불과 사람의 숲에 갇혀 나도 볼 수 없었던 영상들을 찾아 아이들과 함께 보기 시작했다. 가수 이승환의 공연 실황도 함께 나누었다. 그리고 세월호 참사 그때처럼 아이들과 노래를 불렀다. '진실은 침몰하지 않는다' '이게 나라냐 ㅅㅂ' '헌법 제1조' 등, 주로 광장에서 많이 부르는 노래들이었다. 서울로 가는 게 쉽지 않은 산골 아이들에게 노래만이라도 함께 부르자는 의미였다.

아이들의 분노는 정유라의 부정 특혜 입학에 집중돼 있었다. 당연한 일이었다. '부모를 잘 만나는 것도 능력'이라는 그녀의 비아냥거림에 아이들은 단단히 뿔이 난 거였다. 전교조 분회에서는 다시 피켓을 만들어 학교 앞 1인시위를 시작했다. 전교조의 지침은 '매주 수요일 학교 앞 1인시위'였지만 나는 조직의 지침을 어기고 매일 교문 앞으로 나갔다. 민심의 반향은 예전과는 현저히 달랐다. 아이를 내려놓고 돌아가는 학부모들은 너나 할 것 없이 엄지를 들어 보이거나 응원의 주먹을 쥐어 보이기도 했으며, 창문을 내리고 '함께할게요'라며 소리를 외쳐주기도 했다.

매주 이어지는 촛불은 경이 그 자체였다. 하야하라, 퇴진하라, 구속하라로 이어지는 요구의 진화.

11월 26일에 열리는 2차 민중총궐기(4차 촛불)를 두고 조합원이 아닌 선생님들에게도 동참을 호소했다. 그러면서 11월 23일의 페이스북에 이렇

'적법하게' 학교 앞 1인 시위를 마치고 교문 앞에서 '인증샷'을 남긴 전교조 원통고등학교 분회원들.

ⓒ권혁소

게 '자백'했다.

언젠가는 아이들이 물을 것이다. 선생님, 그날 어디서 뭘 하셨나요, 라고.

선생님은 4·19 때 어디서 뭘 하셨나요?

—음, 그땐 아직 태어나기 전이었어.

그럼 5·18 땐 뭘 하셨고요?

—아, 그땐 아직 학생이었지.

그럼 6·10항쟁 때는요?

—아직 세상 물정을 잘 몰랐어.

그럼 08년 광우병 때는요?

—내가 쇠고기를 별로 안 좋아해서…….

그럼 세월호 때는요?

—난 원래부터 수학여행 반대론자잖아.

그럼 지난 11월 12일 민중총궐기 때는요?

—아, 가을 산행 선약이 있었어.

그럼 이번 주 26일 2차 300만 총궐기는요?

—…….

이 땅의 교사들이 이래선 안 된다. 더 이상 아이들에게 빚진 교사가 되어선 안 된다. 정말 안 된다. 노조 가입 여부를 떠나, 이래선 안 된다. 안/된/다…….

그러나 비조합원 교사들이 집회에 참여했다는 소문은 좀처럼 들려오지 않았다.

26일은 2차 민중총궐기로 190만이, 30일은 민주노총의 총파업과 전교조 연가투쟁으로 청와대 200미터 앞까지, 12월 3일은 광화문 및 전국 동시다발로 전국에서 232만의 주말 촛불이 타올랐다. 열일을 제쳐놓고 집회에 참여했다. 특히 촛불의 불쏘시개 역할을 한 춘천 김진태 사무실 앞 대로변에서 열린 강원시국대회는 2만여 명이 참여해, 강원도 대중 집회 역사를 바꿔놓았다. 횃불이 등장했고 농민들의 트랙터가 시가지를 진군했다.

민중은 이제 정치권의 움직임에 일희일비하지 않았다. 나도 아이들과의 대화를 조금 더 깊게 이어갔다. 현재의 촛불이 어떻게 타올라야 하는

이번 11월 '촛불혁명'에서 가장 가슴 뭉클했던 장면을 꼽으라면 바로 이 장면과 11월 25일 밤의 '전봉준 투쟁단'의 고속도로 대치 생중계다.
©권혁소

지를 함께 토론했다. 박근혜의 하야나 탄핵, 국정농단의 주범들을 구속하는 것은 겨우 시작일 뿐이다. 이참에 해야 할 것은 박정희의 망령을 온전히 걷어내는 것이다. 친일파와 사대주의자들의 잔재를 알뜰하게 청소하는 것이다. 또한 촛불이 조금 더 진화하기 위해서는 '착한 아이 콤플렉스'나 '연행자 제로'의 울타리도 과감하게 깨야 한다. 비폭력은 합법이고 폭력은 불법이라는 이상한 논리도 무너뜨려야 한다. 지금의 촛불이 보여주는 명확한 증거 하나는 경찰이 집회와 시위를 보장만 하면 그 어떤 '폭력'도 발생하지 않는다는 것이다. 따라서 작년 민중총궐기 때 경찰이 쏜 물대포를 맞아 사망에 이른 백남기 선생에 대한 책임이 경찰에게 있다는 것이 더욱 분명해진 것이다.

11월 29일의 3차 담화로 정치권은 흔들리고, 변절하고, 민중을 협박했지만, 오히려 민중은 꿋꿋하지 않았던가. 대의민주주의를 거부하고 광장민주주의로 나선 것이었다. 끊임없이 터져 나오는 온갖 비리와 범죄행위에 대해 아이들은 다소 힘들어했다. 도대체 저 끝은 어딜까…….

2016년 12월 8일 밤의 페이스북 일기.

탄핵 전야, 이 작은 시골 마을에서도 처음으로 시국미사가 있었다.

신자들은 성당에서 미사를 봉헌한 후 촛불을 들고 성당 마당을 한 바퀴 돌았고, 전교조 조합원 몇은 성당 밖 어둡고 한적한 거리에서 촛불을 들었다.

여행을 앞둔 전날 밤 같다.

혁명의 시간이 참으로 더디다.

이 밤도 무수한 거리를 지키고 있는 동지들의 안위를 빈다.

민중의 진짜 투쟁, 이제 시작이다.

이 희대의 국정농단 사건을 두고도 침묵하는 대다수 교사들은 대체 무슨 생각을 하는 걸까. 1년에 논문을 50편이나 쓴다면서 세월호 노란 리본을 보고 그게 뭐냐고 묻는 어떤 국문과 교수는 어떤 생각으로 젊은이들의 사상을 농단하고 있을까.

중고생들이 거리에 나선 사안 치고 성공하지 않은 예가 없다고들 한다. 학생들은 나서는데 교사들이 침묵한다면 그것이야말로 박근혜 정부에 부역하는 것이다. 교사가 먼저 일어나 학생들과 함께 타올라야 진정한 혁명이 될 수 있다.

2016년 12월 9일 금요일 16시 10분. 그가 천천히, 또박또박 의사봉을 세 번 내리쳤다. '박근혜 대통령' 탄핵이 가결된 것이다. 234대 56, 숫자도 재밌다. 이제 더는 칠푼이의 이름 다음에 '대통령'이라는 수식어를 쓰지 않아도 되게 되었다.

이런 날 나는 찬성률 100%로 2017년 전교조 인제지회장 '재선'에 '성공'했다. 아내와, '축하'를 핑계 달아 한잔 했다.

국회가 민중 앞에 무릎을 꿇었다. 돌아오는 월요일 아이들은 다시 물을 것이다. '선생님, 다녀오셨어요?'라고.

자, 이제 컴퓨터 자판을 걷어치우고 다시 광장으로 가자. 눈으로 보고 귀로 듣고 몸뚱이로 부딪히자. 아이들 앞에 희망이 되는 유일한 방법 아니겠는가.

우리 길은
광장에서
시작된다

김해원

24:00 광화문광장은······ 흔들린다

청와대가 만들었다는 문화예술계 블랙리스트가 세상에 알려져 시끄러울
때, 별 관심이 없었다. 블랙리스트에 내 이름이 있다고는 하지만, 그게 나
라는 걸 무엇으로 증명할 것인가 싶었다. 명단을 만든 이가 아니라고 해
도 그만 내가 아니라고 해도 그만이었다. 세월호 참사 때 시국선언을 한
이들과 특정 정치인을 지지한 이들을 갈무리해 만들었다는 말에 헛웃음
도 났다. 이미 세상에 공개된 명단으로 비밀 명단을 만든 허술함은 코미
디 같았다. 물론 민주주의 국가에서 예술가를 통제하려고 리스트를 만든
다는 것은 절대로 묵인할 수 없는 일이다. 그런데 화가 나지 않았다. 설
령 블랙리스트로 내가 어떤 피해를 받았다고 해도 마찬가지다.
　그것은 아마도 절망 때문이었는지 모른다.

304명의 죽음을 속수무책으로 보고만 있어야 한 절망. 아무것도 책임지지 않는 정부를 용납한 절망. 가족 잃은 슬픔을 돈으로 환산하는 사람들과 함께 사는 절망. 그리고 어쩌면 나도 다를 게 없다는 절망.

절망은 삶에서 희망만 빼앗아 가는 게 아니다. 분노도 사그라뜨린다. 그리고 절망이 오래 묵으면 냉소가 된다.

블랙리스트 작성을 규탄한 문화예술인들이 광화문광장에 텐트를 치고 박근혜 퇴진 때까지 무기한 농성을 벌인다는 말을 듣고 심드렁했다. 오랫동안 힘도 권력도 돈도 없는 이들의 길바닥 저항은 싸운다는 것의 의미를 보여주는 '은유'로 끝나고 말았다. 길 위에서 외쳐진 처절한 시는 돌이 되지 못하고 산산이 부서졌다. 아니 부서지고 있었다. 세월호 유가족이 그렇고, 백남기 농민이 그렇고, 길에서 싸우는 모든 이들이 그러한데, 또 길로 나간다고 소용 있겠는가?

그런데 그 길에 나서고 말았다.

나는 울산의 한 고등학교에서 강연을 마치고 서울에 올라와서 집으로 가는 버스를 타지 않고, 문화예술인들이 무기한 농성을 벌이기로 한 광화문광장으로 갔다. 그곳으로 가면서 생각했다. 나는 왜 광장으로 나가는가.

이러려고 대통령이 되었나 자괴감이 든다며 선의의 도움을 준 기업인들에게 송구하다고 고개 숙인 대통령의 뻔뻔한 담화문 때문일 수도 있고, '박근혜 대통령께서 다녀가신 태화강대공원이 학교에서 가깝다'는 걸 굳이 자랑한 선생님의 굳건한 신념 때문일 수도 있고, 최순실 이름에 얼굴을 찌푸리며 고개를 내젓던 아이들의 순박한 눈빛 때문일 수도 있었다. 사실 절망이 다시 분노로 바뀔 이유는 차고도 넘쳤다.

아무튼 무능하고 부패한 대통령이 내년에도 여름휴가나 다니도록 놔

두지 않으려면 광장에서 무기한 농성은 못하더라도 농성을 하는 이들을 응원이라도 해야겠다 싶었다.

그런데 광화문에 자리 잡고 있을 줄 알았던 텐트는 보이지 않았다. 이순신 동상 앞에 스티로폼을 깔고 앉아 있는 사람들이 눈에 띄었다. 웅크리고 앉아서 김밥을 먹고 있던 이들은 아침에 광화문에 쳐놓았던 텐트는 득달같이 달려온 경찰들에게 모조리 빼앗겼다고 했다. 박근혜 하야 시국선언을 한 문화예술인 200여 명이 속수무책으로 당했다고 했다.

텐트 안에 있던 이를 억지로 끌어내고, 텐트를 지키려 막아선 이들을 강제로 밀쳐낸 경찰들은 여전히 자리를 뜨지 않고 있었다. 20여 미터 떨어진 곳에 나란히 붙어 꼿꼿하게 서 있는 경찰들은 스티로폼을 깔고 앉은 이들한테서 눈을 떼지 못했다.

"저들은 이 스티로폼도 빼앗아갈 수도 있다."

아침에 텐트와 한몸이 되어 광장 땅바닥을 질질 끌려 다녔다는 사람이 내뱉은 말에 나는 얼른 스티로폼 한쪽에 엉덩이를 눌러 앉았다. 이런 걸 지켜야 하는 순간이 올 줄은 꿈에도 몰랐다. 차가운 김밥을 먹으면서 광장을 둘러봤다. 세월호 분향소 앞에서 조용히 이어진 천주교 미사에 참석했던 이들이 모두 빠져나간 광장은 휑뎅그렁했다. 광장을 둘러싸고 있는 건물의 불빛들이 하나둘 사그라지고, 차가운 바람이 광장을 쓸고 다녔다.

경찰들은 한 시간마다 질서정연하게 교대를 했다. 스티로폼 위에 빙 둘러 앉은 열댓 명도 뭐든지 해야 했다. 동호회 첫 야유회에 나온 사람들처럼 돌아가며 인사를 했다. 그림을 그리는 이도 있었고, 사진을 찍는 이도 있었고, 연극을 하는 이도 있었다. 한 일도 없이 '문화계 블랙리스트'에 이름이 올라 쑥스러운 이도 있었고, 9473명이나 되는 그 리스트 명단에 이름을 올리지 못해 반성하는 이도 있었다. 자진해서 나온 이도 있었고, 친구 따라 나온 이도 있었다. 삶은 모두 달랐고, 분노는 모두 같았다.

"우리가 여기 나와 있는 게 의미 있을까요?"

누군가의 질문에 여러 명이 고개를 끄덕였다. 분노로 뛰쳐나왔지만, 우리는 여기서 무엇을 해야 하는 것인가? 텐트를 치자고 제안한 사람 중 한 사람인 송경동 시인이 입을 뗐다.

"새로운 정치는 광장에서 태어났어요. 국민이 광장에 모여 제 목소리를 내고 행동할 때만이 잘못된 정치를 바로 잡을 수 있었어요. 우리가 여기에 나와 광장을 열어놓는 것이지요."

그의 목소리는 파란불이 들어오면 요란하게 질주하는 자동차 소리에 드문드문 잘려나갔지만, 의미를 파악하는 건 어렵지 않았다. 그러니까 한밤중에 광장에 둘러앉은 사람들은 광장에 켜놓은 파란불인 셈이었다. 광장을 열어놓는 불, 촛불을 들고 나설 사람들을 위해 미리 밝혀 놓은 불. 어떤 바람에도 꺼지지 않을 불이라는 것이다. 그저 응원이나 해야겠다는 심정으로 광장에 나선 나로서는 겁이 났다. 나는 의미 있는 뭐가 되는 것에는 본래 관심이 없었다.

자정이 지나고, 경찰들 몰래 침낭을 광장으로 들여온 '우리'(통성명도 했고, 따뜻한 커피도 나눠 먹은 사람들은 금방 '우리'가 되었다)는 침낭으로 들어가 앉아 바람을 피했다. 몇 명은 침낭 안으로 몸을 숨기고 곯아떨어졌다. 나는 도저히 한데에서 잠이 오지 않았다. 그렇다고 '우리'들을 남겨두고 집으로 갈 수도 없었다. 가로등 불빛과 전광판 불빛에만 의지한 어두침침한 광화문광장은 차가 지나갈 적마다 땅바닥이 심하게 흔들렸다. 나도 흔들렸다. '은유'로만 끝나는 싸움이라면 하고 싶지 않다는 생각을 하면서도 왜 밤새 광장에 앉아 있는지 스스로에게 묻고 또 물었다. 그러면서 이런 위안도 했다. 광장에 텐트를 다시 펼치는 건 불가능할지 모른다.

12:00 청소하자! 새마음애국퇴근혜자율청소봉사단

걱정과 달리 수십 동의 텐트가 무사히 광화문에 자리를 잡았다. 텐트를 지킨 것은 11월 5일에 광장을 밝힌 20만 개의 촛불이었다. 그리고 텐트는 촛불이 꺼진 밤을 지켰다. "이기려면 광장으로 나서야 한다!"는 시인의 바람대로 정말 광장이 열린 것이다.

광장에는 '광화문 퇴진 캠핑촌'이라고 간판이 내걸렸고, 미술인들이 만들어 놓은 설치물들이 들어섰다. 소문이 나면서 텐트를 하룻밤 예약하는 이들도 있었다. 텐트마다 방 번호가 매겨졌으며, 장기투숙자들은 텐트에 이름을 걸어놓았다. 쌍용차 해고자, 콜트콜텍, 여성영화인모임, 연극인, 풍물패……. 어린이 책을 쓰고 그리는 사람들의 텐트는 37번이다.

37번 텐트에 어깨를 맞대고 앉은 작가들은 서울 한복판 그것도 땅값이 어마어마할 게 분명한 곳에 다리 뻗을 집이 생긴 건 처음이라며, 겨울을 나려면 월동 준비를 해야 하지 않겠냐는 희떠운 말을 했다. 그러고 보니 딱히 얼굴 볼 일 없던 작가들이 한 지붕 아래 한 식구가 된 것 같기도 했다. 틈이 나면 텐트에서 만나 밥을 같이 먹고, 차를 마셨다. 온 종일 텐트를 지키는 사람은 세월호 분향소에서 가져온 리본을 만들기도 했다.

각각의 텐트가 집이 되어가듯 캠핑촌은 하나의 마을이 되었다. 아침이면 입주자들은 마을 회관에 모여 회의를 한다. 쓰레기를 어디에 수거할지, 밤에 난방은 어떻게 할지, 비가 올 때 빗물이 새는 걸 어떻게 막을지 하나하나 마을 회의를 통해 정한다. 사소한 의견이라도 그냥 넘기지 않

는다.

   아침에 광화문을 청소하자는 의견은 '새마음애국퇴근혜자율청소봉사
단'으로 진화했다. 박근혜 대통령이 명예총재로 있던 '새마음봉사단'을
패러디한 것이다. 1977년에 만들어진 새마음봉사단은 여성과 노인들을
동원해 3년 동안 봉사 활동을 펼쳤다. 대통령의 딸이었던 그는 자신의 아
버지가 새마을 운동을 펼쳐 길을 닦았듯이 마음을 닦아 '새마음으로 변
화하여 인간이 비로소 인간다워져야 한다'고 설파했다. 어느 기업 임직원
'새마음 갖기 결의 실천대회'에서는 이렇게도 말했다.

   "나라가 점점 흥할 때 그 나라의 국민은 도의가 바로 서고 근면했으며,
점점 쇠잔해가는 나라는 국민의 도의가 땅에 떨어지고 서로가 개인의 욕

©노순택

심만 채우는 데 급급했습니다."

　그때나 지금이나 대개의 국민들은 생존하려면 근면하지 않을 수 없으
며, 욕심만 채울 만큼 넉넉할 것도 없었다. 그의 말은 국민이 아니라 대통
령이나 위정자를 대입하면 구구절절 옳다. 그는 젊어서부터 유체이탈 화
법에 능수능란했다.

　'새마음봉사단'하고는 질적으로 다른 '새마음애국퇴근혜자율청소봉
사단'은 11월 15일 결의대회를 과감하게 생략하고 출범한 뒤 날마다 12
시가 되면 광화문광장에서 출발해 청와대로 행진하면서 청소를 한다. 캠
핑촌 입주자들은 초록색 새마을 모자를 쓰고, 오른쪽은 '퇴', 왼쪽은 '진'
이라고 씌어 있는 장갑을 끼고, 근혜 퇴진 쓰레받기를 들고 청소를 나섰

다. 봉사단을 본 시민들은 아무라도 비죽비죽 웃는다. 봉사단이 청소하려는 게 뭔지 말하지 않아도 안다는 얼굴이다. 방심했던 경찰들은 미신고 시위라면서 청소를 가로막았다. 청소를 하려면 문구가 적힌 청소 도구를 놓고 가라고 했다.

봉사단 청소 이튿날, 나는 함께 나선 작가들과 캠핑촌 앞에서부터 청소를 훼방놓는 경찰들을 피해 경복궁 쪽으로 나섰다. 경복궁 돌담길을 따라가니 청와대로 들어가는 길이 나왔다. 그 길은 깨끗해서 청소할 거라고는 눈을 크게 뜨고 봐야 겨우 찾을 수 있었다. 담배꽁초 서너 개, 작은 종이 쪼가리와 썩은 나뭇잎 몇 개를 쓰레받기에 쓸어 담은 게 전부였다. 정말 이 길 위에서 쓸어버릴 건 단 하나밖에 없었다.

청와대가 점점 가까워지고, 100미터 앞 쯤 다가서자 경찰들은 청소 봉사단 앞을 다시 가로막았다. 빗자루와 쓰레기봉투를 든 이들은 고작 여덟이었지만, 경찰들은 잔뜩 긴장한 얼굴로 황급하게 뛰어다녔다. 종로경찰서에서 나왔다는 이는 확성기까지 동원해 소란을 떨었다.

"여러분은 집시법을 위반했으며, 당장 해산하지 않으면 강제로 해산시키겠습니다."

환경미화법이라면 몰라도, 집시법이라니? 서울시 외곽에서 차출되어 왔다는 나이 먹은 경찰은 목소리를 낮춰 말했다. 우리도 죽겠습니다. 그만하고 돌아가세요. 청와대를 지켜야 하는 명분이 없다는 걸 그도 알고, 우리도 알고, 온 국민이 다 알고 있는 것이다.

그날 청소는 결국 정작 쓸어버릴 것은 코빼기도 보지 못한 채 청와대 100미터 앞에서 끝내야 했다. 새마음애국퇴근혜자율청소봉사단 청소는 간헐적으로 이뤄졌다. 경찰들이 '봉사단'을 맞이할 만반의 준비를 갖춘 날이면, 봉사단은 보란 듯이 청소를 빼먹었다. 이 봉사단은 새마음을 강요하며 국가가 동원한 봉사단과는 차원이 다른 그야말로 '자율 봉사단'인 것이다.

2:00 시민 여러분, 호외입니다!

광화문 캠핑촌에 입주한 뒤 하루하루가 급박하게 돌아갔다. 박근혜 대통령의 지지율은 5%에서 4%로 떨어졌다. 어쩌면 박근혜 대통령은 최하지지율 보유자로 기네스북에 오르는 게 아니냐는 말이 나돌았다. 20대의 지지율은 몇 주째 0%였다. 대통령의 추락은 날개가 없었다.

사실 진짜 놀라운 기록 경신은 시민들이 해내고 있었다. 2만 명이던 시위대는 100만 명으로 순식간에 불어났고, 12월 첫 주는 230만 명을 넘어섰다. 이제 시위대 앞에는 '사상 최초' 수식어가 따라 붙었다. 아무도 촛불의 향방을 예측하지 못했다. 바람이 불어도, 날이 추워져도 촛불은 꺼지지 않았다.

광화문 캠핑촌도 분주하게 움직였다. 광장에서 자리만 차지하고 있을 수는 없는 일이기도 했다. 날마다 웹신문 〈광장신문〉을 SNS에 올려 시민들과 광장 소식을 공유했다. 또 미술가들은 박근혜와 정치인들을 풍자하는 작품을 만들었고, 음악인들은 자발적으로 무대에 올랐다. 전국 각지에서 모인 풍물패들은 풍물놀이를 했다. 37번 텐트에 거주하는 어린이 책 작가들도 이런저런 일을 벌였다. '하야하라'를 새긴 스티커와 배지를 만들어 시민들에게 나눠줬고, 어린이와 학생들과 함께 걸개그림을 만들기도 했다. 예술가들은 하루도 거르지 않고 성실하게 광장에 판을 벌여놓았다.

광장 캠핑촌이 벌인 판중에 가장 큰 것은 어쩌면 〈광장신문〉 호외일지 모른다. 11월 19일 2시에 북적거리는 광화문광장 한편에 모인 캠핑촌 입주자들은 트럭에서 막 부려놓은 신문 한 뭉치를 받았다. 〈광장신문〉 호외였다. 얘기는 들었지만, 호외 헤드라인이 뭔지는 몰랐다. 행여 기밀이 새어나갈까봐 발행인들만 알고 있던 터였다. 신문 뭉치를 싼 포장지를 걷어내고 보니, 1면에 새겨진 대문짝만 한 제목이 눈에 들어왔다.

"박근혜 하야 발표"

헤드라인 아래에는 '혼자 내린 첫 결정'이라는 소제목이 보였다. 2주 동안 광장에서 풍자와 해학을 보여준 캠핑촌의 완결편이었다. 그 완결편은 너무도 완벽해서 신문을 받아 본 시민들은 눈이 휘둥그레졌다. 이거 진짜예요? 지금 발표한 거예요? 그들의 표정이 너무 진지해서 말문이 막혔다. 나는 신문 하단에 작게 만들어 놓은 글상자를 손가락으로 가리켰다.

"이 기사들은 〈광장신문발행위원회〉가 시민들의 꿈과 열망을 담아 가상으로 구성한 것임을 밝힙니다."

호외가 가상 신문이란 걸 깨달은 시민들의 반응은 다양했다. 초를 손에 들고 막 광장으로 들어선 여학생들은 좋다 말았다면서 눈을 흘겼고, 언뜻 보고 지나치다가 되돌아와 신문을 낚아챈 중년 남자는 버럭 화를 냈고, 노인 한 분은 가상 호외라고 크게 적어 놓아야 한다며 훈수를 두기도 했다. 나는 당혹스러워하는 사람들의 눈빛을 끝내 감당하지 못하고, 신문 뭉치를 지하철 입구와 초를 나눠주는 분들 옆에 슬그머니 쌓아 놓았다.

그때까지도 광장에 나온 시민들에게는 어쩌면 대통령이 진심으로 사과하고 스스로 물러날 거라는 일말의 기대가 있었는지 모른다. 아니 창

피해서라도 그 자리를 견디기 어려울 것이라고 생각했을 것이다.

"대통령 할머니 떼 부리지 마세요!"

엄마와 함께 광장에 나온 일곱 살 국민한테 이런 말을 들을 정도라면……

22:00 길에 잇대어 길을 가리키다

광화문광장은 토요일만이 아니라 평일에도 함성으로 가득 찬다. 광장은 밤이 깊어서야 고요해진다. 평일 집회와 행사가 끝난 시각에 광장 텐트에 들어가 앉아 있으면 길을 내달리는 자동차 소리는 마치 땅이 요동치는 것 같은 굉음으로 들린다. 물리적으로 해석하면 그게 당연할 수 있겠지만, 나는 그 소리를 들으면서 세상과 차단된 공간에서 세상 소리가 더 무섭게 들리겠구나 싶었다. 실제로 내가 방안에서 본 세상은 절망스러웠으나, 광장에 나와서 본 세상에는 희망이 있었다.

그 희망은 막연한 기대가 만들어낸 신기루 같은 것이 아니었다. 내가 광장에서 만난 희망은 서슴없이 광장에 나선 사람들이었다.

수능시험이 치러지는 날, 광화문광장 세월호 분향소 입구에 있는 작은 방에서 만난 중년 남자는 딸내미를 시험장에 데려다주고 곧장 이곳으로 왔다고 했다. 자식 키우는 부모로서 자식 잃은 부모의 마음이 얼마나 아플지 너무나도 잘 알기에 틈만 나면 분향소에 와서 리본을 만든다는 그는 시험장에 들어가는 딸의 뒷모습을 보면서 분향소가 생각났다고 한다.

"내 자식은 이리 시험도 보는데……."

노란 리본의 끈을 비끄러매던 남자의 손이 떨렸다. 광장에는 어떻게 함

께 살아야 하는지 아는 사람이
있다. 그리고 광장에는 어떻게
함께 싸워야 하는지 아는 사람
도 있다.

농성 첫날 밤, SNS로 텐트를
모두 빼앗겼다는 소식을 접하고
광장으로 달려 나왔다는 청년은
퇴근을 하면 텐트촌으로 왔다.
그는 자신의 집이 강제로 철거되
는 일을 겪은 뒤 철거당하는 곳
이면 달려가 도우면서 사회문제
에 관심을 갖게 되었다며, 요즘
은 청년 주거문제에 뛰어들었다
고 했다.

"고시원에서 지내다 고시원이
철거되면 그냥 내쫓기는 청년들
이 있는데, 그것도 보상 받을 수
있고……."

청년들의 기본적인 생활권을
지킬 방도를 고민 중이라는 그
의 목소리는 활기찼다. 광장이
세상에 목소리를 내는 사람들이
함께 나서는 곳이라는 의미라
면, 그 청년이 서 있는 곳이 광장

©노순택

우리 길은 광장에서 시작된다 · 김해원

이다.

광장에서 농성하는 사람들 응원이나 하려고 광장에 나선 나는 여전히 '박근혜 퇴진 캠핑촌'을 들락거린다. 한 달이 넘었다. 어떤 단체에 속해 있는 것도 아니고, 캠핑촌에서 딱히 할 일이 있는 것도 아니다. 그런데도 일주일에 하루는 캠핑촌에서 시간을 보낸다. 그러면서 텐트에서 하루도 못 잔 것이(안 잔 것이라고 해야 더 맞다) 자꾸 마음에 걸린다.

어느 날 밤, 캠핑촌을 지나가던 사람이 텐트에서 기어 나오는 내게 물었다.

"날도 추운데 고생하면서 왜 여기에 있어요?"

그는 예술가들이 박근혜 정부 때문에 고생이 많았는지 궁금해 했다. 나는 박근혜 정부가 시대를 역행하는 예술가 블랙리스트를 만들고 교묘하게 탄압했다는 사실 말고는 뭘 덧붙이기가 힘들었다.

어린이 책 판매량이 매년 꾸준히 하락하며, 내가 낸 책도 여지없이 팔리지 않는 걸 박근혜 정부 탓이라고 하기 어렵다. 어린이 책이 잘 팔리지 않는 것은 교과서와 시험에만 매달려 12년을 버둥대다가 대학에 들어가서까지 스펙 쌓기에 열중해도 잉여인간이 되기 십상인 치열한 경쟁 사회 탓이 크다. 물론 박근혜 정부가 청년과 노동자의 고통은 외면한 채 성과주의를 도입해 재벌 총수들의 권익에만 힘을 기울이면서 경쟁 사회를 부추긴 걸로 보자면 내 빈곤과 아예 무관한 것도 아니다. 그래도 나는 박근혜 대통령이 퇴진한다고 세상이 좋아지고, 내 살림이 나아질 거라고 믿지 않는다.

내일을 크게 기대하지 않는 내가 박근혜 퇴진 캠핑촌에 남아 있는 것은, 희망 때문이다. 사람들이 촛불로, 함성으로, 몸으로 직접 써내려가는 희망은 한 편의 시와 같다.

나는 열린 광장에서 비로소 배운다. 시는 산산이 부서지는 것이 아니라 흩어져 멀리 퍼져나가는 것임을. 그리고 나는 내가 어디에 서 있어야 하는지 알게 된다.

우리의 시는
이정표처럼
길에 잇대어 길을 가리켜야 한다.

내가 좋아하는 작가 존 버거의 시를 읊어 본다.

©노순택

©노순택

민주주의는
끊임없이
발명되는 것

저항의 섬 제주에서
밝힌 촛불

김동현

광장, 민주주의 실험실

11월 19일 제주시청 민원실 앞 도로에 사람들이 모여들기 시작했다. 주최 측이 마련한 알루미늄 은박지 위에 앉은 사람들의 손에서는 하나둘씩 촛불이 켜지기 시작했다. '박근혜 퇴진' '새누리당도 공범이다'가 적힌 손팻말도 함께 했다. 제주지역 예술가들도 퍼포먼스와 공연으로 힘을 보탰다. 민주당 제주도당, 국민의당 제주도당 당직자들도 총출동했다. 제주에서 촛불이 시작된 것은 10월 29일. 처음 300여 명의 시민들로 시작된 촛불의 함성이 3주 만에 5000명으로 불어났다. 시민들의 참여 열기를 반영하듯 제주지역 인터넷 언론인 '제주의 소리'는 이날 집회를 인터넷으로 생중계했다. 첫 생중계였다. 날이 갈수록 행사 규모는 더 커졌고 짜임새도 덧붙여졌다. 본격적인 행사에 앞서 박연술 씨가 커다란 화선지에 붓으

©강정효

로 '하야'라는 글자를 써 내려갔다. 춤과 서예가 곁들어진 퍼포먼스였다. 사람들은 환호했고 박수로 화답했다.

단상에 오른 임문철 신부는 "지금은 혁명의 시간이다. 뒤집고 엎어야 한다. 깡그리 부수고 새로 시작해야 한다"고 목소리를 높였다. 임문철 신부는 제주 4·3중앙위원회 위원으로 활동하는 등 제주 지역 현안 문제에 대해 지속적으로 참여의 목소리를 내온 '현장의 신부'이다. 임 신부의 입에서 '혁명의 시간'이라는 단어가 뜨겁게 타올랐다. 제주시청 민원실 앞 도로는 이미 사람들도 가득 찼다. 인근 6차로 도로 일부도 사람들이 자리를 잡았다. 제주시청 민원실 앞 도로는 평소 광장으로 사용되지 않는다.

제주에는 사람들이 모일 만한 광장이 없다. 제주시청 어울림 마당에 조금 여유로운 공간이 있다. 하지만 사람들이 모이기에는 옹색

하기 짝이 없다. 제주시청에서 각종 집회가 열리는 이유는 이곳이 제주에서 가장 유동 인구가 많기 때문이다. 제주시청 앞으로 6차로가 남북 방향으로 길게 뻗어 있고 그 뒤로 '제주의 대학로'라고 불리는 골목이 있다. 20대는 물론이고 회사원들도 저녁이면 이곳을 찾는다. 제주시청 한쪽 벽면에는 90년대 제주지역 예술가들이 제주 삼성신화를 소재로 그린 대형 벽화가 그려져 있다. 집회가 열릴 때면 이 벽화가 그대로 무대의 배경이 된다. 4차 집회까지는 제주시청 어울림 광장에서 행사가 열렸다. 무대도 변변치 않았다. 뒤쪽에 자리 잡은 사람들은 출연자들의 얼굴을 제대로 볼 수도 없었다.

집회가 계속되고 사람들이 모이자 주최 측은 인근 제주시청 민원실 앞 도로를 집회 장소로 신고했다. 19일 열린 5차 집회도 이 장소에 열렸다. 새로운 광장을 만들어낸 것은 오로지 시민의 힘이었다. 첫 집회가 열린 지 3주 만에 시민들은 광장을 만들고 광장의 언어를 탄생시켰다. 이날 집회는 말의 축제이자 말의 환희였다. 무대 위에 오른 뮤지션들은 노래로, 시민들은 자신들의 언어로 민주주의를, 정의를 이야기했다. 대한성공회 제주성당의 성요한 신부는 자작곡인 '닭그네 하야송'을 불러 청중들의 박수를 받았다. 최근 시국 상황을 급히 반영해 만든 듯 성 신부는 미리 적어 놓은 가사를 자주 쳐다봤다. 경쾌한 기타 반주에 맞춰 성 신부는 노래를 시작했다.

내려가라 할 때 내려가라/ 끌어내리기 전에/ 청와대가 닭장인줄 착각하지 마라/ 들어가라 할 때 들어가라/ 잡아 처넣기 전에(닭장에)/ 청와대가 니 집인줄 착각하지 마라/ 세월호 7시간 동안 어디서 뭘 한 거니/ 아이들이 죽어갈 때 도대체 뭘 한 거니

객석에서 마이크를 건네받은 제주여중 1학년 장효빈 양은 "김진태 의원의 '촛불은 촛불일 뿐이다'라고 한 말이 저를 여기에 나오게 했다"고 울분을 쏟아냈다. 수능을 마친 고3 여학생 한 명은 "오늘은 제가 맘 놓고 이야기할 수 있는 시간"이라면서 "광화문은 가지 못했지만 여기에서 외치고 싶다. 전국의 고3들아 일어나라"고 목소리를 높였다. 단상에 오른 대학생, 여성들도 저마다 자신의 생각을 자신의 언어로 마음껏 표현했다.

그것은 자발적이고 조직화된 분노의 힘이었다. 권력은 국민이 위임한 권한을, 선출되지 않은 '비선(秘線)'에게 '무상 임대'했다. 그들의 분노한 이유는 국민주권이 침해당했기 때문이다. 하지만 보다 더 근원적인 것은 자신의 언어를 가지지 못한 권력의 무기력함과 무망함, 무책임의 순간을 목도했기 때문일 것이다. 민주주의 사회에서 권력은 언어로 통치한다. 정치 행위가 말로 이뤄진다는 것은 그들의 말이 국민에게 위임받은 언어를 행사한다는 정치적 함의가 전제되어 있음을 의미한다. 광장에서 밝혀진 촛불들은 우리가 위임한 언어를 우리들의 손으로 되찾아오겠다는 수백만 언어들의 발화였다. 말하는 입을 가진 인간이라는 선언이었다.

내가 나의 언어를 가지고 있다는 자각은 타자의 언어가 존재한다는 사실을 자각하게 한다. 나의 언어가 존재하는 방식으로 타자도 언어를 소유한다는 것은, 결국 세상은 수많은 언어들로 조직되었다는 사실을 인지하는 것인 동시에 나의 세계가 타자의 세계와 만나 공명을 가능하게 한다. 권력이 언어를 장악하려 할 때 우리들은 우리들의 언어로 맞서왔다. 독재(Dictatorship)란 어쩌면 권력의 언어를 강제하려는(Dictate), 다시 말하자면 권력의 언어를 받아쓰게 만드는 억압의 방사(放射)일 것이다. 그런 점에서 권력은 가장 먼저 언어를 탄압하며, 언어를 획일화한다.

이날 광장에서 울려 퍼진 목소리들은 권력이 시민에게 있음을 알리는

'언어'들의 분출이며 공명이었다. 그것은 새로운 코뮌의 가능성을 보여주는 거대한 실험의 시작이었다. 지그문트 바우만은 분노를 털어내는 방법은 거리를 점거하는 것이고 시민들은 새로운 민주주의 발견과 실험을 위해 거리로 나선다고 말한 바 있다. 그는 도심의 광장은 정치적 행동을 발견하고 검증하는 "야외실험실"이라고 규정했다.[1] 민주주의가 실험의 과정이라는 사실을 시민들은 스스로 발견하고 깨달았다. 이날 집회를 주최한 단체는 '박근혜 정권 퇴진 제주행동'이었다. 하지만 집회를 완성한 것은 수많은 시민의 목소리와 함성이었다.

박근혜 게이트의 문이 열리자 제주의 시민단체들은 발빠르게 움직였다. 11월 17일 제주지역 100여 개 단체가 참여한 '박근혜 정권 퇴진 제주행동'이 그 결과물이었다. 제주지역에서 단일 사안에 대해 이렇게 많은 시민단체들이 모여 한 목소리를 낸 것은 지난 1991년 제주도개발특별법 저지 범도민회 결성 이후 25년만의 일이었다. 1991년 제주도민들은 제주의 환경을 돈벌이의 수단으로 만드는 제주도개발특별법에 반대하며 조직적인 저항을 펼쳤다. 제주도민들이 1991년 제주도개발특별법에 반대했던 이유는 하나였다. 1987년 6월항쟁에서 전국적으로 울려 퍼졌던 구호가 '호헌철폐', '독재타도'였다면 제주에서는 '개발 반대'가 또 하나의 구호로 등장했다. 먹돌 해변이 아름다웠던 제주시 탑동은 개발과 성장이라는 명분을 앞세운 자본에 의해 콘크리트로 덮여졌다. '개발 반대'는 탑동 매립의 상처를 가슴으로 아파했던 제주도민들의 자발적이고 자생적인 함성이었다.

---

1) 지그문트 바우만·카를로 보르도니, 『위기의 국가』, 안규남 역, 동녘, 2014, 58쪽.

25년의 세월이 흘러 이제 제주지역의 모든 단체들이 '박근혜 퇴진'을 위해 한 목소리를 내기 시작했다. 제주지역에서는 2006년 제정된 제주국제자유도시특별법 개정이 필요하다는 목소리가 높아지고 있는 상황이었다. 관광객이 늘어나고 사람들이 제주로 이주하면서 정작 제주의 환경은 망가져가는 상황을 눈으로 보면서 제주도민들은 '국제자유도시'가 허상이라는 사실을 깨닫기 시작했다. 지난 4월 총선에서도 제주국제자유도시특별법 개정이 이슈가 될 정도로 제주도민들은 부동산 폭등과 난개발로 인한 삶의 위기를 몸으로 느끼고 있었다.

박근혜 게이트는 가뜩이나 중앙정부와 지방자치단체에 대한 반감이 높았던 제주지역의 민심에 불을 질렀다. 박근혜 게이트 이전 제주지역의 주요 이슈 중 하나는 한라산 국립공원 턱 밑에 중국 자본이 6조 2800억 원을 들여 대규모 관광단지를 개발하겠다는 오라관광단지 개발 사업이었다. 제주도의회 강경식 의원(무소속)은 제주도청 관계자들이 이 사업을 "청와대 관심 사항"이라고 밝혔다고 폭로했다. 최순실의 조카인 장시호가 박근혜 대통령 퇴임 이후에 제주에서 머물 계획이었다고 말한 사실이 알려지면서 시민들은 이 사업에 청와대와 최순실이 개입한 것 아니냐는 의혹을 제기하기도 하였다.

집회 현장에서 만난 홍명환 씨(표고버섯농장 운영)는 "박근혜도 문제지만 오라관광단지 개발도 문제"라며 목소리를 높였다. 촛불의 함성이 박근혜 퇴진 이후를 향하는 것은 시간문제처럼 보였다. 최남단 서귀포에서도 11월 25일 시민 600여 명이 촛불을 들었다. 시민들은 제주시에서 열리는 촛불집회에 참여하기 위해 제주와 서귀포를 오고가는 희망버스를 자발적으로 운영하기도 하였다. 그것은 제주가 여전히 '잠들지 않는 남도'라는 사실을 증명하는 작은 불씨였다.

©강정효

거리에 다시 새겨진 저항의 역사

©강정효

제주도민들의 참여 열기는 광화문 촛불집회 참여자 수로도 알 수 있다. 11월 12일 열린 광화문 촛불집회에는 1000여 명의 제주도민들이 참여했다. 저비용 항공사의 항공료를 기준으로 계산해도 왕복 항공료만 1억 원이 들었다. 자기 주머니를 털고 생업을 잠시 접고 서울로, 광화문으로 향하려는 제주도민들의 민심이 어느 정도인지를 확인할 수 있었다. 수많은 목소리들이 제주시청 광장에서, 광화문에서 울려 퍼졌다. 우리의 목소리는 고립된 개인의 실천이 아니었다. 목소리를 외면하고 목소리에 눈 감은 권력을 향해 외치는 신체들의 행진이었다.

강정의 싸움을 계기로 만들어진 코뮌의 힘이 박근혜 게이트를 계기로 거대한 촛불의 함성으로 이어지고 있었다. 겨울비가 내린 11월 26일도 제주도민들의 함성을 막지 못했다. 청와대에서 비아그라와 팔팔정 등의 의약품을 구매했다는 기사가 나간 직후였다. 제주의 음악인들도 시국선언에 동참했다. 음악인들은 이날 시국선언 콘서트 '설러불라'를 열었다. '설러불라'는 제주어로 '그만두라' '하지 마라'는 뜻을 담은 말이다. 이날 콘서트에는 사우쓰 카니발, 뚜럼브

라더스, 강산에, 방승철, 묘한, 러퍼월드, 조성일밴드, 조성진밴드, 나무 꽃, 밴드 홍조, 조약골, 김신익, 권순익, 오버플로우, 태희언, 비니모터 등 이 참여했다. 난장이었다. 빗속에서 벌어진 한판 축제였다. 무대에 오른 음악인들은 제주에서의 함성이 광화문, 청와대까지 울려 퍼지길 빈다고 말했다. 이날 집회에서 한 참가자는 "나라를 세운 곳에서 대체 무얼 세운 거냐! 박근혜와 부역자들을 모조리 구속 수사해라!"라는 손팻말을 직접 제작해서 들고 나오기도 했다.

겨울비도 제주의 촛불을 꺼뜨리지는 못했다. 우비를 입고 촛불을 든 시민들은 동요하지 않았다. 시민들의 발언 신청은 계속되었고 그들의 말 은 광장에 울려 퍼졌다. 30대 직장인이라고 밝힌 한창훈 씨는 박근혜 성 대모사까지 하며 대통령 하야를 촉구해 큰 웃음을 주기도 했다. 서귀포 에서 왔다는 조창윤 씨는 "선거 때만 되면 국민을, 나라를 위한다는 말에 속아왔다"면서 "내년 대선, 2018년 지방선거에서 미사여구에 속지 말고, 사람에 속지 말고 분노의 대안으로 힘을 모아가자"고 말했다.

노란색 우비를 입고 참석한 서귀포 삼성여고 2학년 고채원 양의 발언 은 특히 눈길을 끌었다. 고 양은 "지금 시국 속에서 무엇이 진실인지, 거 짓인지 혼란스럽다"면서 발언을 시작했다. 그는 "아직 씌어지지 않은, 그 러나 앞으로 씌어질 역사 위에 우리가 서 있다. 박근혜 하야라는 목표를 위해 달려가야 한다. 오랜 시간 타오르는 촛불이 우리다. 시간이 지나면 지는 꽃이 되지 말자"면서 발언을 마쳤다. 그의 말은 시민들의 귀에 오래 남았다. 우리가 타오르는 촛불이며, 우리가 서 있는 이 자리가 역사라는 말에 시민들은 박수를 보냈다.

광장에서 쏟아진 말들은 '지금-여기' 우리의 힘으로 사회를, 정치를, 우리의 문화를 우리의 손으로 만들어가자는 선언이었다. 박근혜 게이트에 대한 분노만이 아니었다. 시민들은 지금 우리 삶의 총체로서 우리가 아직 경험하지 못한 새로운 문화를 거리에 새겨넣고 있었다. 그렇게 새겨진 자국마다 빗줄기들이 흘러내렸다. 그것은 권력과 자본의 언어가 아니라 시민의 언어로 만들어가는 저항의 문화들이 대지에 스며드는 감격의 순간이었다.

생각해보면 제주섬이야말로 저항을 온몸으로 써 내려간 역사를 지녀왔다. 1901년 이재수가 그렇고, 1948년의 이덕구가 그러하다. 현기영은 『지상에 숟가락 하나』에서 제주 4·3항쟁의 지도자 이덕구의 시신이 관덕정 광장에 전시되었던 순간을 이렇게 쓰고 있다. "관권의 불의에 저항했던 섬 공동체의 신화가 무너져 내리고 있다." 제주의 역사는 그 자체로 권력의 불의에 맞서 분연히 일어난 수많은 저항의 연속이었다. 17일 열린 '박근혜 퇴진 제주행동본부' 출범 기자회견이 관덕정 광장에서 열린 이유도 여기에 있었다. 그것은 불의한 권력에 맞선 제주의 역사를 잊지 않겠다는 다짐이었다.

그람시가 말했던가. 지금 필요한 것은 "개인의 개별적인 '독창적' 발견도 몇몇 '천재적' 철학자들에 의해 발견"되는 철학이 아니라 "모든 사람이 철학자"라는 실천철학이라고. '제주행동본부'가 만들어졌지만 그것은 구심이 아니었다. 무대와 음향장비를 협찬하고, 기꺼이 자신들의 노래를 광장에서 들려준 제주의 음악인들이, 그리고 마음껏 광장의 언어를 발산한 제주의 시민들 모두가 주인공이었다. 모든 시민이 각자의 언어로 말하고, 각자의 방식으로 표현하는 역사의 시작이었다. '여기 지금, 우리가 민주주의다'라고 말하는 함성이 제주 땅을 울린 역사의 현장이었다.

집회 현장에서 제주 오현고 2학년 현명엽 군은 "중학생 때까지의 꿈이 법조인이었는데 세월호 사건이 터지고 법조인, 정치인이 아무런 힘도 쓰지 못하는 것을 목격하면서 꿈을 바꾸게 되었다"고 말했다. 그는 "우리나라가 엉망진창이 되는 것은 대기업에 편중된 자본과 그 자본과 결탁한 정치인들 때문"이라며 "대기업 자본이 우리 사회를 병들게 하고 있다면 내가 그 자본을 굴려보자는 마음으로 경영인을 꿈꾸게 되었다"고 말했다. '박근혜 퇴진'을 외치면서 제주의 거리에는 수많은 말들이 폭죽처럼 터져나갔다. 마치 1948년 4월 봉홧불이 제주의 오름에 올랐던 것처럼 광장에, 거리에 모인 시민 하나하나가 환하게 불 밝힌 오름들이었다.

청소년, 대학생, 직장인도 시국선언 참가

광장에서의 실험은 어른들의 전유물만이 아니었다. 교복을 입은 청소년들은 촛불집회가 열릴 때마다 앞자리를 메워나갔다. 그들은 SNS를 이용해 서로 연대하였다. 11월 12일 '제주지역 청소년 시국선언'이 발표됐다. 이 날은 4차 촛불집회가 예정된 날이었다. 오후 3시부터 제주시청 어울림 광장에는 교복을 입은 청소년들이 모여들기 시작했다. 이날 시국선언에 참여한 학생들은 제주지역 30여 개 중고등학교 학생 346명. 신성여고 1학년 강미미 양을 비롯한 9명의 대표는 당당한 목소리로 "제주의 청소년 자신들이 대한민국 민주주의를 회복시키는 출발점이 될 것"이라고 선언했다. 망설임도 없었다. 에둘러 말하지도 않았다. 학생들은 2014년 세월호 참사를 언급하며 "가라앉는 세월호 속에서 울부짖는 학생들을 방치해 소중한 생명을 잃게 했고 진상규명조차 제대로 하지 않은 채 사건을 덮기에 급급했다"면서 박근혜 대통령을 비판했다. 세월호 참사는 그들에게 하나의 역린이었다. 아이들을 구하지 않는 나라, 책임 지지 않는 나라,

최소한의 진실조차 가로막는 나라에 대한 분노는 컸다. 집회에 참석한 많은 학생들의 발언 중에서 공통점이 있다면 바로 세월호 참사였다. 국가를 국민을 구조하지 않는다는 사실, 그 '국가 없음'의 상황을 그들의 상식으로는 이해할 수 없었다.

청소년시국선언을 들은 어른들의 반응은 한결같았다. "부끄럽다. 그리고 참 대단하다." 어른보다 나은 아이들의 모습을 보면서 어른들은 부끄러움과 격려가 뒤섞인 박수를 보냈다. 청소년들은 세월호 참사뿐만 아니라 국정교과서, 고 백남기 농민을 언급하며 이른바 한국식 민주주의에게 사망선고를 내렸다. 학생들의 선언은 기성세대가 만들어놓은 민주주의가 아니라 새로운 민주주의가 필요하다는 사실을 알리는 함성이었다. 촛불의 기록에서 반드시 기억되어야 할 발언이 있다면 시국선언에 참석한 학생들의 발언이다. 다음은 이날 시국선언에 참석한 제주일고 2학년 고민성 군의 자유발언이다.

2012년 12월 19일, 새누리당 소속의 "준비된 여성대통령" 박근혜가 대한민국 대통령으로 당선되었습니다. 국내 최초 여성대통령이라는 타이틀과 박정희를 향한 기성세대의 향수를 도약대 삼아 뛰어오른 현 정권은 대한민국 정치사의 새로운 페이지를 나름의 방식으로 장식하고 있습니다.

2014년, 싱그럽게 육박하는 생명들이 바다 속에서 제 빛을 잃어갈 때, 국가는 그들을 구조하지 않았습니다. 2015년, 왜곡된 역사관을 담은 '국정교과서'를 배급하여 후세대의 올바른 사고를 가로막으려는 움직임이 있었습니다. 그리고 2016년, 국가폭력에 의해 희생된 백남기 농민을 둘러싼 일련의 사건들은 국민들에게 한국식 민주주의에 대한 깊은 회의감을 가슴 깊은 곳에 불어넣었습니다. 위안부 문제에 대한 한일의 협의가 할머니들께 준 지울 수 없는 상처 역시 언급할 필요가 있습니다.

21세기 최악의 정치 스캔들로 기억될 최순실 게이트는 거듭되는 실망 속에서도 간신히 붙잡아내던 민주주의에 대한 일말의 희망마저 무참히 짓밟았습니다. 그리고 늘 사건을 황급히 무마하려는 기만적 변명으로 민심의 도화선에 불을 질렀습니다. 말하자면, 현 정부는 역사 속 자신들의 챕터를 대중의 탄식과 분노로 장식하고 있는 셈입니다.

이처럼 박근혜 정부의 지난 몇 년간을 조망해보면, 대한민국은 과연 살기 좋은 나라인가라는 물음에 그저 한숨을 지을 수밖에 없습니다. 그럼에도 마냥 좌절하고 체념할 수는 없기에, 국민들은 의기투합하여 진실을 향한 투쟁을 이어 갑니다. 박근혜와 최순실을 중심으로 한 부패 커넥션을 향한 정의로운 심판과 이상적인 민주사회의 진정한 실현을 염원하는 수많은 촛불들 속에서, 저희 청소년들 역시 눈을 형형하게 빛내며 함께 싸우고 있습니다.

그런 측면에서 오늘 발표되는 제주도 청소년 시국선언문은 고무적입니다. 뜻을 같이하는 제주도 청소년 모두가 머리를 맞대고 일궈낸 이 선언문은 우리 역시 마냥 펜과 자습서를 붙들고 있을 수만은 없음을, 결국 청소년들 역시 여느 성인들과 다를 바 없이 함께 연대하고 싸워야 할 사람들이라는 것을 시사하고 있기도 합니다. 아울러 소속이나 학력과는 관계없이 모두가 한마음으로 이상적인 사회를 간절히 염원하고 있음을 역설하는 증거이기도 합니다. 다시 말해, 제주도 청소년 시국선언문은 학업 성취도와 인맥 등의 외부 요소를 뛰어넘어 제주도 청소년 모두가 함께 낸, 거짓된 대통령 박근혜를 향한 일갈의 목소리인 셈입니다.

고백하건대, 총 두 번의 집회를 참여한 저도 어느 순간 현 정치를 비판하는 그 모든 활동에 대한 모종의 회의를 느끼게 되는 순간이 찾아왔습니다. "하야는 없다"는 전제 속에서 자기연민과 변명으로 끈질기게 연명하는 현 정권을 우리가 바꿀 수 있을까라는 물음 앞에서, 전 몇 번이고 판단을 유보했습니다. 자신이 없었습니다. 허나 그 다양한 소속과 나이의 제주 청소년들이 주저하지 않고 시국선언에 동참하는 모습을 보며 어떤 위안을 얻었습니다. 비록 위태로운 세상을 살아가고 있다고 해도, 그곳이 하루아침에 바뀌지 않는다고 해도, 싸워볼 가치가 없는 세상은 아님을 깨달았습니다.

이번 선언 이후로도, 제주도 청소년들은 끝까지 함께 투쟁할 것입니다. 함께 펜을 들고 목소리를 내어, 박근혜 정부의 마지막 장을 함께 써내려갈 것입니다. 물론, 그 긴 부조리극을 종결짓는 구두점은 현직 대통령이라는 자의 하야로 찍게 될 것입니다. 2)

시국선언은 청소년들로만 끝나지 않았다. 예비교사로서 가만히 있을 수 없다며 제주교육대학 학생들도 나섰다. 학생들은 11월 25일 전국교육대학생연합 동맹 휴업 및 공동행동에 동참하면서 "민주주의를 지키기 위해 아이들에게 참된 사회를 물려주기 위해 투쟁하겠다"고 선언했다. 제주대학교 총학생회도 10월 25일 제주대학교 한라터 앞에서 최순실 사태에 대한 진상규명과 정유라의 이화여대 부정입학에 대해 처벌을 요구하며 시국선언을 했다. 다음은 제주도내 각 단체들의 시국선언 일지이다.

○ 10월 25일 제주대학교 총학생회 '최순실 사태 진상규명 및 정유라 이화여대 부정입학 처벌요구'

---

2) 당시 현장에 참석했던 나는 이 발언을 미처 다 받아 적지 못했다. 온전한 기록을 위해 미디어제주 11월 13일자의 기사를 참조했음을 밝혀둔다.

©강정효

○ 11월 2일 제주대학교 법학전문대학원 학생 '박근혜 대통령 및 내각 총사퇴 촉구'

○ 11월 3일 제주지역 대학교 교수 115명 시국선언 '대통령 하야 촉구'

○ 11월 6일 더불어민주당 서귀포시지역위원회 '박근혜 대통령 사퇴 촉구'

○ 11월 7일 민주노총제주본부 '노동자 시국선언문' 발표

○ 11월 10일 제주지역 변호사 33명 '박근혜 대통령 사임 촉구'

○ 11월 13일 제주불교연합회 '박근혜 대통령 퇴진 요구'

○ 11월 23일 의료연대 제주지부 '박근혜 정권 퇴진 촉구'

○ 11월 28일 제주대학교 병원 직원 758명 '박근혜 대통령 퇴진 촉구'

10월 25일을 시작으로 학생, 노동계, 정치권, 종교, 의료계 등 다양한 단체들의 시국선언이 이어졌다. 저항의 섬 제주에서 밝혀진 촛불은 광화문으로 이어졌다. 제주시청 광장을 가득 메운 시민들. 비 날씨에도 어김없이 자리를 지킨 시민들은 서로의 얼굴을 바라보며 우리의 함성이 혼자의 것이 아니라는 사실을 확인했다. 시민들은 촛불을 들고 제주의 대학로 시청 골목을 행진하였다. 좁은 골목 때문에 대오는 길게 늘어졌다. 대열은 끊임없이 이어졌다. 약속 때문에 미처 광장에 모이지 못한 시민들은 술집에서, 카페에서, 미용실에서 박수를 보냈다. 휴대폰을 들고 거리 행진의 광경을 촬영하기도 하였다. 그렇게 늦가을 제주의 거리에는 기억을 함께 하려는 시민들로 가득 찼다. 360여 개 제주의 오름들이 계절마다 한라산을 향해 인사를 하듯이 그렇게 시민들은 서로의 목소리를 확인하며 각자의 언어로 한껏 부풀어 올랐다.

몸으로 새긴
역사의 기록

──────── 2016년 광주
11월의 시민항쟁에
대하여

조성국

1

육칠백 대의 버스가 서울 광화문으로 상경했다. 마을과 마을과 마을들이, 고을과 고을들이 관광버스를 대절해 놀러 가듯 올라갔다. 무너진 국격을 다시 세워놓으려고 가는데, 참여자 수가 적은 마을은 조금 쪽팔려 하면서 마을과 마을의 대소사나 애경사를 귀담아 들으며, 삶은 계란 또는 김밥을 나눠먹으며 와자지껄 올라갔다. (쳐들어갔어야 했다. 전남 해남 '전봉준 투쟁단' 서군이 대형 트랙터 수십여 대를 몰고 간 것처럼 '연장'을 챙겨갔어야 했다.) 전국 각지에서 몰려들 인파 때문에 서울길이 막힌 걸로 예견하고 전날부터 미리 올라간 사람들도 꽤 있어 보였다.

그리하여 광주가 비어 있을 거라 생각했다. 조촐하게나마 벌어진 촛불 집회의 참여자 수가 지극히 저조할 것이라고 예상했다. 그러나 그 예견은 보기 좋게 빗나갔다. 금남로 알라딘 서점 앞에서 시작한 촛불집회는 급속도로 불어나는 시민들 때문에 재게 근동의 5·18민주광장으로 옮겨가야만 했다. 이즈음 5·18민주광장에선 광주민족예술총연합회가 기획한 '민족예술제'가 빚어지고 있었는데, 아니, 기획했다고 보기보다는 매년 '민족예술제'라는 이름으로 진행해오던 행사가 민중총궐기대회(2016년 11월 12일)와 연동해 진행하는 것이어서 한편으론 색다른 공연 집회가 될 거라고 기대도 했다. 그러나 행사의 서두부터가 왠지 어설퍼 보였다.

미뤄 진작컨대 관객 동원이(100여 명 정도의 의자가 깔렸다) 마땅치 않은 '민족예술제' 측에서는 민중총궐기대회에 탑승하지 못한, 여타의 사정으로 인해 상경하지 못한 시민들과 함께 어울리듯 관중석을 채워 행사를 치러보자는 속셈이 다분히 깔려 있는 듯했다. '블랙리스트를 만들어 예술가를 탄압하는 정치 검열을 중단하라'는 명분도 좋고, 블랙리스트를 만들어 예술인들을 탄압한 것도 박근혜와 최순실 일당이 저질렀던 일이라서 충분히 설득력도 있어 보였지만 시민들의 생각은 달랐다.

기하급수적으로 늘어난(금남로 알라딘 서점 앞에서 밀려간 거대한 인파가 밀물처럼 갑자기 들이닥쳤다고 해야 말이 맞겠다) 시민들은 여기저기에서 술렁거렸고, 우렁우렁 고함도 치기 시작했다. '국민이 선출한 권력이 알지도 못하는 누군가의 사악한 추구에 이용당했다'는 것에 속이 부글부글 끓어올라 미치겠는데, 시낭송이나 마당극이나 노래 나부랭이를 점잖게 앉아 귀담아 들을 여력이 추호도 없다는 뜻이었다. 귀담기는커녕 외려 이맛살만 잔뜩 찌푸렸다. '민족예술제' 또한 이 분노의 여파를 감당치 못하고 당황한 기색이 역력했다. 애써 10여 분에 걸쳐 떠듬떠듬 고천문도 읽고 전통춤을 추다 말고, 진행 방향을 확 바꾸었다. 나름대로 전문예술인이 모여 열심히 준비한 공연이라고 한들, 울분에 찬 시민들한텐 어디 가당키나 했겠는가.

4차 촛불집회, 5·18민주광장

©이상현

급기야는 관중석의 시민들이 좌석을 박차고 일어서고서야, 예정된 문화
공연 대신 '시민자유발언대'로 급선회시켰다.

7000여 명의 시민이 한 순간에 우르르 몰려든 거대한 분노의 명령에 따
라 진행되는 자유발언은 한결같았다. '박근혜 하야 또는 퇴진'이 전부이
었다. 특히 앳된 학생들의 언변이 뛰어났다. 위트가 넘친다. "마트의 일
프러스 일이 유행이라고 하지만, 대통령까지 일 플러스 일일 줄 몰랐다.
최순실은 역대 어느 누구도 하지 못한 국민대통합을 이루었다." "이럴라
고 대통령 했나 하는데, 이럴려고 공부했나 싶어 자괴감이 든다. 또 요즘
초등학교에서 유행하는 놀이가 있는데, 최순실 게임이라고 하는 이 놀이

는 연설문을 서로 고쳐주는 게임"이라며 거침이 없었다.

계획성 있게 준비된 집회가 아니었지만, 종이컵 두른 촛불이나 피켓도 턱도 없이 부족했지만, 자발적으로 필기한 피켓을 들기도 하고, 핸드폰 손전등 기능을 이용해 촛불을 켜기도 했다. '님을 위한 행진곡'을 함께 열창하며 생각하건대, 광주는 80년 5월 내내 몸에 새겨두었던 분노와 항쟁의 대서사시를 다시 꺼내들기 시작한 것 같았다.

2

스피노자의 명제를 따라가 보면 '분노는 타인에게 해악을 끼친 어떤 사람에 대한 미움이다' 경악할 만한 폭력 앞에 무기력하게 도망칠 수밖에 없는 자신을 바라보면서 참담한 슬픔에 어찌할 바를 몰랐다. 1980년 5월 광주가 그랬다. "무등산이 얼굴을 가려 버리고 영산강은 호흡을 멈춰 버렸다."(조진태 강의록, 「문화예술작품으로 읽는 미시적 오월의 역사」, '분노' 편) 인간으로서 수치심에 부들부들 떨었다. '타인'은 바로 이웃이고 친구이자 형제였으며 자매였다. 그런데 그 '타인'이 받고 있는 '해악'은 도저히 상상할 수 없는 '해악'이었다. 국민의 군대가 그것도 최전방에 투입되어야 할 공수부대가 아무런 이유도 없이 무지막지하게 곤봉과 착검한 총으로 구타하고 찌르고 질질 끌고 가 마치 쓰레기자루 던지듯 차에 싣고 어디론가 사라지는 모습, 그것은 차마 눈을 뜨고는 볼 수 없는 상황이었다.

가공할 폭력만행에 할 수 없이 현장을 도망치고 어딘가에 숨어버렸지만 인간으로서 도저히 묵과할 수 없는 감정을 억누를 수가 없었다. 인간의 존엄성에 대한 회의를 느끼며 부들부들 떨었던 수치심은 자신의 인간

다움을 지키기 위한 행동으로 나아갈 수밖에 없도록 이끌었다. 인간의
또 다른 감정인 수치심은 분노와 교직되면서 저항으로 나서게 하였다. 대
답은 간단하다. "너희들의 눈이 눈이고/ 너희들의 머리가 머리일 때/ 우리
들의 눈은 눈까리였고/ 우리들의 머리는 대가리였다/ 그리하여 너희들이
사람일 때/ 우리는 짐승이었다/ 짐승처럼 쫓기다 쫓기다 돌아보니 살기
흐르는 충혈된 눈빛/ 핏자국, 피 냄새를 따라 쿵쿵거리며 달려오는 무리
들/ 바로 너희들이 짐승이었다// 우리는 왜 총을 들 수밖에 없었는가/ 간
단하다 대답은 아주 간단하다// 피의 값은 외상이 없다!(이원규, 「우리는 왜
총을 들 수밖에 없었는가」 중에서)

시적인 진술은 매우 격정적이다. 하지만 형상화된 분노의 감정은 80년
5월 현장에서 느낄 수 있는 광주시민의 감정의 결이 고스란히 드러났다.
피 냄새를 쫓아다니며 학살을 자행하는 짐승의 무리에 맞서는 것에 대한
답은 간단한 것이다. 슬픔을 넘어 인간으로서의 자존을 지키기 위한 '광
주'의 행동은 분노의 표현이다. 분노는 광주의 행동을 정당화하고 인간
으로서의 수치심을 유지하도록 할 것이며 더 이상 인간 이하로 취급당하
지 않을 저항의 모습을 취하게 한다. 그것은 왜 총을 들 수밖에 없었는가
를 간단하게, 매우 간단하게 재현하고 있고, 그 재현하는 방법 또한 광
주는 익히 알고 있었다. 80년 5월을 겪은 광주는 분노와 저항을 뼛속까
지 각인해 두었음으로.

5·18민주광장 원형 분수대 위에서 타오르는 횃불(1980년 5월 14일부터 16
일까지, 밤에 전남도청 앞 분수대를 에워싸고 열렸던 '민주화 대성회'를 연상케 했다)의 매캐한
연기 냄새를 반갑게 들이마시며 몸이 시킨대로 '광주 출정가'도 저절로 따
라 불러댔다. 분노에 사무친 몸이 총을 들었던 항쟁의 손짓과 노래를 기
억해 냈다고나 할까. 그러니까 36년 하고도 열한 달이 더 지난 2016년

©이상현

11월 19일 밤, 금남로(약 3km 길이의 왕복 6차선 대로이다. 역사와 만났을 때 6차선 도로는 비로소 금남로가 된다. 80년 5월 광주시민 80만 중 30만 명이 매일 이 도로에 나왔고, 매일 도로가 끝난 분수대 광장에서 집회를 열었다)와 분수대가 있는 가두의 5·18민주광장으로 돌아온 무수한 시민들의 몸속에서 분노와 저항이 다시 깨어나고 있었다.

노동자 풍물패를 앞세우고 '10만 광주시민'이 행진하는 금남로 길을 경찰들이 열어주었다. 그저 분노라고 부르기에는 이상하리만치 정당한 관용이 작동하고 있단 느낌을 받았다. 다만 정당들만 광주가 열어젖힌 금남로 한쪽에서 패거리를 짓고서는, 정치적 잣대로 서로 잘났다 읊어대니 볼썽사납다. 당원들 말고는 누구 하나 귀를 열거나, 쳐다보지도 않은 채 횅하니 지나쳐갔다.

수많은 사람들이 똑같이 촛불을 켜고, 똑같은 보폭을 내딛으며 내뿜는 숨소리와 육친적 정감의 체온이 만들어낸 동질의 연대감. 그리고 몸속 깊숙이 체화된, 도청을 점령하던 광주의 1980년 5월 20일과 다음 날인 21일, 이틀 동안 빚어진, 순간적이었던 '절대 공동체'라는 충만감이 스멀스멀 기어올랐다. 돌이켜보면 "그곳에는 사유재산도 없었고, 목숨도 내 것 네 것이 따로 없었고 시간 또한 흐르지 않았다. 그곳에는 중생의 모든 분별심이 사라지고 개인들은 융합되어 하나로 존재했고 공포와 환희가 하나로 얼크러졌다. 그곳은 말세의 환란이었고 동시에 인간의 감정과 이성이 새로 태어나는 태초의 혼미였다. 그런 곳은 실제로 이 땅에 있었고 많은 사람들이 거기에 있었다."(최정운, 『오월의 사회과학』, 오월의 봄, 2012, 123쪽)

모든 인간의 존엄성을 획득하고 계급이 없고 죽음의 공포도 없는 시간과 공간, 어떤 희귀한 열정이 있어 일단 그것이 주체를 장악하고 나면 그 어떤 세속적 감각과 번뇌도 사라지게 하는 시간과 공간, 그 '신기루 같은 날'을 체화해 버린 광주가 금남로와 5·18민주광장에 다시 모여 촛불을

ⓒ이상현

켰다면, 혼자가 아니고 우리와 뜻을 같이 한, 같은 구호를 외치며 같은 노래에 같은 몸짓을 발동하는, 그것만으로도 즐거운 힘이 솟는 저항이 비로소 시작되었다.

다만 총 대신, 독재 타도를 외치던 화염병 대신, 붉은 머리띠를 질끈 동여매고 '단결투쟁'이란 날 선 한목소리 대신, 평화로, 조롱 섞인 풍자와 위트로, 개성 없이 한결같아서 다름이 없는 것에서 여러 가지의 양상으로 모양만 바꾸었을 뿐이다.

저항의 선두에는 항상 예쁘장한 아이들이 있었다. 무대에 올라가 자유 발언을 하는 시민들 중 절대다수가 청소년들이었다. 수능 끝난 고교생은 말할 것도 없고, 심지어 다섯 살 된 동생 손을 잡고 무대에 올라가 애써 써온 문장들을 또박또박 읽고 내려오는 초등학생이 있기도 했고, 어떤 남학생은 "정부 여당에 새누리당이 아니고, 우리도 모르는 당이" 있다며 바로 그 당이 "무당"이라 하였고, "닭대가리도 대통령을 하는데 개돼지가 대통령을 못하란 법이 없다"고 하였고, 또 어떤 여학생은 "여러분! 그네는 스스로 못 움직이죠? 바람이 순실순실 불면 된다고" 풍자를 해서, 오죽했으면 진행하던 사회자가 '박근혜가 청소년들의 논술을 완벽하게 가르쳐주고 있다'고 하였다.

또 어떤 시민은 이걸 흐뭇하게 바라보다가 "부끄러운 마음에 시민들이 주민등록증을 모두 모아 반납해 정부에 불복종하는 마음을 표현"한다는 듯이 붉은 바탕에 흰 글씨로 써진 '박근혜 퇴진' 손피켓을 불끈 치켜 올리기도 했지만, 단상에 올라온 5대 종단, 불교, 천주교, 기독교, 천도교, 원불교, 종교인들 또는 정당인들이 카랑카랑 시국선언도 했지만, 광주시장도, 교육감도, 광주까지 내려온 이재명 성남시장도 "광주시민이 자랑스럽다"며 "함께 싸우자"고 소신 발언을 해서 박수갈채를 받기도 했지만 광장의 청소년들은 촛불집회를 마치 축제의 놀이처럼 한껏 즐겼다.

무언가 잘못되었다는 것을 느끼면서도 정확히 무엇이 잘못되었는지 몰라 답답하던 교실에서 벗어나듯, 낙오할까 두려워 한 뼘 독서실 칸막이 속에 스스로를 가두고 온갖 스펙을 쌓겠다고 발버둥치던 습속에서 벗어나듯, 세월호처럼 침몰하는 나라의 박근혜나 최순실, 또는 정유라, 우병우 같은 사람들 앞에서 '노력'이 부질없음을 알았다는 듯이 셀카를 찍어 어디론가 전송을 했다. 휴대폰의 5인치 화면을 통해 광장에 모인 시민의 규모와 열기를 새삼 확인하고, 이 역사적인 '민주주의 학습장'에 나와 있는 제 모습들을 찍어, 기억으로 몸에 새기거나, 친구와 친지들에게 전송하기도 하는 것을 보며 마치 촛불이 횃불이 되고, 횃불이 들불이 되어 퍼져나가고 있음을 느꼈다.

광장의 저항이 휴대폰에 들어오고 휴대폰을 통해 저항의 광장을 확산시키는 이것은 밤 소풍 나오듯이 유모차를 끌고 나온, 아이를 중심에 두고 기념하는 젊은 부부의 셀카에서, 고갤 좌로 비틀며 얼굴에 오만상을 찡그린 채 전동 휠체어를 탄 뇌변병증 환자의 셀카에서, '박근혜 퇴진'이라고 적힌 팻말을 한 손에 들고 또 한 손으로는 강아지를 품에 안은 중년여성의 셀카에서, 팔짱을 꼭 낀 연인들의 셀카에서, 같은 직장 동료인 듯한 사람들끼리 어깨 겯고 해맑은 얼굴로 기념사진을 찍는 셀카에서 광주는 이미 역사적인 날의 광장에 넘실대는 '박근혜 퇴진'을 온몸으로 직감하고 있었는지도 모른다.

3

"박근혜 체포" "박근혜 구속" 등의 구호가 거침없이 쏟아져 나왔다. '피의
자'로 확인된 박근혜가 검찰의 중간 수사결과 발표 내용을 '사상누각'이
라고 헐뜯으며 검찰 수사를 거부한 모습에 시민들의 분노가 폭발했다.
수사도 거부한 박근혜의 행태에, '퇴진', '하야'를 넘어 '박근혜 체포' '박근
혜 구속'이라는 피켓과 함성이 일었다. '박근혜 체포'란 말에 새삼, 광주 5
월 학살의 주범인 전두환을 체포하러 가던 결사대가 생각났다. 수십 명
씩 조를 편성해 결성한 '체포결사대'가 서울 연희동에 쳐들어가고, 학살
자가 기거한 강원도 백담사에까지 쳐들어가던 기억이 났다. 법이 처벌하
지 못하면 우리가 한다는 명제가 뚜렷했던 기억이 떠올랐다.

　부슬부슬 겨울비가 내린다. 우비를 입고 우산을 쓴 채 종이컵 두른 촛
불을 들고 차가운 아스팔트에 여기저기 앉아있던 깃발들이 가만히 흔들
거렸다. '바람 불면 꺼진다는 촛불'의 열기가 뜨겁다. 촛불은 추울수록,
추워질수록 더 강렬하게 타오르는 모양이다. '아리랑 목동'을 개사한 '하
야송'이 나올 때마다 어깰 들썩, 들썩거리며 촛불을 흔들며 함께 넘실댔
다. 아주 크게 '박근혜 체포'와 '우리가 주인이다' 문구가 적힌 대형 펼침
막이 행가래치듯 촛불 위로 띄워지며 파도쳐갔다. 노랗게 물든 은행나무
가로수가 양쪽으로 도래한 금남로1가에서 금남로5가까지, 아니 광주 전
역을 쭈욱 밀물처럼 밀려왔다 썰물처럼 쓸려갔다. 긴 줄에 큰 양파망 다
섯 개를 달아 맨 주머니가 지나갔다. 집회 비용 시민모금함이다. 비가 내
려 불편할 만도 한데, 주머니를 뒤져 정성껏 성금을 넣는 손들이 많았다.
저걸로 깔판과 촛불과 오늘의 비옷도 마련했으리라.

　밀물처럼, 썰물처럼 80년 5월에 가족을 잃은 오월 어머니의 소나무합

창단들에 노래 '솔아 솔아 푸르른 솔아'도 청아하게 밀려가고, 80년 5월 27일 새벽 옛 전남도청에서 고교생 시민군으로 최후 항쟁을 하다가 계엄군 총에 맞아 숨진 고 문재학 군의 어머니의 이런 다짐도 쓸려갔다. "박근혜 정부가 옛 전남도청의 흔적마저 지우고 있어 81일 동안 농성 중"이라며 "우리 오월 어머니들도 함께 나서서 박근혜를 꼭 끌어내리겠습니다"라는 목소리에 화답한 박수 소리도 밀려왔다. "기성세대로서 '흙수저'밖에 물려주지 못해 미안하다. 그러나 다이아몬드도, 금도, 은도 땅속에 묻혀 있다. 그러니 흙수저가 주인이다. 젊은이들이 절망하지 말도록 박근혜를 하야시켜야 한다"고 발언한 중년의 사내도, 최순실 게이트를 풍자하듯 "엄마가 말은 못 사주지만 바른 세상 만들자"고 목청을 높인 비정규직의 노동자의 외침도 밀려가고, 노란 세월호 우산을 받쳐 든 사회자가 "박근혜를" 선창을 하면, 시민들은 "감옥으로", "땅속으로", "지 애비 곁으로" 자유롭게 후창으로 화답하는, 짧고 극명한 자유발언도 길게 밀려갔다. "직권남용죄는 형량 법정상한이 5년이고 집행유예가 가능하지만 뇌물죄는 1억 원 이상이면 특별법에 따라 무기징역까지 처벌할 수 있고, 뇌물의 5배를 벌금으로 매길 수 있다. 검찰은 대통령에 대해 직권남용 혐의가 아니라 포괄적 뇌물혐의에 대해 수사해야 한다. 그가 대통령의 신분을 벗는 순간 뇌물죄로 처벌해야 한다"고 지적한 민주사회를위한변호사들의 발언에, 시민들은 "와~" 하는 함성으로 답했다. 금남로는, 세상을 바꿔야 할 때면 광주의 눈[眼]이었고, 바다였다.

다행히 겨울비가 그쳤다. 저녁 8시 30분경, 저녁이 다 되어서 '박근혜 퇴진 광주시민운동본부'(광주의 모든 시민사회단체가 거의 다 모였다)가 주관한 진행 순서대로 촛불 대행진이 시작됐다. 집회에서 가장 빛나는 순간은 거리 행진이다. 평소에 자동차만 다니던 대로를 당당하게 걸으며 자기주장을 말했다.

유독 '우리 아이들이 명령한다. 박근혜 체포, 박근혜 구속' 플래카드를 앞세우고 행진하는 '세월호 3년 상을 치르는 광주시민상주모임 17개 마을'의 촛불이 눈에 띈다. 영원히 돌아오지 않는 아이들을 떠올리며 '잊지 않기 위해' 기억하는, 그 기억 안에 오래 머물고자하는 바람이 서려 있음을 직감할 수 있었다. 행진은 분명 분노에 따른 저항의 행진인데도, 표정이 밝았다. 어린 자식을 무등 태우고 가는, 운동화 끈을 질끈 맨 발걸음은 경쾌했다.

금남로를 따라 걷는 행렬은 두 갈래로 나뉘었다. 금남로3가를 출발해 충장로, 광주천변로를 거쳐 금남로5가 사거리 코스를 따라 왼쪽 길을 걷는다. 누군가 "박근혜를~" 하고 선창을 하면, "처벌하라"라고 뒷소리를 달곤 했다. 아직 걸음마를 떼지 못한, 엄마의 유모차에 실린 아이부터 백발 성성한 어르신들까지 함께 걸어갔다. 해맑은 얼굴의 중고생들이 신나게 박수를 치며 환호성을 울린다. 또 누군가 "이제 그만, 말 좀 들어라~"라고 외치자, 함께 걷던 이들이 "와~" 하고 웃었다. '박근혜·최순실'의 국정농단에 수치심을 느꼈던 시민들은 구호로 이를 조롱했다. 그리고 처벌을 요구했다.

비단 처벌은 박근혜 처벌만이 아닐 거다. 동시에 박근혜의 충복으로 권력에 기생해온 새누리당이나, 국민들을 무한히 착취하고 탄압하고 억압했던 것들, 이런저런 권력의 부패와 전횡을 견제하지 못한 무능한 것들에 대한 질책도 끼어 있을 거다. 광주천에 이르러서는 '아리랑'을 부른다. 꽹과리가 장단을 맞춘다. "수치심과 분노감이 커서" 초등생 아들과 함께 "자발적으로 3주째 촛불 집회에 나왔다"는 이제 마흔이 갓 넘은 듯한 중년의 여자가 아리랑을 따라 부른다. 광주시민치고 아니 대한민국 국민치고 누구 하나 자발적이지 않는 사람은 없을 거다. 광주일고를 지나고 금남로5가에 들어서니 오른쪽 길로 돌았던 촛불 대열이 보였다. 서로 박수를 친다. 그들은 금남로3가를 출발해 한미쇼핑 네거리, 대인 교차로를 지나 금남로5가까지 각각 행진하여 금남로1가 집회 장소로 되돌아오는 중이었다. 화물차 연단에서 "내려와라, 당장" 하는 '하야송'이 들린다. 귀에 익은 '홀라송'도 들려온다. 80년 5월 광주가 "전두환이 물러나라, 물러나라~ 좋다 좋다" 하던 이 '홀라송' 가사가 "박근혜는 퇴진하라~ 좋다 좋다"로 바뀌었다.

두 갈래 길을 에돌아서 금남로로 들어선 시민들은 좌우로 나눠 구호를 외친다. 왼쪽 대열에서 "박근혜를~" 하고 운을 띄우면, 오른쪽 대열에서 "처단하라"고 외쳤다. 천만 번을 외쳐도 지겹지가 않는 함성이다. 멀리 5·18민주성지 1호인 옛 전남도청이 보인다. 80년 5월 시민군들이 죽음을 각오하고 사수했던 광주의 상징공간이다. 그때의 광주는 고립무원의 광주였지만 지금은 대한민국 전체다. "사랑도 명예도 이름도 남김없이 한평생 나아가자"는 이 금남로 대열의 행진곡처럼 '오월의 광주'가, '혁명의 광주'가, '영원한 청춘의 도시'가 힘차다. 서로가 서로를 쳐다보며 자랑스러웠다.

2016년
촛불 항쟁

배길남

부산에 산다는 죄

먼저 2013년 3월경 서울에서 겪었던 에피소드를 소개하고자 한다.

당시 선배 소설가 한 분이 문학상을 수상했는데 부산의 작가들이 축하를 위해 서울로 올라간 적이 있었다. 시상식 후 뒤풀이가 있었는데 서울 쪽 인맥이 크게 없던 터라 일행은 적당한 자리에 모여앉아 이런저런 얘기를 나누던 중이었다.

그때 서울에서 활동하고 있는 중견 작가 L씨가 몇몇 분들과 안면이 있는지 간단한 인사를 나누고 우리 자리에 합석했다. 지긋한 나이의 그는 전작이 있었는지 "부산, 부산 좋지!" 하고 흥얼거리며 술을 권하기 시작했다. 부산에 여 작가가 많다느니 썩 유쾌하지 않은 농담을 섞던 그는 곧 있지 않아 '부산'이란 말에 힘을 주며 이런 질문을 던졌다.

"그런데 부산은 왜 그 모양이에요?"

때가 때인지라 그 말이 무엇을 의미하는지 금방 알 수 있었다. 대선이 끝나고 대통령 취임식이 열린 지 겨우 한 달이 지난 무렵이었다.

"아니, 5년간 당해봤으면 그렇게 모르냔 말이지."

수능에서나 나올 '성급한 일반화의 오류'를 제대로 범하고 있는데도 단지 '부산'에서 왔다는 이유로 얼굴이 벌게졌고 고개는 자꾸 밑으로 숙여졌다.

"너무 멀어서 그러나? 사람 보는 눈이 그렇게들 없어야⋯⋯."

순간 속으로 울컥하는 걸 겨우 누르는데 평소 결기 있던 한 분이 그의 질주에 제동을 걸었다.

"부산은 너무 멀어 잘 몰라가 6대4라 치고, 서울은 너무 잘 알아서 5대5가 나왔는갑지요?"

갑작스런 반격에 멍한 표정의 L씨, 하지만 반격은 끝나지 않았으니⋯⋯.

"아, 맞다. 고향이신 K지역은 부산보다 훨씬 심한 걸로 아는데⋯⋯, 7대3?"

L씨의 얼굴이 슬며시 벌게졌다. 아, 고구마 먹다 얹힌 속을 사이다로 뚫는 느낌이 이것과 비슷할까?

한참을 흠흠거리던 L씨는 무안한 웃음을 뒤로 하고 자리를 옮기고 말았지만 '부산'에 산다는 이유로 이상한 부채감을 느껴야 했던 쓸쓸함은 지금도 생생하다.

그러나 2012년의 대선은 보수 꼴통 집합소라 매도당하던 부산, 갱상도 보리문디들이 새롭게 바뀌고 있다는 걸 예고하는 서막이기도 했다. 정확히는 59.8% VS 39.9%⋯⋯.

투표 방송에서 온통 벌건 색이 아로새겨질 줄 알았던 부산 지역 그래 프의 색깔은 분명 6대4로 갈려 있었고, 이것은 바뀌고 있는 민심을 대변 하는 것이기도 했다.

야도(野都) 부산!

부산은 야구를 좋아하는 도시로 알려져 있다. 물론 야구 좋아하는 건 맞는 것 같다. 연고팀과 모기업이 뻘짓에 뻘짓을 거듭해도 그 충성도는 가히 전국 최고 수준이었으니 말이다. 하지만 최근 들어 그 충성도 강한 팬들도 창원·마산의 NC다이노스에 홀랑 넘어가 사직 야구장의 반이 NC 팬으로 덮일 지경이니 이제 야도라 불리기엔 좀 쑥스러운 지경이다.

그런데 야도(野都)가 정말 야구 도시란 의미일까?

부산이 야도라 불리는 진짜 이유를 살펴보면 야구와는 별 관련이 없다는 사실을 쉽게 알 수 있다. 게다가 사실을 알고 나면 앞에서 말한 쑥스러움은 그대로 유지하되 뒷맛은 씁쓸하니 영 개운치가 못하다. 어쩌다 부산은 야구 도시가 되어버렸을까?

부산의 특징을 잠깐 살펴보자.

부산은 남쪽과 동쪽으로 바다를 끼면서도 산과 강, 평야 등 모든 자연조건이 공존하며 365일 기온이 온화하여 수많은 사람들이 왕래하고 유입되는 곳이다.

이북 사람, 대구 사람, 전라도 사람, 제주도 사람 등등 모든 지역의 사람들이 모여 사는 이 희한한 도시는 섞여 살면서 상대를 포용하는 문화에 익숙하기에 시민들이 성숙하면서도 뭉치면 뭔가 아슬아슬한 폭발력을 잠재하고 있다. "부산이 일어나면 대한민국이 바뀐다"는 말은 이런 특징에 기인한다. 부산 사람들 기분 좋자고 괜히 나왔던 말이 아니란 뜻이다.

정확히 지적하자면 부산은 79년 부마항쟁, 87년 8월 민주화항쟁을 통해 '야도(野都)'라는 별칭을 쟁취했었다. 실제 부산의 시민들이 보여준 '민주화 열성'은 당대 독재 정권을 내려오게 만드는 데 중요한 계기가 되기도 했다. 인구 400만이 안 되는 도시에서 야당 대통령 후보 연설에 100만 명이 참여했다는 놀라운 일화 또한 야도의 이미지를 굳히는 데 제대로 한 몫 한다.

그러나 야도의 자부심으로 똘똘 뭉쳤던 이 도시는 한 사람의 정치적 야심으로 인해 순식간에 반 토막이 나고 만다. 90년의 3당 합당⋯⋯. 속된 말로 '영삼이'가 부산·경남의 정치적 자산을 몽땅 망쳐놓으면서 부산은 급속하게 기득권의 도시로 바뀌어 갔던 것이다.

이후 부산은 집권 보수 여당의 깃발 색깔이 바뀌는 대로 푸른색도 되었다가 붉은색도 되었다가 하며 30여 년 보수 정당 외길 인생을 걸어간다. 야구 도시 야도(野都)의 아성을 굳혀가면서 말이다.

2016년 10월 24일 JTBC 방송 후

필자가 출퇴근하며 매일 카풀을 하는 김 부장이란 분이 있다.

현재 52세의 전형적인 부산 남자로서 평소엔 순한 분이지만 사드 배치 등 정치적 얘기로는 필자와 격정적으로 토론을 나누기도 한다. 주로 보수층의 의견을 대변하는 그는 새누리당이 밉고 대통령이 잘 못한다고 하면서도 투표만 하면 1번을 찍고 와서는 "아따, 다음엔 1번 안 찍을라고……" 하며 어색하게 웃곤 하는 이이다. 사무실에선 상관 말에 순순히 복종하고 그렇다고 아랫사람들을 들볶는 스타일도 아니어서 말 그대로 순한 사람이다.

그런 그가 사고를 쳤다. 10월 24일 JTBC 방송에서 최순실 국정농단의 전모가 파헤쳐진 지 이틀쯤 되었을 때였다.

사무실에서 상담 전화를 받았는데 어쩌다 욕설이 날아온 모양이었다. 바로 앞자리의 상관이 통화 모양이 심상치 않은 걸 눈치 채고 "김 부장, 그냥 끊어라. 뭐 한다 전화기 잡고 그라고 있노? 끊어라" 하고 나무랐다. 그런데도 전화기를 놓지 않고 끝까지 따지던 그가 결국 폭발했다.

"이런 쌍 ××! 욕을 왜 하노? 이런 개××!"

김 부장의 흥분된 욕설이 사무실을 울렸고 곧 있지 않아 "김 부장, 지금 뭐하는 거야! 엉?" 하는 상관의 목소리도 같이 높아져 갔다. 상황은 곧 정리됐지만 사무실 분위기는 말하지 않아도 짐작이 되리라 생각된다. 걱정이 된 필자는 사무실에서 사라진 그를 찾아 뺑뺑이를 돌다 줄담배를 피우고 있는 걸 발견했다. 뭐라 할 말이 없어 같이 담배를 뽑아드는데 김 부장이 뱉듯이 한 마디 했다.

"에이씨, 나라꼴이 ×같으니 뭘 해도 제대로 되는 기 있나? 씨파!"

김 부장의 목소리는 아직도 떨리고 있었다. 그동안 억눌렀던 감정인지 며칠 사이 쌓인 감정이 갑자기 폭발한 건지는 알 수 없었지만 한 가지 짐작 가는 건 있었다. 그건 바로 '순실의 시대'가 안겨준 상실감이 준 분노였다.

그날 퇴근 후 운전하던 김 부장은 내게 이런 말을 던졌다.

"길남아, 내가 내 속이 아이다. 밥 묵다가도 테레비를 보면 속에서 울분이 차가 밥이 안 넘어 가더라. 내가 빙시지, 빙시! 저런 걸 뽑아줬으니……. 나라 다스리라고 뽑아놨더니 무당년이 그 위에 올라앉아가 있었다 안 카나? 내가 내손으로 최순실이를 뽑아준 기야! 그기 얼마나 화가 나는지……. 청와대 그 똑똑한 사람들 다 모아난 데서 우째 말 들을 사람이 없어가 그런 년 말이나 듣고 앉았나 말이다. 니, 생각해봐라. 내 같이 평범함 사람도 돌아가는 꼬라지를 보면 이래 화가 나는데 우리나라 국민들 전부가 오죽 하겠나?"

가만히 듣고 있던 필자는 한숨을 쉬며 창문을 열었다. 또 열 받은 걸 보고 걱정이 되어서였다. 그러다 중얼거리듯 한마디 했다.

"그래, 내가 1번 픽픽 찍지 마라 그랬지예!"

하필 코너를 돌때 말을 던졌는데 차가 휙 꺾이는 바람에 얼마나 놀랐는지 모른다. 그보다 김 부장의 대답이 압권이기도 했고…….

"새누리당 개자슥들! 저거가 모르긴 뭘 몰라? 싹 다, 다 잡아 처넣어야지!"

2016년 10월 27일

2016년 10월 27일, 이 날은 부산이 그 옛날 야도로 돌아가려는 희망의 불꽃을 보여준 날이라 할 수 있다. 물론 그전의 시장 선거나 국회의원 선거 결과는 보수 성향으로 점철되어 있던 부산이 서서히 바뀌어가는 조짐을 보여주긴 했었다. 하지만 이날처럼 부산이 주목받은 날은 드물었다. 부산 지역 대학생 6명이 지방자치 박람회에 참여한 대통령을 향해 하야를 요구하는 기습시위를 벌였던 것이다.

대학생 4명은 '박근혜는 하야하라' '최순실의 꼭두각시, 박근혜는 하야하라'는 글이 적힌 펼침막을 펼치려 했지만, 근처에 있는 경호원들에게 가로막힌 뒤 경찰에 붙잡혔다. 나머지 대학생 2명은 펼침막을 펼친 뒤 "박근혜는 하야하라" "최순실을 구속하라"는 구호를 외치다 경찰에 연행됐다. 이 와중에 경찰의 과격한 진압은 동영상으로 촬영되어 전 국민에게 유포되었다.

그날 동영상의 댓글에서 필자의 눈에 확 뛴 것은 "눈물이 나려하네요"였다. 필자 또한 무언가 뭉클한 것이 가슴속을 맴도는 느낌을 받았기 때문이었다. 심지어 퇴근 후 집에 갔을 때 아내가 이런 말을 했다.

"오빠, 대학생들 동영상 봤어? 난 너무 떨리고 화가 나서 바로 댓글 달았어. '눈물이 나려하네요'라고……."

그 댓글을 아내가 단 건지 아닌지 문제가 아니다. 중요한 것은 그날 대학생들이 국민들의 가슴에 불꽃을 심었다는 사실이다.

2016년 11월 12일

드디어 D데이가 다가왔다. 11월 12일은 대대적인 촛불집회가 예고된 날이었다. 서울 광화문광장은 전국의 국민들이 몰려들어 100만 촛불을 이룰 것이라고 입소문이 났고, 부산만 해도 서울로 올라가는 대절 버스가 모두 예약될 정도였다. 덕분에 필자의 어머니께선 서울의 친척 조카 결혼식에 가시려다가 전세버스가 동나는 바람에 발이 묶여서 그냥 축의금만 보내셨으니 그날의 뜨거운 분위기는 충분히 짐작할 수 있으리라.

"박근혜 때문에 결혼식도 못 가고 무슨 이런 일이 다 있노?"

어머니의 말씀이시다.

이날은 부산소설가협회와 서울 작가들이 만나는 '밀다원 문학제'라는 행사가 있던 날이었다. 나름 소설가협회의 큰 행사였지만 저녁 뒤풀이는 참가치 않고 서면으로 간다는 작가들이 꽤 됐다.

필자도 오늘은 기필코 집회에 참여하리라 단단히 마음먹고 있던 참이었는데 살짝 일이 꼬이고 있었다. 서울에서 내려오는 작가들의 전세버스가 교통체증으로 늦게 도착해 일정이 훨씬 뒤로 밀렸기 때문이다. 일정이 밀려 행사 준비는 느슨해졌고 몇몇 젊은 작가들과 모여 이 얘기 저 얘기 나누게 되었다. 그런데 시기가 시기인 만큼 하나같이 요즘 시국과 관련해 웃지 못할 경험들을 가지고 있었다. 주로 나이 지긋한 어르신들과의 트러블이었는데 그날도 한 작가는 행사 준비 이벤트 사장의 말에 열이 올랐다고 한다.

"최순실이나 주변에 있는 놈들이 잘못한 거지, 대통령이 무슨 죄가 있노?"

그러자 곁에 있던 트럭기사가 이렇게 대꾸했다고.

"맞습니다. 그래도 한 나라의 대통령인데 이래까지 해야 되나? 안 그래도 불쌍한데……."

이즈음 대통령의 지지도가 5%였는데 필자와 절친한 강 모 소설가의 말이 걸작이었다.

"우리 주변에 5%가 왜 이리 많노? 가다가 턱 걸리면 5%라……. 아, 미치겠네."

어쨌든 시간은 흘러 행사가 마무리되었고 밀린 일정 덕에 늦은 뒤풀이 자리가 시작됐다. 평소 같으면 와자지껄해야 할 뒤풀이 자리가 왠지 김이 빠진 듯 보였는데 많은 수의 인원이 서면 촛불집회에 참여하느라 빠졌

©배길남

11월 12일 서면

기 때문이다.

　그때 시간이 7시. 필자는 점점 애가 달아오르는 중이었다. 이날만큼은 도저히 가만있을 수 없다는 묘한 의무감마저 들었다. 그런 심정은 나뿐만 아닌지 같은 자리에 있던 연배가 비슷한 동료 둘도 연방 시간을 확인하며 불안 증세를 보였다.

　"안 되겠다. 택시 타고 빨리 넘어가자!"

　우린 밥만 먹는 둥 마는 둥 하고 서둘러 서면을 향해 택시를 타고 달렸다. 도로가 막힐 것을 우려해서인지 평소보다 도로 상황은 더 원활했다. 드디어 서면에 도착해 주디스태화백화점 앞으로 가자 놀라운 광경이 펼쳐졌다. 원래 사람들이 많은 곳이었으나 이날은 인산인해라는 말이 어울렸다. 좀 늦은 탓에 마지막 자유발언이 끝나고 행진을 준비하는 시점이었다. 발 디딜 틈 없는 도로 구석으로 밀려 있던 우리는 겨우 행진에 낄수 있었다. 감기로 목이 쉬었음에도 목구멍이 근질거리던 차였다. "박근혜는 하야하라!" 구호가 튀어나오자 목청이 터져라 구호를 함께 외쳤다. 행진은 주디스태화백화점 앞 중앙대로에서 서면 로터리로 갔다가 NC백화점을 거쳐 부전도서관, 빕스에서 다시 주디스태화백화점으로 돌아오는 경로였다. 재밌는 것은 행진 중 많은 지인들을 만났다는 것이다. 필자가 회원으로 있는 부산작가회의에서는 누가 모이자고 하지도 않았는데 많은 작가들이 참여해 곳곳에서 아는 얼굴들을 만날 수 있었다.

그날 만났던 조 모 시인은 50 후반의 지긋한 연배인데 "우리는 부마항쟁이고 87년이고 그렇게 거리로 나와 댕겼는데 이 나이에 또 이래 나와야 되나? 아, 피곤타!" 하면서도 구호가 나오면 목소리를 힘껏 높이곤 했다.

행진을 하며 살펴본 주위 시민들의 표정은 발랄했다. 서울의 광장처럼 넓은 장소가 아니었으나 사람들은 도처에서 모여들었고 그 열기는 뜨겁기만 했다. 유모차를 끌고 나온 아기 엄마부터 연인들과 친구들, 손녀의 손을 잡은 할아버지까지 그 구성은 다양했다.

이날 행진에서 가장 흥미로웠던 장면은 10시쯤에 벌어졌다. 빕스 쪽에서 도로 건너 복개천으로 갔던 행진 행렬이 다시 유턴하며 돌아와야 하는데 예상보다 훨씬 많은 인원들이 모인 덕분에 주디스태화백화점 앞 중앙대로 전체가 촛불집회 시민들로 가득 찼던 것이다.

비상이 걸린 경찰은 급히 차로를 확보하느라 도로 중간에서 호루라기를 불며 사람들을 갈라놓기 시작했다. 이때 흥분한 시민 몇 명이 경찰과 시비가 붙었고 살짝 과격한 모습이 펼쳐졌다. 그때였다. 저편 뒤쪽에서 부터 사람들의 목소리가 울려나왔던 것은!

"뒤로! 뒤로! 뒤로! 뒤로!"

경찰에게 시비를 붙이며 도로 점거를 시도하던 몇몇이 무안한 표정을 지으며 물러났다. 그들 중 한 명은 '뒤로'를 외치는 소녀들에게 깔보듯이 이런 말을 던지기도 했다.

"야, 너거들 진짜 데모할 줄 모르네. 엉?"

하지만 내 곁에 있던 소녀들은 "뒤로!"를 더 크게 외쳤고 그 중 하나가 이렇게 소리를 높였다.

"데모가 아니라 집회! 싸우지 마세요!"

묘한 순간이었다. 필자는 그 순간 '내가 역사의 현장 속에 있구나!' 하는 느낌에 전율을 느꼈다. 촛불집회가 언제부터 시작되었는지 정확한 기록은 없으나 인터넷을 살펴보면 "부산에서 '독재 타도 호헌 철폐'를 외치는 촛불 시위대가 전경에 맞섰다고 한다. 촛불집회는 최소한 1987년에 존재했다는 얘기이다"라는 기록이 나온다. 그로부터 30년이 지난 지금, 눈앞에서 펼쳐지고 있는 우리의 촛불집회는 그 얼마나 성숙해져 있는가?

부산의 중심가 서면은 그렇게 온통 "박근혜는 하야하라!"는 구호를 외치는 사람으로 넘쳐났고, 수능 수험생 60만 대군이 몰려나온다는 다음 주로 만남을 기약하며 집회는 끝이 났다.

11월 19일 광화문

2016년 11월 19일

ⓒ배길남

이날 필자는 서울로 올라가야 했다. 직장의 스케줄로 인해 서울광장에서 열렸던 전국노동자대회에 참여하고 취재를 해야 하는 것이 이유였다. 부산의 촛불항쟁에 대한 글을 청탁받았는데 엉뚱하게 서울에서 주말을 맞이하게 됐으니 아이러니한 상황이었다. 일정상 부산으로 돌아가더라도 버스로는 11시 넘어 도착이니 집회 참여는 불가능했다. 어차피 그럴 거라면 이전 주 광화문광장의 100만 촛불 광경을 눈으로 직접 확인하고 싶다는 생각에 필자는 망설임 없이 밤 11시 KTX를 예약해 두었었다. 글을 위한 취재라는 의무감도 있었지만 서울이건 부산이건 어디든 참여치 않으면 몸이 배배 꼬일 듯한 본능이 더 크게 다가왔던 것 같다.

새벽부터 일어나 12시 30분에 도착한 서울시청 광장 노동단체 집회는 시국이 어수선함에 따라 주장이 달라진 모습이었다. 원래 노동법 개악을 반대하며 노동부 장관 퇴진을 외치던 중이었는데 그럴 것 없이 아예 대통령 퇴진으로 바뀐 것이다. 이런 집회엔 정치권 인사들이 여과 없이 등장하는데 절차상 항상 참여하던 여당 인사는 아예 보이지 않았고 야당 대표들과 서울시장 등 야당 일색의 풍경을 보여주었다.

크게 뜨겁지도 그렇게 차갑지도 않은 사람들의 반응 속에 부산에서 같이 올라왔던 다른 단체의 누군가가 퉁명스레 혼잣말을 했다.

"기회 잡았네, 똑같은 것들…… . 1년만 있으면 어차피 임기 끝나는데, 와 지랄들이고?"

요즘 들어 할 말 없어진 보수 편향의 사람들이 쉽게 내놓는 정치 혐오와 '그래봤자……'라는 무용론이었다. 그날 서울역 앞에서 있었던 박사모의 '대통령 퇴진 반대 집회'가 떠오른다. 나도 모르게 뒤로 돌아보며 눈살을 찌푸렸지만 그렇다고 저런 이들을 막무가내로 탓할 수만도 없는 게 사실이었다.

필자는 얼마 전 화제가 됐던 책『할배의 탄생』의 저자 최현숙 씨의 인터뷰를 보고 많은 생각을 한 적이 있다. 인터뷰는 소위 말하는 대한민국 꼰대를 이렇게 설명한다.

그들은 내전의 상처와 산업화의 소용돌이 속에서 굶고 못 배우며 생존 경쟁을 버텨온 세대, 권력 아래의 탐욕과 연줄의 성공회로에 도태된 세대이다. 그들에게 '성장신화'와 '국가안보'는 그들 남루한 인생의 가장 빛나는 자부심이다. 그 가치가 도전받을 때, 노인들은 자기 인생을 모독당한 양 서슬 퍼런 적개심을 드러낸다. 세상은 변화를 부인하는 그들을 혐오하고, 그들은 변화를 외치는 세상을 불온시한다.

직장의 업무는 대략 2시에 끝났고 새벽부터 올라온 직장 동료들은 서둘러 전세버스에 올라 부산으로 향했다. 이제는 묶인 몸도 아니라 홀가분한 심정에 서울의 친구들과 연락했다. 연락이 닿은 두 친구 모두 저녁

집회에 참여할 생각이라 어쩌다보니 서로 모르는 두 친구와 함께 만나게 되었다. 경복궁 옆 정동길의 한 카페에서 만난 부산 친구들과의 만남은 정겨웠다. 재미난 건 한 친구는 과격한 진보 성향이고 한 친구는 온건한 보수 성향이었는데 모두 현 시국에 대해 뜨거운 감정들을 가지고 공통된 의견을 주고받았다는 점이다. 가까운 친구들의 모습이지만 분명 세상은 바뀌어 가는 중이었다. 지향하는 바가 다르더라도 무엇이 옳은 것인지 분명히 파악한 사람들은 자신의 생각을 개진하고 서로의 생각을 포용하는 데 두려움이 없었다.

카페에서 나온 뒤 필자는 지난 대선에 1번을 찍었던 친구와 함께 광화문광장으로 나갔다. 4시였지만 벌써 수많은 사람들이 운집해 있었다. 처가와 아내가 심각하게 보수 편향이라는 친구는 광장에 나온다는 걸 비밀에 부쳤다면서도 LED 촛불을 사왔다. 그냥 촛불을 사오지 그랬냐는 질문에 친구는 이렇게 답했다.

"아내라도 설득해서 다음에 또 나오려면 LED 촛불이 낫지 않냐? 바람 불어 꺼지지도 않고."

날은 점점 어두워지기 시작했다. 주위를 둘러보았다. 이순신 장군 동상에서 100미터쯤 떨어진 곳에 앉았었는데 어느새 필자의 뒤로 사람들의 끝이 보이지 않았다. 이제 집회에 참여한 사람들의 표정에서도 익숙함이 묻어났다. 혼자 참여한 사람들도 곳곳에 눈에 띄었다. 이제 개돼지로 취급받으며 바람만 불면 꺼진다는 촛불을 든 국민들의 모습은 그들이 원하는 모습이 아니었다. 이제 이 나라 국민들은 지엄한 주인의 목소리를 전달하는데 한 치의 망설임도 없었고, 얼굴 면면에는 세계 역사상 유례없이 성숙한 촛불집회의 주인공이라는 자부심이 묻어났다.

필자는 가수 전인권 씨의 노래가 나오기 직전에 집회 장소를 떠났다.

너무 많은 사람들로 혼잡해 밥이라도 먹고 기차를 타려면 그때 나서는 게 낫다는 친구의 의견을 좇아서였다. 친구의 말이 맞았던 게 무슨 사람이 그렇게들 많던지……. 계속 모여드는 사람들 사이를 헤치고 시청역에 도착하니 10분도 안 걸리던 거리가 30분이나 걸리고 말았다.

그런데 변수는 또 다른 상황을 만든다고 했던가? 필자는 친구 덕분에 값진 경험을 또 하나 했다. 바로 서울역에서 박사모 집회에 참여했던 사람들을 몇몇 마주칠 수 있었던 것이다. 이 경험은 상당히 독특한 감각을 일깨웠는데 똑같은 태극기를 들고 있는데도 어쩌면 그렇게 이질적으로 느껴지는지……. 또 지나가는 사람들조차 그들을 피해가거나 측은 또는 멸시의 눈초리를 보내는 걸 목격했는데 이는 한 시간 후에 벌어진 해프닝의 예고편에 지나지 않았다.

친구와 간단히 한잔 한 후 헤어진 시간은 10시 30분.

서둘러 나왔던지라 서울역으로 올라가는 에스컬레이터를 탈 때 좀 날카로워진 "박근혜는 퇴진하라!" 구호가 들려왔다. 이상한 느낌에 돌아보니 한 사내가 앞뒤로 피켓을 걸고 태극기를 흔드는 중이었다.

'박근혜 대통령님 하야 반대!! 이정현 당 대표님 힘내세요!!'

'박근혜 대통령님 힘내세요!! 사랑합니다!!'

그가 건 피켓의 내용이었다. 에스컬레이터 입구와 계단을 둘러싼 시민들은 그를 향해 날선 목소리를 높였다. 반쯤 정신 나간 표정의 그는 구호가 커지면 커질수록 만면에 웃음을 지으며 태극기를 흔들고 만세를 부르며 에스컬레이터를 오르내렸다. 이쯤 되면 분노고 뭐고 간에 걱정이 앞서는 형국이었다. 아니나 다를까 어떤 이가 욕설을 퍼부으며 사내에게 침을 뱉었다. 기차 시간은 다가오고 이걸 말릴 수도 없고 어쩌지도 못하며 자리를 못 뜨고 있는데 뜬금없이 한 노인이 내게 다가와 이렇게 말했다.

"저러는 모양들이 불안한 거야. 청와대하고 새누리가 얼마나 영악한데……. 또 어떤 꼬투리를 잡아서 무슨 획책을 할지 어찌 아냔 말이지……."

아……, 한잔 했던 술이 확 오르는 게 뭐가 뭔지 모를 지경이었다. 어쩌랴, 서울을 떠날 수밖에……. 기차에 올라 페이스북을 확인하니 부산은 10만 명이 서면에 모였다 연산로터리로 돌격했던 모양이다. 난 쓴 입맛을 다시며 이런 댓글을 남겼다.

"우쒸, 하필 내 없을 때 열라 재밌구로……."

2016년 11월 26일

이날은 전국으로 피워 올린 민중의 횃불이 훨씬 더 크게 번져갔던 날이다. 위쪽 지역은 눈이 왔다고 하는데 부산은 김 첨지가 인력거를 끌던 날씨처럼 추적추적 비가 왔다. 필자의 몸 상태도 아스팔트 바닥이 싫은지 점점 악화되는 중이었다. 전날 눈 혈관이 터졌는데 안과에 가니 흰자가 찢어졌다는 것이다. 어디 가서 맞은 것도 아니고 참 신기한 일이었다. 이랬거나 저랬거나 본론은 힘든데 비 맞으며 서면 아스팔트 바닥에 앉아 있었다는 얘기이다.

"니가 내려오나 내가 죽나 한 번 해보자!"

이런 말을 중얼거리면서…….

서면은 드디어 집회 허가가 나와 중앙대로의 3분의 2를 집회의 무대로 삼는다고 예고된 상태였다. 차가 막힐 것을 우려해 지하철을 탔는데 이게 또 실수였다. 너무나도 많은 사람에 아예 지하철 입구에서 나갈 수가 없는 지경이었던 것이다. 이번 주에 15만 추산이라더니 도대체 얼마나 나왔길래 이러나……? 나이 지긋한 양반들이 내 앞에서 잠시 망설이더니 입구로 올라가는 계단에 발을 올리며 서로 이런 말을 나누었다.

"우리는 대한민국 국민 아이가? 우리도 마 올라가자!"

난 잠시 여기가 부산이 맞나 헷갈렸다. 부산이 진짜 바뀌는구나……. 알콜, 도박 중독에 빠졌던 패륜아가 정신 차리고 효자가 되었던 전설의 고향 한 장면이 떠올랐다면 너무 오버인가? 하여간 한 달간의 촛불항쟁은 대한민국 역사의 줄기를 바꾸어 놓고 있음이 분명했다.

우여곡절 끝에 도착한 집회 현장은 내리는 비로 축축하고 쌀쌀했지만 시민들의 열기만큼은 그 어느 때보다 뜨거웠다.

이날 느낀 특이한 점은 혼자 혹은 삼삼오오 자리 잡은 사람들이 앞뒤

좌우를 가리지 않고 친숙하게 인사하고 대화를 나누는 부분이었다. 같이 촛불을 들고 있다는 친밀감 때문일까? 역사의 현장을 함께 만들어간다는 동질감 때문일까?

자유발언과 가수 조피디의 공연으로 한껏 달아오른 집회 분위기는 문현 로터리까지의 행진으로 이어졌다. 1987년 항쟁 당시 윗옷을 벗고 태극기를 뒤로한 채 경찰을 향해 뛰어가던 시민의 사진을 기억하는가? 바로 그곳이 민주화 항쟁의 성지 부산 문현 로터리이다.

주최 측 추산 15만 명의 군중은 중앙대로와 전포대로 두 갈래 길로 나뉘어 시국대행진에 나서며 6월항쟁 분위기를 재현했다. 근처 아파트 주민들도 플래시와 촛불을 들고 호응했고 사람들의 얼굴은 즐거웠다. 속으로는 하야와 퇴진을 거부하는 '참 나쁜 대통령'과 반성하지 않는 여당에

11월 26일 문현로터리

©배길남

11월 26일 서면

©배길남

분노하면서도 그들을 성토하고 퇴진을 명령하는 주인들의 집회는 축제로 완성되었다.

마지막으로 〈거위의 꿈〉을 합창하고 사물패의 휘모리장단에 흥에 겨워 펄쩍펄쩍 뛰는 그들은 어쩌면 예고된 승리자들이었다. 미완으로 끝났던 1987년의 6월항쟁의 장소였던 문현 로터리가 2016년 11월 촛불항쟁으로 승리의 장소로 기억되기를…….

마무리하며

필자는 11월 26일까지의 기록으로 이 글을 마치려 한다. 글을 마무리하는 순간은 대통령의 제3차 담화가 있은 후, 12월 2일의 탄핵 발의가 실패로 돌아간 날이다. 매일 매일이 소설, 영화보다 더 드라마틱하지만 국민들의 가슴은 날로 멍들어 간다.

그러나 저들이 가장 두려워하는 것이 바로 국민이 되어야 한다. 저들이 외면할수록 촛불항쟁이 더욱더 큰 횃불로 번져가야 할 이유이다.

"대한민국은 민주공화국이다. 대한민국의 주권은 국민에게 있고, 모든 권력은 국민으로부터 나온다."

눈도 아프고 목도 아프지만 또 거리로 뛰어나가야 할 이유는 바로 헌법 제1조 1항에 있다.

이상 다시 야도(野都)로 재탄생한 부산에서의 소식을 마칠까 한다.

민주주의는
기성품이 아니다

———— 2016년 성주, 그리고
대구

노태맹

지금 우리는 무슨 일을 겪고 있는 것일까?

주어진 역사적 정세 속에서 착취의 모순과 이데올로기적 반역이 해후할 때, 그
것이 혁명인 것이다(승리하든 못하든 간에). 절대적으로 '역사의 주체'인 계급은
없지만, 기본적으로 '역사를 만드는', 즉 정치적 변화들을 실현시킬 수 있는 것
이 대중들임은 결코 의심할 바 없다. [1]

SCENE #1. 대구 중앙로 지하상가[2]

2016년 12월 8일. 봄비는 대구 중앙로 지하상가를 지나는 사람들을

---

1) 발리바르, 「비동시대성」, 『알튀세르와 마르크스주의의 전화』, 윤소영 역, 이론, 1993. 188쪽.
2) 뉴스민, 2016년 12월 8일 기사 부분 인용.

인터뷰 마이크가 따라가고 있다.

내레이션__ 대통령 탄핵안 표결을 하루 앞둔 8일, 여론조사 기관 리얼미터는 대구, 경북 지역 탄핵 찬성률이 지난주 61.3%에서 이번 주 62.5%로 높아졌다고 밝혔다. 대구 도심에서 만난 시민들은 어떤 생각일까. 실제로 도심에서 만난 시민들 다수는 탄핵 찬성 입장이었다. 그러나 60대가 넘어가자 탄핵에 대한 의견이 엇갈렸다.

시민1(20, 수성구)__ "민주주의 유린, 정경 유착, 모든 문제를 도려낼 수 있는 시작점이 탄핵이라고 생각해요. 어쨌든 탄핵을 해야 좀 해결될 것 같아요."

시민2(60, 중구)__ (노점에 마련된 작은 텔레비전으로 'TV조선'을 보며 꼬치를 굽고 있었다. 뉴스 속보에는 박근혜 대통령 세월호 7시간 소식이 흘러나온다.)

"물론 대통령 책임도 많아요. 첫째는 최순실에게 넘어간 게 잘못이고, 그걸 빌미로 대통령을 나쁘게 한 최순실을 무기징역에 처하고 재산을 압류를 다 해야 해. 노점상 해도 먹고 살도록 기초를 닦아 놓은 게 박정희 대통령인데, 살아 있었으면 딸을 저렇게 만들었겠어? 최순실이 완전히 망쳐놓은 거라."

시민3(25, 달서구)__ "대통령 자질이 없어요. 국정농단이 문제가 된 것이기 때문에 무조건 탄핵당해야 합니다. 우리 젊은 사람들을 위해서라도. 기자들 질문도 받지 않고 본인 할 말만 하고 들어가고, 국민들과 소통하라고 뽑아 놓은 자리인데 항상 자기 말만 해요."

시민4(78, 달성군)__ "김대중, 노무현이 더 나빠. 나라가 지금 빨개이 세상으로 넘어갔어. 박근혜를 위해서가 아니라 국민의 먼 미래를 위해서 탄핵

반대해. 공산주의 되면 나라가 안 되는 기라."

SCENE #2. 대구 중구 국채보상로 일대[3]

2016년 12월 3일 오후. 대구시 중구 국채보상로 일대에서 박근혜 퇴진 대구시민행동 주최로 '내려와라 박근혜' 5차 대구시국대회가 열리고 있다. 교보문고 대구점부터 2·28기념중앙공원까지 약 550m 4차선 도로에 3만 5000여 명이 모여 박근혜 대통령 퇴진과 새누리당 해체를 요구하고 있다.

소리1__ "대통령 당신이 아버지를 숭배하기 위한 공원, 동상을 만들 때 저는 비싼 학원비와 생활비로 부모님을 힘들게 했습니다. 이제 더 이상 당신을 믿을 수 없습니다. 여러분, 오늘을 잊지 말고 죽어서도 잊지 맙시다. 악착같이 기억하여 우리의 가족이, 친구가 행복하게 살 수 있는 나라를 만듭시다."

소리2__ "함께 나온 내 두 아이에게 역사의 현장을 보여주고, 더 좋은 세상이 되길 바라는 마음에서 이 자리에 나왔습니다. 혼이 비정상인 사람들은, 이렇게 추운데 나와 떠들어봐야 박근혜가 바뀌겠느냐고 말합니다. 그런데 박근혜가 아니라 우리가 흔들리지 않기 위해서 이 자리에 나온 겁니다."

소리3__ "대한민국에서 정의가 바로 서려면 우리가 정치 구석구석에 관심을 가져야 합니다. 새누리는 이제 당이라고도 부르면 안 됩니다. 언론

---

3) 뉴스민, 2016년 12월 3일 기사 부분 인용.

도 JTBC 빼고는 다 고쳐야 합니다."

내레이션__ 거리에 나서는 사람들이 점점 늘어가고 있다. 어떤 사람은 이를 '촛불 혁명'이라고 부르고 있다. 그러나 과연 이것이 혁명적 변화의 시작일까? 200만이 거리로 나오고 300만이 거리로 나온다고 그것이 거대한 변화의 시작을 알려주는 장면이 될 수 있을까? 혁명은, 혹은 변혁은 "정세 속에서 삶의 모순과 이데올로기적 반역이 해후할 때" 나타난다. 여기서 정세의 주요 측면은 경제적 정세다. 그러나 지금은 '헬조선'이지만 아직 한국 자본주의의 극단적 파탄은 징후적일 뿐이다. 또한 거리에 나온 사람들은 '이데올로기적 반역'이라기보다는, 조심스럽게 말한다면, 이데올로기적 순응에 가까워 보인다. 문화화된, 순치된 이데올로기. 그런 의미에서 아무리 많은 사람들이 나온다 하더라도 지금의 시점은 변혁의 시점은 아닌 듯이 보인다. 자유주의 정치의 좋은 토양이 될 수는 있을 것 같다.

그러나 이러한 생각은 과연 정당한가? 거리에 나온 이 대중들이 우리의 역사를 만든다는 것은 명백하다. 가끔 이 거대한 바다를 노동자 대중의 봉기로 연결하고 싶은 좌파들의 이야기를 들으면서, 그 마음은 이해하지만 그것

ⓒ정용태

은 기회주의적이거나 잘 못 짚은 것이라는 생각이 든다. 물론 마찬가지로 앞서처럼 이 거리의 대중들을 자유주의자들로 냉소적으로 흘려버리는 것도 오류다. 대중들은 운동한다.

이 민주주의에 대한 근본 질문을 해보기 위해 경북 성주로 가보자. 우리는 지금도 계속되고 있는 성주의 사드 촛불 투쟁에서 무언가를 배울 수 있지 않을까?

광장의 이 대중들은 누구인가?

스피노자의 철학이 지니고 있는 특유의 중요성은 그가 (시민들의 자연권을 다수자의 역량으로 정의하면서) 대중들에게 국가를 구성하는 기능을 부여한다는 사실에만 존재하는 게 아니다. … 대중들은 공포를 느끼지 않으면, 사람들을 공포에 떨게 만든다(Terrere nisi paveant). [4]

SCENE #3. 2016년 7월 13일 성밖숲

정부가 일방적으로 사드(고고도 미사일방어체계, THAAD) 배치 지역으로 7월 13일 경북 성주를 확정한다. 성주군민 3000여 명이 성주군 성주읍 성밖숲에서 '사드 성주배치 반대 범군민 궐기대회'를 열고 있다. 참가한 시민들이 "생존권 위협하는 사드 배치 결사반대"를 외치고 있다. 12일부터 단식농성을 벌이고 있는 김항곤 성주군수와 성주군의원 등은 사드 배치 반

---

4) 발리바르, 「스피노자, 루소, 마르크스」, 『스피노자와 정치』, 진태원 역, 이제이북스, 2005. 236~237쪽.

대 뜻을 담은 혈서를 쓰고, 북한 무수단 미사일 모형 화형식을 진행하고 있다.

SCENE #4. 성주군청 앞 광장

저녁 8시. 성주군청 앞에서 사드 반대 촛불집회가 열리고 있다. 해가 넘어가자 삼삼오오 성주 군민들이 모이고 있고, 촛불집회가 끝나갈 무렵에는 약 2500여 명이 "사드 배치 결사반대"를 외치고 있다. 마칠 무렵 "대한민국은 민주공화국이다. 대한민국의 모든 권력을 국민으로부터 나온다"는 노래 '헌법 제1조'를 합창한다.

SCENE #5. 비 오는 성주군청 앞 광장

1000여 명의 군민들은 우비를 입고, 우산을 쓰고 일어나 〈농민가〉를 부르고 있다.

성주 농민__ "사드에 대한 증명은 누가 하나. 책임은 누가 지냐. 우리 '개돼지'가 진다. 권력을 가진 자들은 땅 파먹고 사는 사람들을 그 정도로만 대접하고 있다. 사드 배치는 필요 없다. 너희가 책임져라. 자신 없으면 철회하라."

성주 농민(할머니)__ "우리가 새누리당, 박근혜를 찍어서 대통령으로 뽑았습니다. 그런데도 사드를 배치하고 성주군민 5만 명이 적은 숫자라고 합니다. 촛불집회에는 5000만 인구가 함께해야 합니다. 겁내지 말고 끝까지 함께해주십시오. 우리 잘하고 있으니 서로에게 박수를 쳐줍시다."

©정용태

SCENE #6. 성주읍내 도로, 인간띠 잇기 행사

2016년 8월 28일. 사드 배치 예정지인 성산포대에서 성주군청으로 이어지는 2.5km 길을 3000여 명이 손에 손을 잡고 연결하고 있다. 사람들의 밝은 얼굴. 여기저기서 구호가 들린다. 아이들도 외친다. '사드 가고 평화 오라'.

내레이션__ "인간띠를 보면서 많이 울었다. 많이 감동했다"는 누군가의 말처럼 이 날의 감동은 상상을 뛰어넘는 것이었다. 작은 소읍 전체를 사람들의 물결과 구호와 북소리로 뒤덮는 광경은 눈물 나는 것이었다.

이 무렵 제3부지 이야기가 나오면서 혈서를 쓰던 지역 국회의원과 군수 그리고 많은 사람들이 집회 대오에서 떨어져 나갔다.

SCENE #7. 성주문화원 앞 인도

300여 명의 군민들이 좁은 인도에 앉아 촛불을 들고 구호를 외치고 있다.

내레이션__ 군수는 군청 앞마당 평화나비광장에서 군민들을 몰아냈고 갈 곳 없는 대중들이 찾은 곳이 군청 앞쪽 성주문화원 앞 인도였다. 이제 더 이상 사람들이 모이지 않을 줄 알았지만 300여 명의 군민들은 꾸준히 그 좁은 인도 위를 채웠다. 성주만이 아니라 대한민국 어디에도 사드 배치는 안 된다는 성주군민의 의지는 경이로웠다.

'대중들이 공포를 느끼지 않으면, 사람들을 공포에 떨게 만든다.' 성주읍의 성산포대에서 사드 기지 예정지가 같은 성주군의 초전면 골프장으로 옮겨가기는 했지만 성주군민은 적어도 반은 승리했다. 현재의 그 절반의 승리는 공포를 통해 공포를 이겨낸 대중들의 힘이 아닐까?

이 대중들은 어떻게 시민이 되는가?

나는 결코 국가 권위에 대한 불복종 및 그 내용이나 입안 조건들에서 논란의 여지가 있는 법률들을 집행하는 것에 대한 거부가 시민성의 본질을 구성한다고 생각하지 않는다. '국가의 사멸'을 요구하는 무정부주의가 공동체를 정초하지 않는 것과 마찬가지로 '권력에 맞선 시민들'이 함축하는 개인주의는 정치를 형성하지 않는다. 그럼에도 나는 불복종에 대한 이런 필수적인 준거가 없이는, 그리고 심지어 이처럼 불복종에 의지함으로써 생겨나는 위험을 주기적으로 감수하지 않고서는 시민성과 공동체가 존재할 수 없다고 믿는다. [5]

SCENE #8. 성주군청 제2주차장 광장
2016년 12월 8일. 사드 배치 철회 149차 성주 촛불. 겨울 찬바람을 막

---

5) 발리바르, 『정치체에 대한 권리』, 진태원 역, 후마니타스, 2011. 16쪽.

기 위해 비닐 담장이 주변을 막고 있고, 프로판 가스통으로 주민들이 직접 만든 장작 난로 12개가 흰 연기를 내며 광장 위에 세워져 있다. 200여 명의 주민들이 난로를 중심으로 모여 있다. 장갑, 목도리, 털모자로 중무장한 주민들. 이제는 모두가 익숙한 듯 〈동지가〉를 서서 부르며 집회가 시작되고 있다. 며칠 빼고 거의 매일 집회에 참석한 90살 가까운 할머니의 건강을 걱정하는 사회자. 이제는 익숙한 서로의 얼굴들이 돌아보고 있다.

SCENE #9. 커피집, 인터뷰1 — 〈배연경(가명) 35세〉

—고향이 성주이신가요?

—아니에요. 애들 잘 키워보려고 귀촌한 거죠.

—평소에도 사회 문제에 관심이 많으셨나요?

—전혀요. 많이 바뀐 셈이죠. 성주 들어와서 사람들이랑 별로 교류 안하고 살았어요. 생각 차이들도 많고. 애들 편하게 키우려고 들어왔는데, 성주는 애들을 혼내면서 키우더라구요. (웃음) 그런 분위기, 저하고 좀 안 맞았어요. 신랑 출근할 때 같이 대구 나가서 친구 만나다가 퇴근할 때 같이 돌아오고.

—그런데 어쩌다가……

—그러니까요. 성주에서는 교류가 없었는데 성주에 이렇게 저하고 생각과 마음 맞는 사람이 있는지 몰랐어요.

—좋은 기회가 됐군요.

—사드가 고맙기도 하죠. 어떻게 보면, (웃음) 부정적인 면들을 완화시켜주어서 좋았죠. 생각해보면 최순실과 박근혜도…… 그네들 때문에 우리나라를 바꿀 수 있지도 않을까 싶기도 하네요. 조선시대도 해내지 못

한, 95%의 단결을 만들어주었으니.

―사드 배치에 대한 주변 동네 어르신들의 현재 반응은 어떤 것 같은
가요?

―사드가 나쁜 거고 많이 필요하지 않은 것 같기도 하다고 하시죠.
하지만 그걸 다 알면서도 평생을 살아왔던 게 있으니…… 그럼에도 불구
하고 국가 결정이니 어쩔 수 없다고 생각하시는 것 같아요.

―이 촛불집회가 언제까지 갈 것 같나요?

―촛불이 꺼지면 다 끝나는 거겠죠. 그거는 맞는 것 같아요. 촛불만
들고 있다고 사드가 철회되고 정권이 바뀌는 건 아니겠지만…… 그래도
촛불마저 들고 있지 않으면 우리가 할 수 있는 어떤 것도 없잖아요?

SCENE #10. 다른 커피 집, 인터뷰2―〈김창환(가명) 45세〉

―요즘도 촛불집회에 참석하시나요?

―가끔 참석하는 편이죠. 투쟁위에서 열심히 일하는 친구 후배들을 보
면 미안하죠. 미안한 마음에 가끔 밥도 사고 술도 사고 합니다.

―처음 사드 반대 집회에는 어떤 마음으로 참여하신 건가요?

―첫날 사드 반대 집회를 성밖숲에서 할 때 한 5000명 모였죠. 성주
농민들은 대개 몇 개의 단체에 가입되어 있어요. 30대에서 60대까지 다
연결돼 있거든요. 아마 그래서 쉽게 불이 붙지 않았나 싶어요. 군 예산이
우선적으로 배정되는 게 일단은 단체가 먼저거든요. 개인이 사업 하나를
따내려고 하면 많이 부딪혀요. 그래서 공동체 문화가 있어요. 그 안에 속
해 있음으로 해서 서로가 서로에게 도움을 주려고 하는 부분이 있거든요.
사업이나 예산을 받는 걸 떠나서 활동하는 구성원이라고 하면 도움을 주
려는 분위기 같은.

―지금 사람들이 집회에 잘 참석하지 않는 이유가 뭐라고 봅니까?

―사실 이때까지 인원동원 했던 것이 있었는데 군에서 그만하라고 했죠. 전까지 저희 자체적으로 당번을 정해 면 별로 돌아가면서 촛불집회를 참여하는 거였죠. 그렇다고 진심이 없었다거나 한 것은 아닙니다. 다만 그런 작업을 성주군청이 손을 떼면서 중지가 됐어요.

―그런 것에 대한 비판적인 생각은 없으신가요?

―그럴 리가요. 군이 바뀌어야 해요. 가령 진짜 많은 비리라든지 직권남용이 적발됐을 때 좀 더 쉬운 방법으로 그런 사람들을 끌어내릴 수 있는 방법이 있어야 하지 않나 싶어요. 제일 바꾸고 싶은 건 모든 이런…… 군의 행정이 인맥에서 벗어나야 해요. 당에서도 벗어나야 하고 니 편 내 편도. 팔이 자꾸 안으로 굽으니까 문제인 것 같아요.

―이번 사드 투쟁으로 군민들 간에 갈등은 없나요?

―이번 일이 터지고 나서 성주는 오히려, 제 생각에는 백지상태로 돌아왔다고 생각하거든요. 기존에 있던 관료, 선출직들, 차기 선거를 노리던 그런 주자들. 아마 성주군민은 이제 그런 사람들은 쉽게 뽑지는 않을 거예요. 이번 투쟁을 통해서 좀 건전한 생각을 가지고 있는 사람들이라든지, 의식적으로 이 사람은 그나마 믿을 만하다든지 하는, 그런 재평가가 이뤄졌다고 보거든요.

―앞으로 이 사드 촛불이 어떻게 될 것 같으세요?

―이 싸움이 어떻게 끝날지는 모르지만 더 추워지고 하면 하루에 열 명 스무 명도 모으기 힘들지도 몰라요. 그렇게 생각했죠. 요즘은 난로 때문에 좀 달라졌지만. 그렇지만 그게 어떻게 끝나더라도 성주가 바뀔 거라는 기대는 하고 있어요. 열 명이든 스무 명이든 그래도 끌고 가야한다는 게 지금 있는 모든 분들의 생각이고 의지인 것 같고.

―이 촛불이 성주를 바꿀 거라는 생각이신 거죠?

―이 과정이 끝나고 나면 모든 건…… 다시 한 번 선거철이 되면 모일 거 같아요. 투쟁했던 분들도 다 모여서 제대로 된 사람 중에서 군수 뽑고 군의원 뽑고. 그래서 백지상태로 돌아간 성주를 누가 어떻게 그리느냐에 따라서 성주가 많이 달라질 거라 생각해요…… 적어도 지금처럼은 안 될 거라고 믿어요.

SCENE #11. 장작불이 활활 타고 있는 프로판 가스통으로 만든 난로의 모습

내레이션__ 사드에 대한 반대가 성주에서 정치를 형성한 것은 아니다. 많은 사람들이 모였다고 해서 성주가 평화와 민주주의의 모범으로 보여지는 것은 아니다. 우리는 그 정치를 시민권이라는 관점에서 바라볼 필요가 있다. 우리는 광장에서, 무식할 거라고 생각했던 할머니들이나 허름한 시골 농부들이 어눌하지만 너무도 감동적인 연설을 하는 것을 보아왔다. 철학자 랑시에르가 말한 '몫 없는 자'들 혹은 '입 없는 자'들의 목소리를 우리는 들었던 것이다. 정치는 그들의 목소리를 듣는 것뿐만 아니라 그들이 말할 수 있게, 말할 수 있는 자리를 마련해주는 것이어야 한다. 그들이 그들 스스로의 불복종을 들고 따져 물을 수 있는 자리를 만들어주는 것만이 민주주의가 형식적 틀을 깨고 새로이 태어날 수 있을 것이기 때문이다.

철학자 발리바르는 다음과 같이 말한다.

시민권은 '미완의' 시민권으로서만 현실 세계에 존재할 수 있습니다. 미완이라는 것은 절반의 시민권이나 제한된 시민권이라는 뜻이 아니라 영속적인 재정초

과정 중에 있는 시민권이라는 뜻입니다. 중요한 것은 권리들에 대한 형식적 정의나 그 권리들을 헌법 조문에 명기하는 것이 아니라 최대 다수의 사람들이 권리들에 접근할 수 있는 방식을 구성하는 것입니다.[6)]

새로운 정치의 가능성 : 장소 혹은 광장

지배와 폭력의 관계가 치유할 수 없을 만큼 각인된 세계와 역사 속에서 정치의 가능성은 본질적으로 저항의 실천과 연계되어 있다. 그러나 이때의 저항은 단지 기성 질서에 대한 반대와 정의의 옹호 같은 부정적 의미의 저항일 뿐만 아니라, 능동적 주체성과 집합적 연대가 형성되는 '장소'라는 적극적 의미의 저항이기도 하다. (…) 스피노자의 생각은 개인성 자체의 관개체적 성격이라는 테제, 곧 폭력에 저항할 수 있는 개인들의 능력을 이루는 것, 단적으로 말하면 개인의 '존재'를 구성하는 것은 개인이 항상 이미 다른 개인들과 맺고 있는 관계의 총화라는 관념에 의거하고 있기 때문에 더욱더 흥미롭다.[7)]

SCENE #12. 2016년 12월 9일, 국회

국회의장이 탄핵소추 가결을 선언한다. 방청석에 앉은 세월호 부모들의 울음. 탄식.

---

6) 발리바르, 『우리, 유럽의 시민들』, 진태원 역, 후마니타스, 2010. 255쪽.
7) 발리바르, 『폭력과 시민다움』, 진태원 역, 난장, 2012. 118~119쪽.

SCENE #13. 2016년 12월 10일. 대구 국채보상로 거리[8)]

대구 동성로, 국채보상로, 중앙로네거리에서 '내려와 박근혜' 6차 대구 시국대회가 열리고 있다. 시민 7000여 명이 거리를 가득 메우고 있다. 무대에서 시민들이 발언하고 있다.

시민5(40. 달성군)__ "아이들 핑계로 안 나오다가 이번에 처음 나왔습니다. 탄핵됐다고 사람들이 안심할까 봐, 더 나와야 하지 않을까 하는 마음으로 나왔습니다. 만약에 헌재가 기각이라도 해버리면, 그때는 폭동이 일어나도 일어나지 않을까 걱정입니다."

시민6(26. 경북 경산시)__ "기다리는 내내 조마조마했는데 가결됐다는 게 들리자마자 그냥 눈물이 났어요. 너무 감동이었습니다. 국민들이 진짜 주권을 행사할 수 있구나, 우리 목소리가 먹혀들어가는구나 이런 게 느껴졌어요."

이금희(세월호 미수습자 단원고등학교 2학년 고 조은화 씨의 어머니)__ "오늘이 세월호 참사가 난 지 970일째 됩니다. 저희는 4월 16일을 970일째 살고 있습니다. 우리가 원하는 건 가족을 찾고 싶은 것뿐입니다. 대한민국이 국민 목숨을 소중히 여기는 나라가 됐으면 좋겠습니다."

시민7(51. 농민)__ "1987년 머리가 깨져 피를 흘리면서 우리는 대통령 직선제를 쟁취했다. 그런데 전두환이 물러나니 노태우가 권력을 잡았습니다. 우리가 이제부터 할 일은 어떻게 우리가 원하는 정권을 만들 건가, 최순실들을 어떻게 정리할 것인가입니다. 반드시 정권을 바꾸고 부패 정권

---

8) 뉴스민, 2016년 12월 10일 기사 부분 인용.

이 교체될 수 있도록 시민들이 울타리가 되어주면 좋겠습니다."

SCENE #14. 하늘에서 바라본 촛불들의 모습

하늘에서 바라본 촛불의 물결. 아름답고 장엄한 모습이다.

내레이션__ 쉽게 잊어버리지만, 민주주의 정치는 대중들의 저항에 기초한다. 헌법조차도 대중들의 투쟁 속에서 응결된 것이다. 2016년 대중들의 촛불은 민주주의 정치체제가 어떻게 만들어지고 유지되어야 하는가를 보여준다. 그러나 이 정세는 우발적이고 의지적으로 만들어진 정세여서 객관적이고 물질적인 현재의 한국 자본주의의 정세와 만나지 못하고 있다. 그럼으로써 대중들의 이데올로기는 반역적이라기보다는 '좋은 대통령'과 같은 보수적 결론으로 구부러져 있다.

그러나 이러한 대중들의 운동들이 시간적으로 지속된다면 민주주의 정치는 새로운 국면으로 전화될 것이다. 여기서 우리는 성주 사드 투쟁에서 좋은 교훈을 얻을 수 있을 것 같다. 성주 투쟁이 지속되고 성주 대중들의 생각이 진화할 수 있었던 가장 큰 이유는 '평화 나비 광장'이라는 장소다. 서로가 서로를 이해하게 되는 심리적 유대로서의 장소이기도 하지만 실제적으로, 정기적으로 만날 수 있는 광장으로서의 '장소'가 민주주의 정치를 유지하고 성장시킨 것이다. 발리바르가 말하는 "능동적 주체성과 집합적 연대가 형성되는 '장소'"는 광화문이나 대구의 중심가 도로만이 아니라 살고 있는 동네마다의 거리와 광장이 될 수 있고 집 주변의 작은 카페도 될 수 있을 것이다. 이것의 가능성을 이번 투쟁은 증명해 보였다.

민주주의는 그리고 정치는 기성품이 아니다. 그것은 끊임없이 발명되어야 한다. 우리는 지금 여기서, 이 수많은 촛불을 통해 그 가능성을 보고 있는 중이다.

촛불은
우리를 함께하게
했다

문주현

촛불은 꺼지는 게 아니라 횃불이 된다

"박근혜 대통령의 하야도 바라지만, 하루 빨리 민주주의가 회복되었으면
좋겠어요."

11월 23일 저녁 전북 전주시 고사동 오거리광장에 청소년 300여 명이
모였다. "청소년에게 선거권이 없다고, 정치적 의사 표현을 할 능력이 없
는 것은 아니에요." 고교 2학년 이가영 씨가 '박근혜 대통령 하야'라고 적
힌 피켓을 들고 말했다. 가영 씨의 친구들은 모인 청소년들에게 촛불을
나눠줬다. 청소년들은 이날 촛불을 '전북 청소년 시국대회'라 불렀다.

박근혜 대통령의 사진이 도배된 박 터트리기로 시작한 시국대회는 그
동안 정치적 발언을 할 수 없던 청소년들이 마음껏 이야기할 수 있는 공
간이었다.

"정유라는 맞춤형 입시 제도를 만들어 이화여대에 입학을 했으며 쓰레기 리포트에도 학점을 인정받는 특혜를 누렸습니다. 이와 상반되게 올해 운명을 달리한 정유라 나이 또래의 청년이 있습니다. 바로 구의역 스크린도어로 목숨을 잃은 청년입니다. 정유라보다 한 살 어림에도 불구하고 그는 돈을 벌기 위해 점심마저 가방에 넣어두고 일을 나서야 했습니다. 부당한 대우를 받았음에도 그는 아무 말도 할 수 없었습니다. 이제 그를 위해, 우리가 말할 때입니다. 우리는 그를 기억해야만 합니다. 잊어서는 안 됩니다. 그리고 저 멀리 차가운 물속에 가라앉은 진실도 외면해서는 안 됩니다. 또한, 눈물로 하루하루를 보내는 위안부 할머니들을 잊어서는 안 되며, 정부의 공권력 앞에 무너진 한 농민의 가슴 아픈 이야기도 우리는 잊지 말아야 합니다."

청소년 시국대회는 박근혜·최순실 국정농단 사태로 묻혀버린 사안들을 환기시켰다. 한일 군사정보보호협정, 국정교과서, 사드 배치 문제까지 현 시국의 다양한 사안들을 언급했다. 그리고 "바람이 불면 촛불은 꺼지고 민심은 변할 것이다"는 새누리당 김진태 의원의 말에 대해서 청소년들은 이렇게 답했다.

"촛불은 바람이 불어서 꺼지는 것이 아닙니다.

©문주현

처음 불씨로 시작하던 게 바람을 통해 어느덧 촛불이 되고 이제는 햇불이
되었습니다. 설령 바람이 더욱 거세게 불어 꺼진다 하더라도 숯불로서 마
지막까지 열렬히 불태울 것입니다."

11월 26일 토요일 '박근혜 퇴진을 위한 제3차 전북도민총궐기'에 앞서
비바람이 제법 거세게 불었다. 아침부터 내리는 비에 박슬기 씨는 걱정부
터 앞섰다고 한다.

"아침부터 몸살 기운이 있어서 집회에 나가기 힘들겠다고 생각을 했는
데 혹여나 사람들이 비 때문에 나오지 않을까 걱정이 되더군요. 주섬주섬
옷만 챙겨서 나왔는데, 우산과 함께 초를 들고 있는 시민들을 보니 가슴
이 뭉클했어요."

　이날도 1만여 명의 시민들이 총궐기 집회가 열리는 전북 전주시 객사 앞 관통로 사거리를 가득 메웠다. 11월 12일부터 매주 토요일 저녁에 열리는 도민 총궐기는 11월 19일부터 1만 명을 넘어서기 시작했다. 12월 3일에는 2만여 명의 시민들이 촛불을 들었다.

　"이제 믿음이 생겨요. 다음 촛불에도 시민들이 나올 것이라는 믿음이요. 그리고 저처럼 이제는 세상이 바뀌어야 한다고 생각하는 사람들이 많다는 것을 확인하게 되니 너무 기뻐요."

　슬기 씨는 마치 블랙홀처럼 사람들이 촛불집회로 빨려 들어가는 느낌이라고 표현했다. 초 뭉치를 들고 다니면서 구경하는 사람들에게 나눠주면 머뭇거리면서도 초를 받아 들고 집회에 함께하는 사람들을 그렇게 표

촛불은 우리를 함께하게 했다 · 문주현

— 215

현했다.

"촛불의 힘을 사람들이 믿고 있다는 것을 느껴요. 처음에는 박근혜 대통령이 엄청 잘못해서 그런 것이라고 생각했어요. 하지만 그것보다 내가 이 초를 들고 함께하면 바뀔 수 있다는 그 믿음을 어느 순간 사람들이 갖기 시작한 것이 아닐까?"

이렇게 모인 촛불은 정치권과 청와대를 움직였다. 탄핵 일정을 연기하려고 하던 움직임에 제동을 걸었고, 박근혜 대통령은 총궐기 이후 발표하는 담화문에서 점점 퇴진에 가까운 이야기를 꺼냈다. 물론 꼼수가 있는 말들이었지만, 촛불은 꺼지지 않았다.

촛불은 움직인다

"휠체어가 왜 이렇게 많아요? 자리 많이 차지하니까 그만 나가주세요."

3차 전북도민총궐기가 끝나고 전북 전주시 풍남문광장 근처 국밥집에서는 작은 소란이 있었다. 허기진 배를 달래기 위해 국밥집을 찾은 장애인 인권활동가 유승권 씨와 동료들을 식당에서 받지 않겠다는 것. 할 수 없이 다른 곳을 알아보기 위해 돌아서던 찰나,

"아니, 장애인을 이렇게 차별해도 됩니까? 아이들도 밥 먹고 있는데 뭘 배우겠어요? 두 번 다시 오나봐라."

국밥을 먹던 한 시민이 숟가락을 놓고 자리에서 일어섰다. 그리고 가족으로 보이는 시민들까지 모두 여섯 명이 함께 자리를 떴다. 한 시민은 "단골이었는데, 더 이상 못 오겠네"라며 식당을 나섰다. 급하게 자리를 떠난 이들은 우비를 입고 있었다. 비가 내린 와중에 진행된 도민총궐기 집

회에 참가한 시민들이었다.

"놀라운 경험이었어요. 촛불을 함께 들었던 시민들이었는데, 외롭지 않다는 것을 느꼈죠."

유승권 씨는 동료들과 전북도청 앞에 천막을 치고 장애인 차별 철폐를 요구하는 농성을 하고 있다. 장애인들이 지역 사회에서 함께 살아가기 위해 필요한 정책들을 요구하며 시작한 농성이 한 달이 넘어서고 있다. 그래서 평일 저녁 풍남문광장에서 열리는 촛불집회는 함께하지 못하지만, 같은 시간 전북도청 농성장 앞에서 동료들과 초를 대신한 핸드폰 불빛으로 마음을 보탰다. 대신 토요일에 열리는 전북도민총궐기에는 빠지지 않았다.

승권 씨는 전북도민총궐기를 "존중받고 있다는 기분이 드는 집회"라고 표현했다. 전북도민총궐기는 '여성과 장애인 등 소수자를 차별하는 발언을 자제하여 모두가 평등한 집회 문화를 만들어가자'는 사회자의 발언으로 시작한다. 승권 씨는 그 말이 너무 좋았다. 이제까지 많은 집회에 참가했지만, 함께하고 있다는 느낌을 들게 하는 집회는 드물었다.

"물론 하루아침에 모든 것이 변하지는 않겠지만, 계속 이런 고민을 공감할 수 있는 집회가 계속 된다면 사회로 그 변화가 옮겨가지 않을까요?"

작은 기대감도 드러낸다. 박근혜 대통령 퇴진과 함께 일상에서도 장애인과 같은 소수자들이 차별받지 않고 사람으로서 존중받는 세상으로 바뀌기를 기대한다. 그리고 그 희망을 식당에서 만난 촛불 시민들로부터 느낀 것이다.

인권활동가 오정심 씨가 도민총궐기에 앞서 하는 일은 자원봉사를 자청한 시민 20여 명과 초를 나눠주는 것이다. 종이컵에 칼집을 내고 초를 꼽는 일도 1만 명 이상 모이는 날에는 제법 큰일이다. 집회를 앞두고 꽤 쌓인 초들이 전부 제 주인을 만날 수 있을까 항상 걱정을 하지만, 불과 30분이 지나면 초가 부족해진다. 매주 도민총궐기에 1만 개의 초를 준비하지만, 순식간에 사라진다. 촛불의 규모를 느끼는 순간이다.

"책에서 활자로 접한 혁명이나 항쟁이 결국 이렇게 시작된 것이 아닐까요? 지금 이 순간 초를 나눠주는 것이 역사에 기록되지는 않겠지만, 전 이 초를 나눠주면서 이 촛불의 위대함을 피부로 느끼고 있다는 생각에 즐겁게 하고 있어요. 역사적인 순간의 한복판에 있다는 것만으로도 광장한 감동이죠."

정심 씨는 요즘 사는 것이 즐겁다고 한다. 정치·사회적 이슈에 민감할 수밖에 없는 인권단체에 몸담고 있다 보니 그동안 일에서 즐거움을 찾기가 쉽지 않았다. 특히 박근혜 정권의 지난 4년 동안 탄식과 한숨은 깊어졌다. 박근혜 대통령이 취임하고 인권은 언제나 뒤로 밀렸다. 국정원의 대선 개입, 세월호 참사의 진실 은폐와 정부의 진상 규명 방해, 전교조 법외노조와 통합진보당 강제 해산, 백남기 농민 물대포 진압까지 인권은 어느 한 곳에서도 존중받지 못했다.

인권이 배제될 때마다 광장에서 외친 목소리는 공권력에 짓눌렸다. 사안마다 대책위원회가 구성됐고, 광장에 사람들이 모였다. 그러나 광장에 모인 이들로는 변화의 계기를 만들지 못했다. 지역에서 여러 대책위에 참여했던 정심 씨도 "점점 무기력해질 수밖에 없었어요"라고 고백했다.

그런데 지금 이 순간, 촛불은 달랐다. 전국적으로 200만이 넘어서기 시작한 촛불은 열기가 그전과 달랐다. 정심 씨에게는 익숙한 반복적인 구호와 발언들이 시민들에게는 재미가 없지 않을까 걱정도 앞섰지만, 기우였다. '박근혜는 퇴진하라', '새누리당 해체하라' 등의 단순한 구호도 사람들은 목이 터져라 외쳤고, '하야'라는 단어를 반복하는 '하야송'에 춤을 섞어가며 불렀다. 정심 씨는 '아! 사람들에게 이곳이 바로 해방구고 지금 해방감을 느끼는구나!'라는 생각을 했다.

"바뀔 수 있다는 희망이 생겼어요. 세월호 참사와 백남기 농민의 죽음 앞에서 인권활동가로서 할 수 있는 것이 없다는 생각에 무기력해지기도 했어요. 그런데 지금은 달라요. 이 역사적인 순간에 함께하고 싶다는 마음과 바뀔 수 있다는 희망이 있어요."

이겨라, 총파업!

11월 30일, 전주 남부시장에서 10년 가까이 기름집을 운영하는 송창엽 씨는 오후가 되자 가게 문을 닫았다. 문을 닫기에는 아직 이른 시각. 상가 셔터 문에 '박근혜 퇴진'이라고 적힌 피켓이 가장 먼저 눈에 띈다.

"김장철인데도 경기가 없다고 보면 되요. 이웃 상인들은 'IMF 시절보다 더 하다'고 합니다. 오늘 민주노총에서 총파업을 한다고 해서 동참하고자 문을 닫는 거예요. 노동자들이 살만 해야 우리 같은 자영업자들도 더불어 살 수 있는데, 요즘은 모두가 어려우니 답답합니다."

송창엽 씨는 11월부터 전주 풍남문 광장에서 열린 촛불집회에 빠지지 않고 참석했다. 그곳은 그에게 세상 돌아가는 이야기를 들을 수 있는 소통 창구였다. 민주노총 총파업 소식도 그곳에서 들었다.

"민주주의를 배울 수 있는 곳이 촛불이죠. 촛불이 있는 곳이 살아있는 민주주의 현장이겠다는 생각을 해서 아이들과도 함께 하고 있어요. 서울 100만 총궐기도 같이 갔죠."

아이와 함께 창엽 씨도 촛불을 통해 민주주의를 배우고 있었다. 한때

는 전국 5대 시장으로 이름을 떨쳤던 전주 남부시장. 한옥마을과 함께 대표적인 전주의 대표적인 관광지가 됐지만, 곳곳에 빈 점포들이 눈에 띄었다.

"정치인들은 선거철에 꼭 시장에 들러 민심을 듣는 시늉을 보이는데, 지금은 오지도 않네요. 이곳에서는 분노가 상식이죠. 배운 사람이든, 못 배운 사람이든 모두가 박근혜 대통령을 욕하고 있어요. 채소 가게 주인이 요즘 뉴스는 '양파가 아니라 양배추 같다'고 말해요. 양파 껍질은 몇 겹 되지도 않지만, 양배추는 껍질이 상당하거든요."

11월 30일 총파업 집회에서 송창엽 씨를 다시 만났다. 이날 집회에서 그는 많은 노동자들이 보는 앞에서 떨리는 음성으로 발언을 했다. 총파업에 함께하기 위해 가게 문을 닫은 상인이라고 소개하자 노동자들은 환호로 응답한다.

"우리 한 사람, 한 사람이 배려와 연대로 노동의 가치가 인정받고 사람이 존중받는 정의가 강물처럼 흐르는 사회를 만들기 위해 함께했으면 좋겠습니다."

촛불을 든 일부 총파업에 대해 우려 섞인 시선을 보내기도 한다. 박근혜 대통령 퇴진을 주장하는 일부 정치인들은 이 시선에 힘을 보태기도 한다. 유성엽 국민의당 의원은 민주노총의 총파업을 "대통령을 비롯해 국정농단 무리들이 종북이니, 국가전복세력이니 하며 터무니없는 프레임을 덮어씌울 것이고 애국을 가장한 가짜 보수단체들은 이를 활용하여 지지를 모아갈 우려가 있다. 이것은 우리 위대한 국민들이 적법하게 평화시위를 해온 것에 대한 의미와 가치를 심각하게 훼손할 수 있다"며 반대 입장을 밝혔다.

노동자의 파업을 바라보는 이런 시선에 대해 창엽 씨는 "모두가 조그

마한 힘이라도 모아서 보태야죠"라고 답했다.

"소중한 일터에서 각자 열심히 일을 하는 노동자도, 하루하루 손님을 기다리는 우리 같은 자영업자들도, 고객을 위해 최선을 다하는 서비스직에 종사하는 사람들도 모두 주권자들이예요. 그런데 어떤가요? 모두가 꼭두각시 대통령과 듣도 보도 못한 최순실, 최순득 일당, 1%도 안 되는 재벌과 기득권 세력들에게 소중한 일상을 유린당했잖아요. 각자의 방식으로 분노를 표현하는 것이 지금은 중요한 것 같아요."

지금 광장은 역동적이다. 전주교대 학생들은 11월 25일 하루 수업을 거부했다. "6학년 학생들에게 사회 과목을 가르쳐야 하는 예비교사로서 침묵할 수 없다"며 강의실이 아닌 거리를 선택했다. 교복을 입고 나온 청소년들은 정치권의 무능을 비판하면서도 박근혜 대통령 퇴진 이후에 대한 이야기를 하며 총궐기 집회를 주도하고 있다. 12월 3일 열린 제4차 도민총궐기에서 중학교 2학년 최하람 씨는 "박근혜 대통령이의 탄핵이 부결되거나 퇴진하지 않는다면 우리는 제2의 87년 6월 항쟁으로 혁명 정부를 시민의 힘으로 만들어야 합니다"고 호소했다. 치기어린 발언이 아니었기에 촛불을 든 시민들은 뜨거운 박수로 화답했다.

트랙터를 끌고 온 농민들은 노동자들의 총파업 행진에 앞장섰다. 이들은 '연대'를 강조했다. 매주 새로운 시민들의 다양한 자유발언은 호소력이 짙었다. 어떤 시민이 박근혜 대통령을 'X년', '장애가 있는 것 같다'고 욕을 하며 발언을 하면 어떤 이가 단상에 올라 "여성혐오적 표현"이라고 반박했다. 그동안 섣불리 나서지 못한 시민들이 하고 싶었던 말들을 쏟아냈다.

"이 사람들이 나서지 않은 것뿐이지 나처럼 아파하고 있었구나, 공감하게 됐어요." 광장에서 초를 나눠주던 오정심 씨는 도민총궐기 무대에

선 시민들을 바라보며 그렇게 말했다. 그 와중에 한 남성이 "전 두 달치 임금이 밀려서 후원은 못해요"라며 초와 종이컵을 받아간다. 정심 씨는 웃으며 "철도파업 꼭 승리하세요"라고 말했다. 그 남성이 받아간 종이컵에는 '이겨라, 철도파업'라는 글이 새겨 있었다.

나쁜 국민들이
밝힌,
반칙사회

김희정

'최순실 게이트'라는 이름으로 온 나라가 들끓을 때 민심 역시 요동치고 있었다. 민심이 어디에 있는지 알지 못한 사람은 박근혜 대통령과 대통령을 지지하고 있는 5%의 국민들뿐이었다. 이미 대통령이 한 차례 대국민 사과를 했지만 나쁜 국민들은 그 말에 거의 공감하지 않았다. 두 번째 대국민 담화 역시 대부분의 나쁜 국민들은 자기변명 수준도 아니라고 생각했다. 성난 민심은 끝내 전국적으로 들불처럼 퍼져갔고 대전(둔산동 타임월드에서 평일 저녁 7시, 토요일 오후 5시)에서도 매일 수백 명에서 많게는 수천 명의 시민들이 모여 촛불을 들었다.

대전의 첫 집회는 2016년 11월 1일 화요일이었다. 며칠 전부터 '민주수호 대전운동본부'에서 대전시민들과 함께 하는 집회를 고민하고 있었다. 그날 여러 이야기가 나왔고 결론은 예전에 있었던 집회(미국산 쇠고기 반대 집회, 노무현 대통령 탄핵반대) 보다는 좀 더 적극적으로 시민들이 참여할 수 있는 프로그램을 준비하자는 의견이 주를 이루었다. 그날 대표자 회의에서 필자는 시민들에게 집회 공지도 미리 알리고 최순실 게이트의 핵심도 시민들과 공유했으면 좋겠다는 취지로 선무방송을 제안했다. 미리 집회 전에 대전 시내를 차로 돌아다니며 녹음한 방송을 틀자는 이야기였다.

10월 31일에 '민주수호 대전운동본부' 실무를 맡은 박희인 실장한테 전화가 왔다. 내가 의견을 냈으니 선무방송 원고도 쓰고 녹음에 직접 참여해 달라는 내용이었다. 피한다고 피할 수 있는 상황이 아니라는 생각에 승낙을 하고 다음 날 11월 1일 오전에 대흥동 진채밴드 스튜디오에서 녹음하기로 약속을 잡았다. 도착하니까 이미 박희인 실장이 와 있었다. 잠깐 이야기를 나누고 녹음을 시작하려고 했는데 시간이 걸릴 것 같다면서 점심 먼저 먹자고 했다.

본격적으로 필자가 준비한 원고와 박희인 실장이 준비한 원고를 엮어 녹음 작업을 시작했다. 처음 원고 분량을 볼 때 15분 정도면 끝날 것 같았는데 생각보다 시간이 걸렸고 그 과정에서 JTBC 기자가 박희인 실장한테 전화를 했다. 11월 1일 집회에 대한 질문이었다. 여러 질문을 하는 것 같았고 마지막 질문으로 얼마나 많은 시민들이 참여할 것인가를 묻고 있었다. 박 실장은 300~400명 예상을 한다고 말했다. 그 근거를 기자가 묻는 것 같았고 박 실장은 며칠 전 고 백남기 농민 추모대회 때 여러 노동단체들이 참여해 400~500명 왔는데 이번에는 노동단체가 다 오지 않아도 그 정도의 시민들이 참석할 것 같다는 예상을 내놓았다.

기자의 전화 질문이 끝나고 다시 녹음을 시작했다. 15분을 예상한 녹음은 두 시간을 향해 갔다. 선무방송 녹음을 하면서 오래 전(36년 전) 기억이 스쳐갔다. 필자가 처음 선무방송을 접한 것은 1980년 광주민주화운동 때였다. 중학교 2학년인 필자(전남 무안)는 기억이 선명하지 않지만 스피커가 장착된 트럭에서 애절하지만 단호한 목소리로 광주, 전남에서 전두환 신군부가 저지르고 있는 만행 이야기를 들을 수 있었다. 아직도 그날, 그 목소리가 내 몸 어디에 살고 있다는 생각이 들었다. 녹음을 끝내고 잠시 앉아서 오늘 집회에 대한 이야기를 했다. 시민들이 얼마나 참여하고 얼마나 많은 시민들의 공감을 얻을 수 있을까, 하는 이야기였다.

해가 떨어지고 필자는 일이 있어 조금 늦게 집회 장소에 갔다. 집회는 이미 7시에 시작되었고 나는 버스 정류장에서 내려 급하게 걸어갔다. 가면서도 얼마나 많은 시민들이 함께할까 하는 게 가장 먼저 든 생각이었다. 300~400명은 오지 않더라도 적어도 썰렁하면 안 되는데 하는 생각뿐이었다. 집회 장소에 도착했을 때 필자가 놀란 것은 두 가지였다. 하나는 300명이 아니라 3000명은 넘어 보이는 시민들이 자리를 지키고 있었고 다른 하나는 한 손에는 촛불을 다른 한 손에는 손피켓을 들고 있는 고등학생들 모습이었다. 족히 그 인원이 1000명은 넘어보였다. 무대 앞에 있는 박희인 실장도 집회에 참여한 시민들을 보고 놀란 모습이었다.

예상하지 못한 시민들의 참여와 교복을 입은 고등학생들과 중학생들의 모습을 보며 최순실 게이트가 주는 심각성이 얼마나 큰지 짐작을 하고도 남는 분위기였다. 특히 여고생들의 목소리는 집회를 끝난 후의 거리행진에서도 돋보였다. 한 시간 가량 이어진 시민 현장발언대에서 시민들 참여도는 상상을 초월했다. 보통의 집회였다면 주최 측의 현장발언이 더 많았을 텐데, 이번에는 최순실 게이트에 분노한 시민들과 학생들의 발언이 주를 이루었고, 신청자가 너무 많아 다 받아들일 수가 없었다. 어느 고3 여학생은 시험이 코앞인데 나라가 먼저라는 생각에 책상에 앉을 수 없었다는 이야기를 했고 그 말이 필자에게는 너무나 숙연하게 다가왔다. 대체 어디서부터 잘못되었기에 고등학생의 입에서 저런 말이 나왔을까 하는

©임재근

생각이 들자 어른으로서 부끄럽다는 생각밖에 들지 않았다.

그밖에도 20대의 어느 취업 준비생의 발언이 마음을 아프게 했고 쌀값 폭락을 이야기한 어느 농부의 이야기가 마음을 더 무겁게 했다. 총체적인 부실이라는 단어 이외에 어떤 생각도 나지 않았다. 대체 누가 대한민국을 이렇게 만들었을까. 최순실 한 사람이 헌정을 파괴하고 국기를 문란하게 만들고 권력을 사유화해서 이렇게 많은 시민들이 분노하고 있다고 말하기에는 현장 분위기를 설명하기 어려웠다.

한 시간 시민 현장발언이 끝나고 거리행진이 시작되었다. 주최 측도 예상하지 못한 시민들의 참여로 방송차량이 부족했지만 시민들이 자발적으로 구호를 외치고 그 구호에 맞추어 행진을 이어갔다. 군데군데 여고생들이 무리를 지어 구호를 외치고 손에 든 피켓을 지켜보는 시민들에게 손을 흔들었다. 그 피켓에는 '이게 나라냐'는 글씨가 써 있었는데 작금의 대한민국 상황을 그대로 설명하고 있었다. "최순실 구속" "박근혜 하야" "새누리당 해체"라는 말이 중·고등학생 입에서 연신 터져 나왔고 그 소리에 놀라 오히려 필자가 몸이 움츠러들었다. 이미 중·고등학생들도 대한민국의 헌법이 사유화되었고 헌법 1조 1항

과 2항이 어떤 의미를 가지고 있는지 잘 알고 있었다.

2016년 11월 2일 수요일, 여전히 먹고살기 바쁜 필자는 조금 늦게 둔산동 타임월드에 도착했다. 전날의 열기가 채 식지 않은 장소에 시민들이 이미 하나둘 무대를 앞에 두고 옹기종기 앉아 있었다. 어제는 고등학생들이 눈에 많이 띄었는데 오늘은 20대, 30대 시민들이 더 많았다. 어제에 비해 집회에 참여한 시민들의 수도 3분의 1로 줄어 있었다. 그러나 열기만은 더하면 더했지 부족함이 없었다. 현장발언을 하는 시간 내내 끊이지 않고 현 시국에 분노한 시민들의 말과 생각이 날카롭고 명확하게 스피커를 타고 거리로 나갔다. 그날의 집회 분위기를 한마디로 정리한다면,

국민이 빠진 정권을 향한 국민들의 분노가 어디에 있는지 확실하게 보여주었다는 것이다.

고등학생들은 뒷배경만 있으면 공부하지 않아도 대학에 갈 수 있다는 사실에, 비록 과외수업 금액은 불공평해도 대학입시 성적만큼은 공평하다는 대한민국의 신화가 깨어진 것에 절망했고, 청년들은 비정규직은 고사하고 아르바이트도 경쟁을 해야 하는 현실에 분노하며 겨우 잡은 일자리는 비정규직이고 그것도 언제 잘릴지 모른다는 현실에, 정부가 재벌의 입장에 서서 성과연봉제를 강요하는 현실에 숨이 막힌다는 말을 했다. 힘 있고 줄만 잘 서면 법과 원칙도 의미가 없다는 사실을 깨달은 시민들의 분노가 이미 임계점을 넘고 있었다.

고등학생들의 목소리가 컸던 전날과 달리 이 날은 대학생과 젊은 세대가 구호를 이끌었다. "국정농단 최순실을 구속하고 허수아비 대통령 박근혜는 하야하라" "새누리당도 공범이다. 당장 해체하라"라는 시민들의 목소리가 11월의 차가운 밤기운을 뚫고 세상을 달구었다. 필자는 거리 행진을 지켜보는 시민들의 얼굴을 둘러보았다. 길 위에 서 있던 시민들의 얼굴에도 나라 걱정하는 이심전심이 있었다.

2016년 11월 3일 목요일이 밝았다. 오전에 뉴스를 보는데 수구언론들까지 나서서 국민들의 분노를 가감 없이 보도했다. 종편이 생기고 처음으로 수구언론 뉴스를 지켜보았다. 마치 뉴스가 한 편의 드라마를 연상시켰다. 수구언론이 박근혜 정권을 만드는 데 일조했는데 그 부분에 대한 반성 없이 오로지 최순실에게 휘둘린 박근혜 대통령 물어뜯기에 열중하고 있었다. 저렇게 소소한 부분까지 취재하고 파고드는 기자정신을 4년 전 선거에서 발휘했다면 오늘 국민들이 거리에 나와 박근혜 대통령 사

©임재근

퇴를 요구하고 중·고등학생 입에서 나온 헌법 이야기와 권력의 사유화에 대한 쓴 소리를 듣지 않아도 되었을 텐데 하는 생각을 했다. 자신들이 어떤 기자정신으로 보도를 했는지에 대한 반성은 빼놓고 오로지 동네 개 한 마리가 짖으니까 동시에 모든 동네 개들이 짖는 형국을 보는 것 같아 씁쓸하기까지 했다.

저녁이 되자 조금 일찍 집을 나서서 대전시청에 주차를 하고 집회가 열리는 둔산 타임월드로 향했다. 집회 장소는 조금 한산했다. 시계를 보니 집회 시간보다 30분 일찍 도착했다. 오늘 거리행진을 할 때 선무방송을 할 원고를 보며 시간이 되기를 기다렸다. 30분 사이에 시민들이 하나 둘 자리를 차지하더니 순식간에 타임월드 길이 사람들로 메워지기 시작했다. 오늘은 아이를 데리고 나온 젊은 엄마들, 삼삼오오 손 피켓을 만들어 들고 나온 고등학생들, 대학 깃발을 들고 나온 대학생들, 젊은 청년부터 중년까지 다양한 세대들이 눈에 들어왔다. 집회 첫날 고등학생들이 가장 많았다면 둘째 날은 젊은 층, 이날은 좀 더 다양한 세대들이 함께 자리를 지키며 서로의 생각을 현장발언대에서 확인했다. 거리행진 선무방송에서는 간단한 구호(박근혜 퇴진, 새누리당 해체)와 함께 '대한민국은 민주공화국이다'라는 노래를 들으면서 시민들과 함께 걸었다.

11월 4일 금요일, 목요일보다 집회에 참가한 시민들이 늘어났다. 2일, 3일 700~800명의 시민들이 집회에 참여했는데 이날은 1000명을 넘어섰다. 시민들의 입장에서 볼 때 그만큼 시국이 어지럽다는 반증도 담겨 있었다. 주최 측 발언은 한 명 이상은 허용하지 않았고 집회에 참여한 시민들이 사실상 현장발언을 이끌어갔다. 며칠 전부터 집회 시간이 한정되어 있어 발언권을 얻지 못한 분들이 하루 이틀 밀려서 발언권을 사용하는 일까지 생겼다. 발언들도 좀 더 구체적으로 변해갔고 무엇보다도 저마다의 입장에서 자신의 처지를 시국과 연결해서 이야기했다.

학생들은 교육(민주주의 현장교육, 역사 교과서, 정유라 부정입학)에 대해, 청년들은 취업에 대해, 그리고 비정규직에 대해, 중년들은 성과연봉제에 대해, 민영화에 대해, 노동자들은 해고에 대해, 농민들은 쌀값 폭락에 대해 열변을 토했다. 우리 사회가 얼마나 많은 문제를 안고 있는지 한 눈에 확인할 수 있는 발언들이었다. 그런데도 국민이 준 권력으로 국민의 가려운 곳, 힘든 곳을 어루만져줄 생각은 하지 않고 권력을 사유화하고 국기를 문란하게 만드는 데 박근혜 대통령은 지난 4년을 보냈다고 생각하니 분통이 터졌다.

11월 5일 토요일, 집회가 오후 4시로 잡혀 있었다. 집회를 열고 첫 주말이라 많은 시민들이 올 것이라 예상했다. 주최 측도 미리미리 시민들이 함께 할 수 있도록 초를 준비하고 손피켓도 준비하고 무대 점검도 하고 있었다. 주변을 보니 직접 스케치북에 글을 쓰고 손피켓을 만들어온 고등학생들이 보였다. 무대를 중심으로 앞에 앉지 않고 길 옆에서 자신들이 만들어온 손피켓을 들고 한 시간 이상 서 있는 학생들도 보였다. 토요일 집회는 다양한 시민이 참여했다. 엄마, 아빠

©임재근

와 함께 나온 초등학생, 친구끼리 나온 중·고등학생, 학교에서 시국선언을 하고 나온 대학생들, 청년, 중년까지 모였는데 주최 측은 그 인원을 2500명 정도로 집산했다.

이 날은 문화공연(길가는 밴드, 프리버드, 진채밴드, 철도노조 '기적의 소리', 대전청년회 '놀', 을지대병원노조 '을지로' 등)도 했고 박근혜 정권의 부고를 알리는 상여가 등장해 눈길을 끌었다. 더불어 일부 시민들이 상복을 입고 박근혜 정권의 죽음을 대전 시민들에게 알렸다. 집회에 참여한 시민들이 많아 세 부분으로 나누어 선무방송차량을 배치해 거리행진을 이어갔다. 긴 이야기보다는 왜 우리가 박근혜 대통령에게 사퇴를 요구하고 있는지에 대한 현장발언이 주를 이루었다. 대전작가회의 김채운 시인은 자작시「대통령 코스프레는 이제 그만」을 통해 "우리나라 대통령은 혼이 나갔다/ 아버지 후광 둔갑술로 그 자리를 차지하고 국민의 눈을 가리고 두 귀 막으며 입마저 틀어막았다/ 무지하고 무치해 십상시들 놀림에 놀아난 공주 꼭두각시다/ 중증의 공주병 환자가 대통령 자리 꿰차고 앉아 온 나라를 쑥대밭으로 들쑤셔놓고/ 국민을 절망의 수렁으로 빠트렸다"고 외쳤다. 많은 시민들이 참여해서 시간은 더 걸렸지만 국민들 마음이 어디에 있는지 다시 확인할 수 있는 시간이었다. 거리에 등장한 상여와 만장 그리고 상복이 박근혜 대통령이 스스로 사퇴하는 것만이 위기에 빠진 대한민국을 구할 수 있는 유일한 길임을 보여주는 상징으로 읽혔다.

7일(월요일)과 8일(화요일)에도 계속 집회가 이어졌고 고등학생, 대학생, 청년 그리고 젊은 세대 위주로 현장발언이 이어졌다. 저마다 자신의 생각을 잘 정리해서 발언을 이어갔다. 논리적이고 정돈된 시민들의 발언이 민주시민이 무엇이고 어떤 생각을 하며 살아야 하는지 깨우쳐 주는 시간이었다. 9일 수요일 집회는 2000명이 넘는 시민들이 모였다. 국민들이 청와대를 향해 소리를 쳐도 듣는 둥 마는 둥 하는 박근혜 대통령한테 다시 한 번 진심을 담아 요구하는 내용들이 봇물을 이루었다.

현장발언 역시 저마다의 위치에서 일하면서 느낀 문제에 대해 이야기했고 발언이 끝날 때마다 적극적인 시민들의 지지소리가 터져 나왔다. 어느 고등학생은 10분이 넘는 원고 분량을 직접 작성하고 외워서 무대에서 또박또박 자신의 목소리를 냈다. 학교에서 배운 대한민국은 민주공화국이라는 뜻과 주권자가 갖추어야 할 덕목에 대해, 또 대통령이 무엇을 잘못했고 나라를 위해 대통령이 어떤 결단을 내려야하는지도 일목요연하게 설명했다. 고등학생의 발언은 집회에 참여한 시민들에게 대한민국에게도 아직 희망이 있다는 생각을 들게 해주었다.

10일(목요일)에는 비가 예보되어 있었다. 날씨도 시국만큼 온기를 잃어가고 있었다. 비는 하루 종일 오락가락하다 집회 시간이 다가오자 점점 거칠어졌다. 여러 여건상 무대도 만들지 않고 차량에서 마이크 몇 대만 빼서 현장발언을 했는데, 그 도중 한 시민이 '직녀에게'를 집회에 참석한 시민들에게 불러주었다. 비가 계속되어 주최 측은 거리행진을 할까말까 망설였다. 비가 와서 집회에 참여한 시민들의 안전을 생각한 것 같았다. 결국 집회가 끝나고 거리행진이 진행되었다. 참여한 시민들이 원했고 그렇게 해야 한다는 현장 분위기가 넘쳐났다. 비가 내려 얼마나 많은 시민들이 참여할지 조금은 걱정을 했는데 기우에 불과했다.

비가 오는 날씨에도 5백 명이 넘는 시민들이 함께 비를 맞으며 둔산동 타임월드 앞을 행진했다. 비가 왔지만 주최 측은 오전부터 대전지방경찰청 정문에서 학생들 사찰에 대한 항의 기자회견을 열었다. 11월 1일 첫 집회에 상당수의 학생들이 교복을 입고 집회에 참석했고 그 중 몇 명은 현장발언을 이어갔다. 그것을 보고 대전경찰청이 대전교육청에 알렸고 교육청은 각 학교에 공문을 보내 학생들이 집회에 참석하지 못하도록 했다는 것이다. 아직도 경찰서나 교육청이 정신을 차리지 못하고 있다는 생각을 했다. 학생들은 이미 '이게 나라냐'고 외치고 있는데, 대한민국은 '민주공화국'이고 모든 권력은 국민으로부터 나온다고 말하고 있는데 시대를 읽지 못하는 관공서를 보면서 답답함을 넘어 한심하다는 생각이 들었다. 학교라는 것이 무엇이고 경찰청이 왜 존재해야 하는지 그들의 수장은 학생들에게 시간을 내 배웠으면 하는 바람이 일어났다.

11일 금요일에는 8백여 명의 대전 시민들이 함께 했다. 이날은 거리행진을 대전교육청으로 잡았다. 선무방송에서 대전지방경찰청이 학생들 사찰을 했다는 소식을 알렸고 그것에 대한 항의 함성도 터져 나왔다. 교육청을 향해 학교는 학생들을 무엇을 가르쳐야 하는지에 대한 몇 마디(학교의 가장 중요한 교육 중 하나가 민주시민을 만드는 일이다.) 선무방송도 이어졌다. 이날 거리행진을 시작하면서 시민들은 열흘 동안 시민들의 안전을 위해 일선에서 뛰고 있는 경찰관에게 고마움의 함성을 보내기도 했다. 일부 정치 경찰 몇 명이 경찰들을 욕 먹이는 것이지 현장에서 자신에게 주어진 일을 묵묵히 하고 있는 경찰들은 박수 받아 마땅하다고 생각했다.

12일 토요일은 대전에서 공식 집회를 준비하지 않고 서울 광화문으로 가기로 했다. 민주수호 대전운동본부는 오전 9시에 대전시청 근처에서 서울로 가는 차를 준비했다. 필자는 아침에 일이 있어 함께 가지 못하고 정오가 넘어 기차를 타고 서울로 향했다. 기차를 타고 가는데 몇몇 대전작가회의 회원들에게 문자가 왔다. 오늘 대전 집회가 있느냐는 내용이었다. 오늘은 서울에서 하는 집회에 참석한다고 문자를 보냈는데 주최 측에 너무나 많은 분들이 대전집회를 하자는 여론이 쏟아져 대전에서도 집회를 열었다.

집회가 없다는 문자를 취소하고 둔산동 타임월드에서 오후 4시부터 박근혜 퇴진을 위한 서명운동을 하고 저녁 7시에는 대전 촛불행동을 한다는 소식을 알렸다. 대전작가회의 사무국에서 다시 회원들에게 문자를 보내 서울에 가지 못하는 회원들은 둔산동 타임월드에서 대전 시민들과 집회를 했다는 소식을 일요일 대전에 와서 들을 수 있었다.

영등포역에서 내려 전철을 타고 시청역에 도착하니 오후 2시 30분이었다. 시청역에서 내렸는데 개찰구를 통과하는 데 평상시의 몇 배의 시간이 필요했고 시청을 향해 나가는 출구는 말 그대로 사람들로 인산인해였다. 나가는 공간도 꽉 막혀 어떻게 나가야 할지 고민이 되었다. 심지어 지하철역 화장실과 시청 화장실에 남자들이 몇 줄을 만들어 용변을 보려고 서 있는 진풍경이 연출되었다. 남자들이 이 정도면 여자 화장실은 어땠을지 짐작이 가고도 넘쳤다. 겨우 출구를 빠져나와 한국작가회의 회원들이 있는 곳으로 갔다. 도저히 찾을 수가 없어 사무총장한테 전화를 해서 겨우 찾아갔다. 깃발이 없었다면 찾을 수 없을 정도로 많은 사람들이 시청과 광화문광장을 가득 메웠다. 시청역 8번 출구에서 반대쪽 출구로 건너가는 데 20분이 넘게 걸렸다.

크레인에 걸린 화면에 현장은 그대로 생중계 되었고 현장 목소리도 앰프에 그대로 실려 나왔다. 주최 측 추산 100만, 경찰 추산 26만 명의 숫자가 의미 없이 느껴졌다. 지금 국민들의 생각이 어디에 있고 그것을 박근혜 대통령이 모른다면 무슨 말이 더 필요하겠는가.

집회는 평화적으로 진행되었고 행진 역시 안전을 유지하며 걸었으며 쓰레기는 하나로 모으는 데 집회에 참여한 시민들이 자발적으로 움직였다. 경복궁까지 출발 과정도 더딜 수밖에 없었다. 너무나 많은 시민들이 참여해서 광화문과 경복궁으로 가는 길은 사람과 사람으로 연결되어 발 디딜 틈도 없었다. 거리행진하는 곳곳에 다양한 문화행사가 진행되고 있었고 구호 역시 재미있는 가사들로 이루어졌다. 특히 귀에 쏙 들어온 노래는 응원가를 개작한 "야야~야야~야야~"를 "하야~하야~하야~하야~"로 만든 노래였다. 흥을 붙여서 부르는 이 노래를 들으면서 '어쩌다 이 나라가 이렇게 되었을까' 하는 생각만 밀려왔다. 나라가 이렇게 되기까지 누구 하나 책임지는 사람도 없고 잘못했다는 사람도 없다. 오로지 국민들만 누군가 싸질러놓은 똥을 치우겠다고 거리로 나선 것을 생각하니 그 생각 또한 숨 막히게 했다.

집회와 거리행진이 끝나고 작가회의 몇몇 회원들과 너무나 늦은 저녁을 먹고 헤어져 몇몇은 (2016년 11월 13일 일요일 새벽 1시 30분) 광화문광장으로 다시 갔다. 아직 많은 사람들이 남아 현장발언을 하고 시국 이야기를 나누고 있었다. 박근혜 정권 4년을 돌아보니 어느 것 하나 멀쩡한 것이 없었다. 정치, 경제, 사회, 문화, 역사, 외교, 안보까지 무너지고 말았다. 시민들은 그것을 보고 자신들의 생각을 청와대를 향해 외치고 있었다. 불과 집회 현장에서 바라보는 청와대는 1km도 떨어져 있지 않았다. 100만 함성을 듣고 박근혜 대통령은 무슨 생각을 하고 있을까 궁금하지도 않을 정도로 대통령에 대한 기대감은 이미 사라지고 없었다.

시청역에서 출발하는 새벽 첫 지하철을 타고 대전으로 내려오기 위해 서울역으로 갔다. 새벽 공기는 어제 밤에 달궈 놓은 시민들의 마음을 아는지 모르는지 차갑기만 했다. 2008년 미국산 광우병 쇠고기 집회에 참석해 주말마다 노숙을 했는데 이제 몸이 그것을 받아주지 않는다는 것을 알았다. 시간은 8년이 지났는데 그 때나 지금이나 달라진 것이 없다는 생각을 하니까 서글펐다. 이명박 정권 5년을 거쳐 박근혜 정권 4년에 이르러 무엇이 달라진 것이 있을까.

304명의 희생자를 만든 세월호 참사가 발생했을 때 국민들은 대통령의 7시간 행적에 대해 아직 모르고 있다. 백남기 농민이 공권력에 의한 살해당했는데 기껏 과격한 시위를 자제하라고 말하는 지도자가 박근혜 대통령이다. 그밖에도 수많은 사회적 약자들의 울타리는 갈수록 낮아지고 구멍이 숭숭 뚫려 있다. 이런 처지에 몰린 사람들이 신세 한탄할 공간은 대한민국 어디에도 찾을 수 없다. 2016년 11월 박근혜 대통령 하야를 외치는 시간이나, 50년 전 이승만 정권 때나 어떤 차이점이 있는지 모르겠다. 1950년대 이승만 독재정권에서, 1960~1970년대 박정희 유신정권으로, 1980년대 전두환 군부독재로 이어졌고 이명박 정권, 박근혜 정권까지 연장되어 왔다. 지나온 수십 년을 돌아보며 결코 달라진 것이 없다고 생각하니까 숨이 막힌다.

집회에 참석한 사람들을 볼 때마다 30년 전, 20년 전, 8년 전 그 사람들이 그 사람들이다. 단지 달라진 것이 있다면 그들이 나쁜 국민이라는 소리를 듣고 나이만 먹었다는 현실이다. 찬바람이 바짓가랑이를 타고 올라와도 춥다는 생각보다는 반드시 이 시절을 이겨내야 한다는 생각이 앞섰다. 그런데 이제는 단 몇 시간만 노숙을 해도 온몸이 굳는다. 내 몸이 어쩌다 이렇게 세월만 잔뜩 먹었을까. 어쩌다 이 나라가 이렇게 변하지 않는지, 누구에게 이 어려운 숙제를 물어보아야 하는지 알 수가 없었다. 어느 여고생의 손에 들린 피켓(이게 나라냐?)을 보고 한참을 말을 잊지 못했는데 그들이 이 나라를 경영할 때까지 나이를 먹더라도, 몸이 예전 같지는 않더라도 버틸 수밖에 없다는 생각을 하니 서글퍼진다. 분명 광장에서 만난 사람들은 희망을 이야기하는데 왜 이렇게 희망은 더디게만 오는

지 모르겠다.

　이번 박근혜 게이트가 문제의 끝이라고 생각하지 않는다. 이승만을 넘었고, 박정희를 넘었고, 전두환을 넘었고, 이명박·박근혜를 거쳐 오면서 또 다른 이승만 또 다른 박정희 또 다른 전두환을 만나야 했다. 모두가 주권자의 잘못이라고 여길 수밖에 없다. 권력을 가진 자들은 내 탓이 아닌 남 탓을 하는 공통점을 갖고 있다. 결국 그 책임은 고스란히 국민의 몫이 되었다. 실제로 국민들이 그 모든 책임을 지면서 살아간다. 또다시 대한민국 국민들은 그 책임을 져야 하는 현실 앞에 서 있다. 국민은 생활에서 그 책임을 져야 하지만 독재를 했던 대통령은 그런 책임에서 자유롭다. 심지어 미화작업(국정교과서)까지 하는 일도 벌어진다.

　우리가 박근혜 대통령한테 요구한 것은 별거 아니었다. 대통령이 어떻게 해야 하는지에 대한 답은 집회에 참석한 고등학생들 입에서 나왔다. 대학생들 입에서도 나왔다. 청년들 입에서도 나왔다. 그들의 생각을 정리하면 '법과 원칙'을 지키면서 국민이 위임한 권력을 사용하라는 것이다. 주권자는 헌법을 준수하고 법을 지키고 있는데 지도자는 헌법을 유린하고 법을 어기면서 국민을 힘들게 한다면 어떻게 해야 할까. 나쁜 국민이라는 소리를 듣더라도 대통령을 향해 하야하라는 요구를 할 수밖에 없다. 거리에서 광장에서 만난 시민들의 한결같은 요구는 대통령은 법과 원칙을 가지고 국가를 경영하고, 반칙 없는 사회를 만들기를 바랐다고 말한다. 대통령한테 당연하게 요구할 수 있는 주권자의 권리이다. 이렇게 하지 못하니까 국민들이 아프고 슬프다. 정치 민주화, 경제 민주화, 검찰과 경찰, 그리고 국정원이 국민의 편에 선다는 것은 대한민국에서는 불가능한 일일까.

박근혜 정권의 헌법파괴, 국기문란 사태를 지켜보며 국민들의 분노가 단순히 최순실 국정농단에 그치지 않다는 것을 알 수 있었다. 촛불 민심은 사회 전반적인 개혁을 요구하고 있었다. 이번 사태처럼 국가가 위기에 빠지면 희망의 끈을 마지막까지 놓지 않는 것도 국민들이다. 역설적이지만 반민주적인 사태가 터질 때마다 민주시민들이 양산되었다. 2008년 미국산 광우병 쇠고기 집회에 참여했던 중학생들은 대학생이 되었고 고등학생들은 사회에 진출했고 대학생들은 30대가 되어 있다. 이들은 법과 원칙을 지키며 반칙 없는 사회를 기대하고 있다. 땀을 흘리면 그만큼 대우를 받는 사회를 꿈꾸고 있다. 이런 국민들이 나쁘게 보인다면 그는 필부보다 못한 지도자다.

어느 시대 어떤 독재자가 서슬 퍼런 권력을 휘둘러도 그것을 막아낸 것은 국민이다. 그래서 국민을 이기는 권력은 없다는 소리를 하는 것이다. 국민들이 외친 이야기는 단순하게 박근혜 대통령의 퇴진보다는 대한민국의 근본적인 구조를 바꾸어야 한다는 뜻이 강하게 담겨있었다. 근본적인 변화가 없다면 제2의 박근혜, 제3의 박근혜 대통령이 나올 수밖에 없는 구조를 우리 사회는 안고 살아야 한다.

ⓒ김무환

거문도 주민들이 벌인 12월 10일 해상 시위

촛불이
횃불 되어

근혜 히틀러, 65.1×53cm, 캔버스에 유화, 2016. 류성환 作

마당을 나온 암탉, 종이에 과슈, 나무가방, 이미지 프린트, 계란 등 혼합재료, 2015. 김성수 作

삼위일체, 나무가방, 종이 위에 수묵, 디지털프린트, 2016. 김성수 作

촛불이 횃불 되어, 1×5.3cm, 캔버스에 아크릴, 2016. 권용택 作

액자, 35×47cm, 사진 액자, 2016. 이종구 作

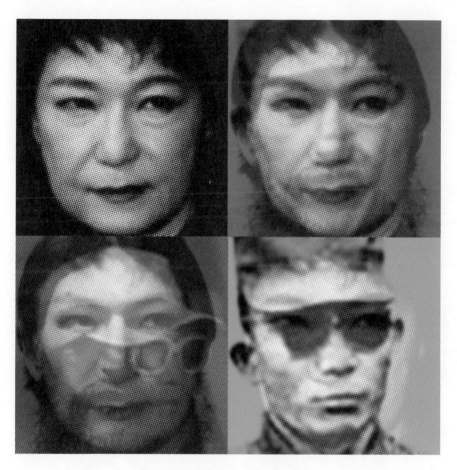

박근혜정희, 디지털프린트, 사이즈는 상황에 맞게 출력하여 설치, 2016. 이인철 作

문화 10적 지묘(之苗) 퍼포먼스, 2016. 임옥상 作

못 찌르자 박근혜 최순실, 국민 퍼포먼스를 위한 설치작품, 2016. 임옥상 作

Shaman Korea, 디지털 프린트, 2016. 이하 作

미완성 교향곡(Unvollendete Symphonie),
1380×416cm, 캔버스에 아크릴릭, 2016.
김병호 作

학살, 72.7×53cm, 캔버스에 아크릴릭, 2015. 차규선 作

씨발, 33.4×24cm, 캔버스에 아크릴릭, 2014. 차규선 作

똥의탄생-1, 130×89cm, 캔버스에 아크릴릭, 2016. 홍성담 作

부록

시국선언문
시국선언 명단

* 수록된 시국선언문 중 일부는 선언 단체(주체)와 연락이 닿지 않았습니다. 연락을 주시면 고맙겠습니다.

민주주의 조롱하는 '최순실 게이트' 규탄한다!

"도대체 이게 나라냐"
대한민국 '최순실 패닉'

대한민국은 현재 '최순실 패닉' 상태이다. 최근 언론보도를 통해 박근혜 대통령의 국정 운영 전반에 걸쳐 민간인 최순실이 직접적으로 개입했음이 폭로되었다. 정부, 국회, 언론, 기업, 대학 등 전반에 걸쳐 '비선실세 최순실'은 모든 것을 좌지우지하고 있었다. 국가기밀인 대통령 연설문을 사전에 받아 수정하고, 미르, K스포츠 등 유령재단을 통해 재벌 대기업들에게 거액의 돈을 요구하였다는 등 그녀의 권위는 국민들의 예측을 뛰어넘어 이루 말할 수 없이 거대하였다. '최순실 패닉'에 빠진 대한민국. 박근혜 대통령은 기자회견을 통해 "최순실의 도움을 받았다"며 최순실의 국정개입을 인정하였고 이로써 민주주의를 조롱하는 이 사태는 실체가 되었다. **뿐만 아니라 박근혜 정부는 민주주의를 조롱하는 것에도 모자라, 사전녹화를 통해 진행된 1분 30초의 대국민 사과 기자회견조차 거짓임이 밝혀져 또다시 국민을 조롱하기에 이르렀다.**

대한민국의 주권은 일개 개인의 것이 아니며, 개인의 이익을 위해 사용되어서는 안 된다. 대한민국의 주권은 국민에게 있고 모든 권력은 국민으로부터 나온다는 헌법 제1조, 국민에 의해 만들어진 박근혜 정부는 국민을 그리고 나라의 주권을 철저히 짓밟고 무시하였다. 세계사에서도 유래를 찾기 힘든, 헌정사 초유의 '비선실세 국정농단'에 국민들은 허탈함을 넘어 경악과 분노할 수밖에 없었다.

대한민국의 국민이자, 대학생으로서, 권력의 실세를 통해 수많은 특혜를 누린 정유라 의혹에 대한 규명을 요구한다. 누군가에게는 12년이라는 긴 시간에 걸쳐 노력 끝에 들어간 대학이지만 입시 유형 신설로 인하여 정유라는 경쟁 없이 대학에 입학하는 특혜를 누렸다. 고생 끝에 들어간 대학에서 밤낮 가릴 것 없이 과제와 시험공부에 시달리며 정당하게 평가받은 대학생들. 그러나 정유라는 얼토당토 않는 레포트와 출결에도 불구하고 학점을 인정받으며 다시 한 번 호사를 누렸다. 모든 것에는 최순실의 돈과 권력이 있었다. 그러나 그 돈과 권력은 최순실과 정유라 두 모녀의 것이 아닌, 나라를 위해 힘쓰고 있는 모든 국민으로부터 나온 것이다 우리는 말한다. "돈도 실력이다. 부모를 원망하라는 당신들이 누릴 수 있었던 그 모든 특혜는 우리의 노력과 양심으로 만들어진 것이며, 이제 더 이상 우리는 당신들을 가만히 두고 볼 수는 없다!"

민족경기의 일원으로 민주주의를 조롱하는 현 정권에 요구한다.
오늘날 민주주의가 뿌리내릴 수 있게 끝없이 맞서 온 선배들과 미래를 이끌어 갈 민족경기의 일원으로 민주주의를 조롱하는 박근혜 정권에 촉구한다. 앞서 밝혀진 국정개입, 정유라 특혜 의혹 등 모든 사태에 대해 성역 없는 특검 수사를 진행해야 하며 결과에 따른 모든 책임을 물어야 할 것이다. 대한민국의 국민이자, 대학생인 민족경기의 일원으로서 더 이상 국민과 민주주의를 조롱하지 않는 올바른 나라가 되기를 현 정권에 요구한다.

민족경기 33대 자주적 총학생회

[박근혜 정권의 비선실세 국정파탄 규탄 동국대학교 시국선언]

현 정권에 이미 찍혀 있던 마침표, 이제는 끝내야 한다

누구를 위한 국가인가.
최근 최순실 게이트 사태를 통해 우리는 박근혜 정권의 비선실세들이 국정 개입을 넘어서 국정을 농단했다는 사실을 알게 되었다. 대한민국의 주권은 누구에게 있는가. 이 국

가는 일부 독재세력을 위한 것인가. 연설문 한 줄 한 줄, 국제 행사 의상 장식부터 경제 문화정책, 외교문서, 대북정책, 청와대 인사, 극비 문서까지 최순실의 입김이 닿지 않은 곳이 없다. 그것도 모자라 최순실은 미르, K스포츠 재단을 설립하여 재벌들로부터 수백억의 상납금을 챙겼다. 동국대 출신인 집권 여당의 수장은 그저 현 정권을 비호하기 위해 '나도 연설문을 쓸 때, 친구의 도움을 받는다'는 망언을 쏟아내고 있다. 2016년 지금, 대한민국은 국가 최고 권력의 사유화로 인해 파탄을 넘어 혼돈의 상태이다.

하지만 국정 능욕, 국가 파탄의 주범 박근혜 대통령은 대국민 녹화 사과로 국민들을 다시금 기만하였다. 청와대 보좌체계가 완비되기 이전까지만 최순실의 도움을 받았다는 박근혜 대통령의 말은 비선실세를 인정하면서도, 사안을 축소·은폐하려는 얕은 문제인식 수준을 드러냈을 뿐이다. 그것으로도 모자라 정국의 주도권을 놓지 않으려고 임기 내 개헌을 주장하는 박근혜 대통령의 태도에서 우리는 아무런 책임도, 반성도 느낄 수 없다.

예고된 상황. 마침표는 이미 찍혀 있었다.

박근혜 정권의 몰락은 예고된 상황이었다. 권력을 이용해 저들만의 황금탑을 쌓고 있는 동안 우리 청년들의 삶은 어떠했는가. 헬조선에서 청년들은 빛바랜 수저 하나 들고, 절망을 곱씹고 있다. 청년고용이라는 허울로 비정규직을 양산하고, 공공부문의 민영화와 무분별한 구조조정으로 이 땅에 청년들은 제대로 숨을 쉴 수 없었다. 또한 박근혜 정권은 그동안 국민의 목소리를 배제하다 못해 짓밟아 왔다. 현 사태에 대한 우리의 분노는 최순실이라는 한 개인을 넘어서, 박근혜 정권의 4년 속에 이미 축적되어 왔던 것이다. 결국 무능과 독재로 얼룩져 있던 현 정권의 실체는 드러났고, 우리는 이미 찍혀 있던 마침표를 다시금 확인하였다.

우리는 우리의 주권을 한 민간인에게 빼앗겼다. 화랑세기 속에 '미실'이 있었다면 지금 대한민국에 '순실'이 있는 것이다. 최순실 게이트 사태는 박근혜 정권의 퇴진을 넘어서 관련자 모두가 법적 처벌을 받아야 하는 심각한 범법행위이다. 국민 없는 국가, 최순실의 나라, 이러한 상실의 시대 속에서 동국인들은 더 이상 침묵할 수 없다.

박근혜 정권의 책임은 곧 퇴진이다.

사학비리와 대학구조개혁, 수백만 원의 입학금과 등록금으로 고통 받는 대학생의 현실 앞에 비선실세의 딸은 달그닥 훅 하면 된다고 말하고 있다. 이제 이 국가가 바로 서고, 대학생들의 문제가 해결되기 위해서 박근혜 대통령은 퇴진으로 마지막 책임을 져야 할 것이다. 그리고 박근혜 대통령과 최순실 게이트로 민주주의와 헌정질서를 훼손시킨 모든 비선실세들에 대한 분명한 수사와 엄중한 처벌이 이뤄져야 할 것이다. 정말 간절히 원해서 우주가 도와주길 바란다. 그러면 퇴진은 이뤄질 것이다.

4·19혁명의 정신을 계승하고 대한민국의 민주화를 이끌었던 민족동국의 정신을 이어받아 동국대 학생들은 이 땅의 민주주의와 헌법질서가 바로설 수 있도록 박근혜 정권의 퇴진과 비선실세의 처벌을 강력히 요구하는 바이다.

2016년 10월 28일

48대 총학생회/48대 총대위원회/32대 일반대학원총학생회/제37대 교육대학원총학생회/15대 영상대학원총학생회/32대 동아리연합회/48대 경영대단과대학운영위원회/38대 공과대학생회/48대 문과대학생회/8대 바시대학생회/29대 법학대학생회/48대 불교대학생회/48대 사범대학학생회/29대 사회과학대학생회/6대 약학대학생회/30대 예술대학학생회/32대 이과대학생회 이하 17

43대 가정교육과학생회/48대 경제학과학생회/41대 교육학과학생회/48대 국어교육과학생회/제4대 국어국문학예창작학부학생회/48대 국제통상학과학생회/22대 광고홍보학과학생회/2대 글로벌무역학과학생회/4대 물리반도체과학부학생회/45대 미술학부학생회/57대 바이오환경과학과학생회/23대 북한학과학생회/제71대 사학과학생회/37대 사회학과학생회/63대 생명과학과학생회/62대 수학과학생회/55대 식품공학과 학생회/57대 식품산업관리학과학생회/22대 신문방송학과학생회/48대 역사교육과학생회/57대 연극학부학생회/제32대 영어영문학과학생회/제16대 영어통·번역학과학생회/57대 영화영상학과학생회/8대 의생명공학과학생회/제33대 일어일문학과학생회/70대 정치외교학과학생회/제21대 중어중문학과학생회/48대 지리교육과학생회/제63대 철학과학생회/49대 통계학과학생회/56대 행정학과학생회/62대 화학과학생회 이하 33

동국대역사소모임 사다리/물리반도체과학부소모임 일사분란/백남기지키기 동국대모임/북한학과소모임 학술동맹/북한학과소모임 백두/정치외교학과학술소모임 INTIME/정치경제학연구학회/중앙동아리 맑스철학연구회/청년학생진보모임 달려라진보 이하 9

총 59단위

우리 배재인은 우리의 시국선언이 마지막이 되길 희망하며
박근혜 정권을 규탄한다

3년 전 대학생들은 '안녕들 하십니까?'로 안부를 물었다. 서울에서 시작된 대자보는 사람들의 공감을 받아 전국적인 인사문구가 됐다. 하지만 지금까지도 우리는 안녕하지 못한다. 떨리는 손으로 썼던 대자보는 우리 배재인의 가슴을 울리지 못했던가? 국정원 대선 개입 논란에도, 세월호의 참사에도, 역사 교과서 국정화 과정에서도, 우리 배재인은 소소한 안녕을 위해 침묵을 굳게 지켰다. 우리 배재인은 이들을 외면하는 과오를 저질렀다. 하지만 역사의 흐름에 부끄럽지 않으려는 열망을 품고 참회의 행동에 앞장선다.

현재 대한민국 민주공화국은 박근혜 대통령이 말 한대로 비상시국이다. 본인이 원해서, 본인을 위해서, 본인에 의해서 우리의 조국은 비상시국을 맞이했다. 막후에는 최태민 일가와 유신의 망령이 만들어낸 부정의 온상들이 펼쳐져 있다. 이에 우리는 오랫동안 침묵으로 일관하였다. 우리의 침묵은 현 사태에 대한 젊은이의 소리 없는 울분이자, 이 땅에 희망이 얼마나 남아있는지 확인하는 눈물겨운 기다림이다.

우리 배재인은 박근혜 대통령의 하야를 갈구한다. 정치적인 방향성과 이념을 떠나, 법치국가에서 일어날 수 없는 일이 일어났기 때문이다. 평범한 일상이 무너졌다. 사회를 구성하는 정의가 증발했다. 우리는 이 나라가 부끄러워 감추고 싶다. 우리가 느끼는 감정은 박근혜 정부에 대한 부끄러움이자 안위만을 탐닉해온 우리의 부끄러움이다. 우리 배재인의 분노는 양도받은 신성한 권력을 사유화하는 모습에서 태어났다. 우리의 불신은 반복되는 거짓에서 나왔다.

국민은 거울이다. 당장 고개를 들어 거울을 바라보라! 무엇이 보이는가! 배재인은 어제와 같고 싶지 않다. 행동하는 마음에는 높낮이가 없음을 누구보다 잘 안다. 우리는 우리의 삶을 지키기 위해 이곳에 모여 있다. 이제 고개를 들어 좌우를 살펴보자. 옆에는 누가 있는가? 소소한 일상을 공유하는 소중한 학우가, 든든한 버팀목이 되어준 가족이, 세상을 바라보는 진리를 알려주는 교수님이 계신다. 더 이상 권력자의 만행을 보고 우리 배재인은 절대 좌시하지 않을 것이다. 함께 맞설 것이다.

사회의 아픔에 공감하는 우리 배재인은 청춘의 꽃을 사회정화의 불꽃으로 승화시킨다. 차가운 길거리에서 생존을 위해 투쟁하는 노동자들이, 슬픔을 간직하는 세월호 참사 유가족들이, 올바름을 되찾기 위한 학생들이 힘겹게 내민 손을 잡아 연대를 한다. 저들의 고통은 우리의 고통이고, 저들의 슬픔은 우리의 슬픔이고, 저들의 기쁨이 곧 우리의 기쁨이다. 우리 배재인은 왜곡되지 않은 시대정신으로, 행동하는 지성인의 표본으로 정의가 바로 설 것을 외친다.

하나 더 나은 민주주의를 위해, 박근혜 대통령은 국민의 뜻에 따라 당장 물러나라!
하나 검찰은 최순실 및 그 측근에 대한 끊임없는 의혹에 대해 즉각 해명하고 처벌하라!
하나 최순실과 박근혜 대통령은 사회적 병폐를 키우는 데 일조한 장본인으로 눈물 흘리는 국민들에게 진심으로 사과하라!

시국선언을 위한 배재인의 모임

[교지 〈러비〉 시국선언문]

민주주의 유린하는 박근혜 정권을 규탄한다

박근혜 정권에 의해 피로 이룬 민주주의가 유린당했습니다. 대한민국은 민주공화국입니다. 모든 권력은 국민으로부터 나옵니다. 투표를 통해 권력을 위임받은 박근혜 대통

령은 절차적 정당성이 없는 최순실에게 권력을 넘겼습니다. 민주주의의 의의는 그 과정에 있다고 생각합니다. 국민의 권력이 대표자에게 위임되는 과정, 또 그를 감시하고 통제하는 과정도 있어야 합니다. 하지만 '비선'이라는 말처럼 최순실은 어떠한 감시나 통제도 받지 않았습니다. 숨겨져 있었기 때문입니다. 늦었지만 박근혜-게이트의 실체가 서서히 드러나고 있습니다. 드러날수록 참담하기 짝이 없습니다.

최순실의 딸 정유라는 우리와 다른 나라에 사는 것 같습니다. 우리가 대학에 오려고 누가 시켰는지도 모를 경쟁에 내몰려 있을 바로 그때, 정유라는 이화여대엔 있지도 않던 승마 전형을 만들어 입학했습니다. 우리가 대학 진학 후에도 끝없이 이어진 무한경쟁 속에서 노력하고 있을 때, 정유라는 온갖 특혜를 받았습니다. 출석 미달로 학사경고를 받자 느닷없이 학칙이 개정되고 소급 적용하여 학점을 챙겨 가기도 했습니다. 우리는 정말 같은 나라에 사는 것이 맞는지 의심스럽습니다.

하지만 우리는 이른바 박근혜-게이트에서 이야기를 멈추면 안 된다고 생각합니다. 현재 여러 형태로 표출되고 있는 정권에 대한 분노가 비단 박근혜-게이트 때문만은 아니라고 생각하기 때문입니다. 박근혜 정권 들어 국정은 항상 시끄럽고 어지러웠습니다. 이 정권은 역사교과서 국정화를 통해 하나의 사관을 제외한 다른 사관을 없애려 했습니다. 그 교과서는 오는 11월 28일 공개될 예정입니다. 또한, 우리나라의 노조 조직률은 OECD 가입국 중 뒤에서 네 번째인데 '강성 노조' 때문에 경제가 발전하지 않는다고 열심히 일하는 노동자 탓을 하며 '노동개악'을 추진하기도 합니다. 자유와 해방을 이야기한 예술인들을 '블랙리스트'에 올려 정부정책에서 '왕따' 시키기도 했습니다. 쌀값의 정상화를 이야기하기 위해 서울로 올라온 백남기 농민을 물대포로 살인한 정권입니다. 세월호 참사로 304명의 사람이 죽었는데도 정상적인 특조위조차 꾸리지 못하여 밝혀진 진상이 없습니다. 이렇게 우리는 민주주의가 유린당하는 많은 사건을 겪었고 지금 박근혜-게이트로 이 땅의 민주주의는 땅으로 더 빠르게 추락하는 중입니다. 많은 '정상'들이 '비정상화'되고 있습니다.

10월 27일 박근혜 대통령이 방문한 부산에서 대학생들의 입을 경찰이 막았습니다. 그리고 목을 감아 연행했습니다. 그들은 '박근혜 하야'를 외칠 예정이었지만, 그들의 입은 막혔고 소리치지 못했습니다. 그리고 10월 29일 청계광장 도처에서 대규모 집회가 열렸습니다. 예상보다 훨씬 많은 인원이 참가했고, 갑자기 차가워진 바람에도 '박근혜 퇴진'과 '최순실 구속'을 외쳤습니다. 그 목소리는 청와대에서도 들렸으리라 믿습니다. 철학자 랑시에르는 진정한 정치는 '보이지 않는 것을 보이게 하고 들리지 않는 것을 들리게 하는 것'이라 했습니다. 비록 지금까지는 우리의 목소리가 박근혜 정권에게 들리지 않고 보이지 않았더라도 들리게 하겠다고 얘기하는 사람들이 많습니다. 진정한 정치의 주체는 박근혜 정권이 아닌 우리입니다.

"훗날, 역사가 '오늘'을 중요한 날로 평가한다면 그건 아마 여러분이 우리가 함께 광장에 섰기 때문일 겁니다." 10월 29일 '한겨레21'에서 이런 메시지를 보냈습니다. 그리고 11월 12일 또 한 번 우리의 목소리를 모을 수 있는 날이 있습니다. 그 날 다시 한 번 광장에서, 그 목소리를 듣길 바랍니다.

서울과학기술대학교 교지편집위원회 〈러비〉 올림.

"불행하여라, 거짓의 끈으로 죄를 끌어당기고 수레의 줄을 당기듯 죄악을 끌어당기는 자들!"(이사 5,18)

오늘 우리가 살고 있는 이 나라는 대체 누구를 위한 나라인가? 국정원 대선 개입, 부정선거, 세월호 참살, 故 백남기 임마누엘 어르신 살해, 고용주들만의 세상을 위해 국민의 안전은 뒤로하고 노동자들을 소모품으로 만드는 노동개악과 각종 민영화 정책, 굴욕적인 위안부 합의와 대학생들이 몸 바쳐 지키지 않으면 안 되는 상황에까지 이른 소녀상 문제, 학문의 자율성과 민주주의를 훼손하는 한국사 교과서 국정화, 자신들의 권력만을 위해 국가적 안위와 이득은 저버린 채 강행하고 있는 성주와 강정의 미군 군사

시설들, 이적행위나 다름없는 심각한 방산비리, 4대강 사업과 그 비리들, 미래세대와 국민의 안위를 담보로 자신들의 배를 불리는 데 이용하고 있는 원전, 밀양, 그리고 오늘에 이르러 드러나고 있는 이른바 최순실 사태(부정입학과 특혜, 수백억 차출, 국정농단)까지! 거미줄처럼 연결되어 있는 이 온갖 불의와 부정들을 언제까지 참아주어야 하는가? 가난하고 소외된 이들을 짓밟고 그 위에 세워 올린 그 성(城)의 오만방자한 작태를 오늘 우리는 여실히 목격하고 있다.

이에 사제가 되기를 희망하며 기도하고 수련하고 있는 우리 천주교 신학생들은 불의와 어둠이 만연한 세태 앞에 단순히 분노하는 것을 넘어, 이 시대의 청년들로서, 이 사회의 같은 구성원으로서, 그리고 무엇보다 "이 세상의 빛과 소금이 되어야 할 책무를 지닌 그리스도인"들로서 책임감을 통감하면서 참담한 심정으로 오늘 겸허히 일어선다. 우리가 믿는 신앙은 양심을 지닌 모든 사람들 그중에서도 특히 모든 그리스도인들이 "인간을 억압하는 모든 불의에 맞서야 한다."고 아주 분명하게 가르치고 있다. 이에 우리는 교회의 이러한 가르침과 하느님께서 부여하신 양심의 촉구에 따라 이 거대한 불의에 저항하며 다음과 같이 엄중히 촉구한다.

모든 진실을 낱낱이 밝히고 관련 책임자들의 처벌이 끝까지 공정히 이뤄지게 하라!

최순실 게이트와 연관한 자본과 권력의 모든 부정비리들을 낱낱이 밝혀야 한다. 미르-K스포츠-더블루K-비덱과 연관한 자금이 어떻게 운용 되었는지 밝히고 그에 대한 책임을 끝까지 지게 만들어야 한다. 뿐만 아니라 국정원 대선 개입과 연관한 모든 진실이 낱낱이 밝혀져야 한다. 세월호와 관련한 모든 진상을 명확히 규명하고 관련자들의 사죄와 책임을 끝까지 물어야 한다. 故 백남기 임마누엘 어르신의 피살과 연관된 모든 이의 엄중한 처벌과 사죄가 이뤄져야 한다. 굴욕적인 위안부 합의를 폐기하고 관련자들의 모든 친일행적들에 대한 책임을 물어야 한다. 노동자들을 착취하고 국민의 안위를 저해하는 노동개악, 민영화 정책, 외국자본에 의탁하게 만드는 자원외교, 교과서 국정화를 중단해야 한다. 민족 간의 평화와 국민의 안전을 저해하는 모든 국방사업을 중단하고 특히 방산비리를 철저히 밝혀 처단해야 한다. 이밖에 열거하지 못하는 다른 모든 부정들에 대해서도 진실을 밝히고 엄중한 책임을 물어 끝까지 처벌하여야 한다.

오늘 우리의 이 외침은 결코 일시적인 분노에 기초한 것이 아니다. 따라서 우리의 이 선언과 요구 역시 일회적으로 끝나지 않을 것이다. 보다 근본적으로 우리는 이 시국과 연관된 우리의 사명, 곧 하느님으로부터 받은 정의와 평화의 세계를 건설하라는 그 명령때문에, 그리고 불의한 이들이 짓밟은 가난한 이들에 대한 사랑과 연민 때문에, 그리고 바로 그 가난한 사람들의 모습으로 고통 받고 계시는 그리스도 때문에, 이렇게 일어나외치고 있는 것이기 때문이다. 그러므로 오늘 우리의 이 선언은 단순히 지금 이 현안에만 끝나는 것이 아니라, 그것을 포함하면서 동시에 모든 시대의 모든 불의에 대한 분명한 저항의 선언인 것이다. 따라서 우리는 십자가를 지고 가신 예수님을 따르는 그 겸허한 마음으로 세상이 불의할수록 더욱 바르게 살아가며 세상이 어둠이 짙을수록 더욱단호한 저항의 외침으로 빛을 밝히며 "끝까지", 아니 "끝도 없이" 일어나 싸울 것이다.불의 앞에서라면 언제든 모든 순간에 모든 불의에 저항하여 맞설 것이다.

그러므로 불의를 일삼는 자들아! 우리는 이 시국과 연관한 모든 책임자들의 엄중한 처벌의 순간까지, 사필귀정의 그날까지 계속해서 저항할 것이다. 우리는 언제나 사태를예의주시할 것이며 필요한 모든 때마다 기꺼이 외치고 행동할 것이다. 결코 '가만히 있지' 않겠다. 우리 시대의 모든 불의와 부정, 폭력과 억압에 맞서 정의와 평화가 꽃피는그날까지 우리는 끝없이 일어나 맞설 것이다.

"부의 재분배, 가난한 이들의 사회 통합, 인권에 대한 사회의 요구는, 배부른 소수를 위한 잠시뿐인 평화나 허울뿐인 서면 합의를 이룬다는 구실로 짓누를 수 없습니다. 인간 존엄성과 공동선은 자신의 특권을 좀체 포기하지 않으려는 이들의 안위보다 훨씬 드높은 것입니다. 이 가치들이 위협받을 때 예언자적 목소리를 드높여야 합니다."(복음의 기쁨, 218항)

2016년 10월 28일, 순교로 신앙을 증거한 사도들의 축일에

수원가톨릭대학교 제33대 총학생회

박근혜는 국민의 뜻 받들어 즉시 하야하라

한 '개인'이 기밀에 해당하는 국가안보와 청와대 인사, 외교 등에 관한 각종 자료를 받아보고 개입한 정황이 드러났다. 심지어 민족 정서상 민감한 문제인 독도문제에 대하여는 '아베총리를 만나 독도 이슈에 대해서는 일본이 먼저 언급하면 미소로 대응하고 먼저 언급하지 않는 것이 바람직하다'라는 충격적인 내용까지 구체적으로 언급되어 있었다. 한 국가의 주권문제가 한 개인에 의해 농단되고 있었던 것이다.

박근혜 대통령은 지난 10월 25일자 대국민 사과에서 최순실의 국정 개입을 인정함으로써 국가원수의 지위를 스스로 부인하며 누가 실세인지를 영락없이 보여주었다.

최순실은 현 정권의 배후 실세로 군림하며 국정을 농락했다. 나아가 권력을 사유화함으로써 국가의 공적 권위를 해체하고 사회의 도덕적 기강을 붕괴시켰다.

2014년 4월 16일 세월호 참사로 304명의 생명이 차가운 바다에 희생될 때 박근혜 정권은 단 한 사람의 어린 생명도 구조하지 못했다. 유가족의 슬픔을 외면하였고, 7백만에 달하는 국민 요구로 만들어진 세월호참사특별법과 세월호특조위를 방해하고 무력화시켜 그 어떤 진상규명도 하지 않았다. 한민족의 얼을 담아야 할 역사교육의 국정화를 강행하여 국민의 민주적인 교육권을 박탈하고 친일과 독재를 미화하려는 의도를 드러내었다. "우리 농업을 지키겠다"고 약속한 대통령의 공약 이행을 요구하던 백남기 농민에게 물대포를 쏘아 죽게 만들고는 그 책임이 두려워 장례까지 방해하는 파렴치함과 추악함을 보였다. 평생을 아픔의 세월로 살아오신 일본군 '위안부' 피해 할머니들에게는 진정어린 사죄 없이 10억 엔으로 일본과 합의를 하여 다시 한 번 시퍼런 대못을 박고 우리나라의 주권이 상실했음을 보여주었다. 세계 유일 분단국가인 우리나라에서 평화와 남북 교류협력의 상징이던 개성공단을 폐쇄하고, 대북 강경언사, 사드 배치 결정

등으로 국가와 국민을 전쟁 위험에 빠뜨렸다. 다시금 한반도를 남북 긴장과 반공·반북 이데올로기의 장으로 전략시킨 것이다.

우리는 박근혜 정권을 더 이상 인정 할 수 없다. 지난 3년 8개월 동안 이 정권이 보여준 무지, 무능력, 무책임의 뿌리가 가림막 뒤의 한 개인의 국정 농단과 권력의 사유화에 깊게 내리고 있음을 확인하였다.

대한민국의 역사는 민주주의를 쟁취하기 위해 외세와 독재정권에 맞서 싸우신 수많은 의인들의 피로 쓰인 것이다. 박근혜 정권의 행태는 대한민국의 자주와 민주화를 이루기 위해 피를 흘리신 수많은 열사들에 대한 씻을 수 없는 모욕이다.

우리 한신대학교 구성원들은 박정희 독재정권에 맞서 싸우신 장준하 선배님의 가르침과 이 땅의 정의와 민주화를 위해 희생을 치르신 여러 선배님들의 정신을 이어받아 다시 한 번 무너진 정의를 바로 세우기 위해 나섰다. 이에 수많은 선배들과 열사들의 땀과 피로 일궈낸 민주주의를 짓밟고 국민을 우롱한 박근혜 대통령의 하야를 강력히 촉구한다.

민족한신 총학생회

전국교수노동조합 한신대지부

전국대학노동조합 한신대학교지부

한신대학교 총동문회

한신대학교 민주동문회

박근혜 대통령의 사퇴를 요구하고
집권 여당인 새누리당의 책임을 묻는 과학기술인들의 주장

배경 : 대한민국은 민주공화국이고, 주권은 국민에게 있으며 모든 권력은 국민으로부터 나온다(헌법 1조). 선출직인 대통령과 집권 여당은 헌법을 수호하며 그 정신에 따라 한국 사회를 운영할 의무가 있다. 최근의 박근혜-새누리당-최순실 게이트는 현 정권이 이런 의무를 다하지 못했음을 극명하게 드러냈다.

방법 : 대한민국의 18대 대통령인 박근혜와 집권 여당인 새누리당의 국정 운영이 헌법적 가치에 부합했는지 그 여부를 검토한다.

결과 : 2016년 갑작스러운 개성공단 철수는 국민에게 한 약속을 일방적으로 파기하여 경제적 피해를 초래한 동시에 한반도의 안보 불안을 조성한 결정이었다. 이는 평화통일(헌법 4조)과 국민의 재산권(헌법 23조)과 복리 증진(헌법 69조) 조항에 위반된다. 2015년 위안부 협상은 그 진행 과정에서 피해 당사자를 배제했고, 더 나아가 존재하지 않는 일본의 공식적인 사과를 근거로 당사자들에게 합의를 강요한 굴욕적 결정이었다. 이는 위안부 여성들의 존엄(헌법 10조)을 훼손하였을 뿐 아니라, 일제 강점기 '3·1 운동으로 건립된 대한민국 임시정부의 법통'을 계승한 헌법 정신에 위반된다. 2015년 역사 교과서 국정화는 전체주의적 유일 사관을 학생들에게 일방적으로 주입하겠다는 구시대적 결정이었으며, 이로 말미암아 현재 저자가 누구인지조차 밝히지 못하는 교과서의 사용을 눈앞에 두고 있다. 이는 교육의 자주성·전문성·정치적 중립성(헌법 31조 4항)과 토론을 통해 최선의 결론을 도출하는 학문의 자유(헌법 22조)를 침해한다. 2014년 세월호에 탄 304명의 국민은 국가의 외면 속에 침몰하는 배에서 끝내 나오지 못했다. 세월호 참사는 국가가 재해를 예방하고 그 위험으로부터 국민을 보호해야 하는 의무(헌법 34조 6항)를 저버린 비극이었다

더 나아가 2016년 박근혜-새누리당-최순실 게이트는 현 정권하에서 국가권력이 개인의 사적 이익 추구를 위해 악용되었음을 보여준다. 선출되지도 임명되지도 않은 비선 실세가 오천만 국민의 생계와 안전을 책임지는 국가 시스템에 개입했으며, 정부기관과 기업을 겁박하여 자신의 사익을 추구했다. 이 모든 사태의 일차적인 책임은 국가를 대표하는 원수로서 민주공화국의 헌법을 수호할 책무(헌법 66조)를 지닌 박근혜 대통령에게 있다. 집권 여당인 새누리당도 이 사태에서 피할 수 없는 공범이다. 만에 하나, 새누리당이 이 사태를 몰랐다면 그것은 자신들이 국정운영을 책임질 최소한의 능력이 없다는 고백에 지나지 않는다.

결론 : 대한민국은 민주공화국이다. 정치인과 그 주변인이 헌법적 가치를 훼손하고 그 권력을 사유화하여 자신의 사적 이익 추구를 위해 사용하는 순간부터, 정당은 존재가치를 잃고 대통령은 더 이상 민주공화국의 국가원수일 수 없다. 새누리당을 포함해 헌정 질서를 무너뜨린 현 집권 세력의 책임을 엄중히 묻고, 박근혜 대통령의 사퇴를 요구한다.

2016년 11월 4일 0시

(ESC 회원 159명, ESC 비회원 과학기술인 347명, 총 506명 참여)

[박근혜-최순실 국정농단-헌정질서파괴 관련 '교육운동연대' 시국선언문]

박근혜 퇴진으로 '교육 농단' 끝장내자!

손바닥으로 하늘을 가리려는가? 주범이 종범을 내몰고 회전문을 다시 돌려 얼굴을 바꾸고, 짜맞추기 수사로 생색을 낸들 국민의 분노가 가라앉겠는가? 정치꾼들은 대국민 사기극을 그만 두라. 야당은 틈새 권력이나 노리지 말고 야당답게 거리로 나와 국민과

함께 정권 퇴진을 요구하라. 국기를 뒤흔들고 국정을 농단한 핵심 인물, 박근혜의 퇴진만이 국가를 정상화하는 길이니, 모로 가지 말고 정도를 걷자. 대통령 임기 중 하야가 헌정 질서의 파괴라고 했던가? 헌법을 유린한 박근혜의 퇴진이야말로 헌정의 회복이요, 비정상의 정상화이다.

박근혜 정권 치하에서 교육농단 사태를 막고자 동분서주했던 우리 교육단체 회원들은 연일 계속되는 시국선언에 숟가락 얹기 위해 성명을 발표하는 것이 아니다. 박근혜와 최순실 무리의 헌법 파괴 행위들이 불거지기 이전에 이미 박근혜는 대통령이 아니었다. 민주주의를 교란하고 국민의 인권을 짓밟고 노동자와 민중을 공격하고 민생을 나락으로 내모는 자를 어찌 국정의 수반이라 할 수 있는가? 민주공화국은 민주주의를 배신하는 대통령을 인정하지 않는 법이다.

'공약은 어기라고 있는 것'인 듯, 고교무상교육, 학급당 학생 수 감축, 학교 비정규직 고용안정과 처우개선 등 박근혜의 교육 약속은 모두 증발해버렸다. 민중은 개돼지에 불과하다는 교육부 고위관료의 말대로 박근혜 정권은 소수 특권학교만 살리고 일반학교는 죽였다. 학생과 교사들이 침몰하는 세월호에 갇혀 죽음의 문턱에 들어설 때 대통령은 어디서 무엇을 했는지 모른다. 학문의 전당인 대학을 구조조정하여 시장판으로 만들고 시간강사들을 위한다면서 오히려 궁지로 몰아갔다. 10여 년 전 전교조가 '해충'이라고 말하더니 대통령이 되자마자 참교육을 벌레 다루듯 법 밖으로 떨어냈다. 누리과정 '돈 장난질'로 민선 교육감들을 옥죄고 지방교육자치에 사사건건 시비 걸었다. 자본의 요구대로 교육과정을 뜯어고쳤고 권력이 써주는 역사만을 주입하기 위해 교과서까지 손대는 지경에 이르렀다.

그야말로 '교육 대란'이요, '교육 농단'이다. 이 모든 사태에 최순실 일당이 얼마나 개입했는지는 어쩌면 중요하지 않을지 모른다. 교육을 파탄 지경에서 구하자며 수없이 내어 놓은 우리의 합리적인 요구들이 그토록 간단히 무시당하고 기각되었던 배경 하나가 설명되고 있을 뿐이다. 이미 정권이 저지른 '교육 농단'만으로도 박근혜가 물러나야 할 사유는 충분하다. 현 정권의 해체는 어둠의 터널에서 교육을 구해내기 위한 현실적인 전제 조건이다. 우리 교육단체들은 교육의 회생을 위해, 교육의 변화를 위해, 그리고 미래세대를 위해, 박근혜정권의 지체 없는 퇴진을 요구한다!

박근혜는 처음이자 마지막으로 애국할 기회를 놓치지 말라. 혼이 비정상인 친구들, 넋이 나간 간신배들과 어울려 나랏일을 총체적으로 농단한 죄인의 1년 남짓한 시간과 선량한 국민들이 살아갈 도합 5천만년의 시간 중에서 어느 쪽이 더 중한가? 무의미한 자리 보존을 위해 '우주적 기운'에 기댈 것이 아니라 현실을 직시하고 민주주의의 원칙에 따르라. 국민 앞에 물러설 줄 아는 정치가 민주주의를 전진시키는 법이다.

2016년 11월 3일
'교육운동연대' 참가단체 대표자 일동

〈전국교수노동조합〉 위원장 노중기, 수석부위원장 홍성학, 부위원장 임재홍
〈민주화를위한전국교수협의회〉 송주명 상임의장, 김서중, 조승래, 김성재, 이광수(이상 공동의장), 정준영 정책위원장, 전현수 교육위원장, 김진석 사회정책특별위원장, 오동석 법제사법위원장, 김선일 사무처장
〈한국비정규교수노동조합〉 위원장 임순광, 수석부위원장 권정택, 사무처장 임헌석, 사무국장 김득중, 경북대분회장 정보선, 부산대분회장 이상룡, 성공회대분회장 홍영경, 성균관대분회장 현재원, 전남대분회장 박중렬
〈학술단체협의회〉 박거용 상임대표, 조돈문 공동대표, 김교빈 공동대표, 한상권 공동대표, 배성인 운영위원장, 정재원 운영위원, 김언순 운영위원, 김성윤 운영위원
〈전국대학노동조합〉 위원장 주영재, 수석부위원장 김동욱, 부위원장 김재년, 국공립대본부장 백선기, 서울지역본부장 이계원, 경인강원지역본부장 진광장, 대전충청지역본부장 박용기, 호남제주지역본부장 이진석, 부산경남지역본부장 박용준, 대구경북지역본부장 마상진
〈참교육을위한전국학부모회〉 회장 최은순, 수석부회장 고유경, 부회장 고영호, 부회장 이경자, 부회장 조성미, 정책위원장 나명주, 서울지부장 강혜숭, 경기지부장 이민애, 인천지부장 노현경, 대전지부장 이건희, 광주지부장 임진희, 세종지부장 윤영상, 부산지부장 편국자, 경남지부장 김미선, 울산지부장 나연정, 전남지부장 박정연, 전북지부장 장세희, 경북지부장 신현자, 충남지부장 심주호, 사무처장 배경희
〈평등교육실현을위한전국학부모회〉 상임대표 박준영, 부대표 박미향, 회계감사 이빈파, 심태식, 강원대표 김효문, 박순웅, 강원 집행위원장 고수정, 서울 대표 유현경, 임천수, 여용옥, 최명선, 서울 사무국장 박은경, 경기 대표 백승연, 이용석, 경기 사무국장 조효식, 인천 대표 이은주, 황진도, 인천 사무국장

강연희, 천안 대표 이윤상, 김동근, 천안 사무국장 이상명, 아산 집행위원장 이은주, 충북 대표 윤기욱, 충북 사무국장 조장우, 전북 대표 이세우, 전북 사무국장 염정수

〈교육희망네트워크〉

고춘식 상임운영위원장, 심성보 공동운영위원장, 조연희 공동운영위원장, 김현국 정책위원장, 박상준 조직위원장, 윤용배 허브공동집행위원장, 변춘희 허브공동집행위원장, 이부영 허브 실행위원, 이영탁 허브 실행위원, 권종현 허브 대변인, 김희정 허브 사무국장, 김옥성 서울 대표, 김용만 세종 대표, 서창원 대전 대표, 서창호 전남 대표, 송성영 경기 공동대표, 최창의 공동대표, 주미화 경기 공동대표, 유금분 의정부 대표, 이정은 부산 대표, 장윤상 전북(준)대표, 정연일 제주 대표

〈다른교육은가능하다〉 김인식 활동가, 김인숙 활동가

〈함께하는교육시민모임〉 박화양 공동회장, 양진용 공동회장, 김학경 사무국장, 김학윤 운영위원, 오성숙 운영위원, 김정명신 운영위원, 한상구 운영위원, 박신용철 운영위원

〈전국공무원노동조합 교육청본부〉 박용석, 정재용, 성용제, 전태영

〈전국교육공무직본부〉 본부장 안명자, 수석부본부장 김미경, 부본부장 최영심, 부본부장 이시정, 사무처장 정인용, 정책국장 배두산, 선전국장 유유, 조직1국장 이민정, 조직2국장 이동규, 총무국장 길수경, 서울지부장 윤영금, 강원지부장 이상난, 경기지부장 김영애, 경남지부장 김유미, 경북지부장(직대) 안명화, 대구지부장 임정금, 대전지부장 김은실, 부산지부장 정민정, 울산지부장(직대) 이명란, 인천지부장 이윤희, 광주지부장 신복희, 전남지부장 김말금, 전북지부장 명민경, 제주지부장 홍정자, 충남·세종지부장 민지현, 충북지부장 우시분

〈전국학교비정규직노동조합〉 위원장 박금자, 수석부위원장 고혜경, 부위원장 윤행연. 부위원장 이금순, 부위원장 황경순, 사무처장 민태호, 교육실장 문영복, 조직실장 곽승용, 강원 지부장 우형음, 경기지부장 박미향, 경남 수석부지부장 강선영, 경북 지부장 표명순, 광주 지부장 한연임, 대구 지부장 정경희, 대전 지부장 이성민, 부산 지부장 이필선, 서울 지부장 용순옥, 울산 지부장 김선진, 인천 지부장 안순옥, 전남 수석부지부장 우영덕, 전북 지부장 백승재, 제주 지부장 박인수, 충남세종 지부장 여미전, 충북 지부장 이영숙

〈전국여성노동조합〉 위원장 나지현, 부위원장 최순임, 부위원장 최승희, 사무처장 안현정, 조직국장 심명희, 경기지부장 조미란, 경남지부장 이진숙, 대구경북지부장 황성운, 광주전남지부장 김경미, 서울지부장 김정임, 울산지부장 이연희, 인천지부장 이학금, 전북지부장 박소영

〈전국교직원노동조합〉 위원장 변성호, 수석부위원장 박옥주, 부위원장 김용섭, 사무처장 노병섭, 정책위원장 이용기, 참교육실장 신성호, 편집실장 이을재, 강원지부장 김원만, 경기지부장 최창식, 경남지부

장 송용기, 경북지부장 김명동, 광주지부장 정성홍, 대구지부장 손호만, 대전지부장 지정배, 부산지부장 정한철, 서울지부장 이성대, 세종충남지부장 김종선, 울산지부장 권정오, 인천지부장 최정민, 전남지부장 조창익, 전북지부장 윤성오, 제주지부장 김영민, 충북지부장 이성용, (전)부위원장 김재석

〈전국교육대학생연합〉 의장 송민호, 집행위원장 김문노, 사무국장 서경진, 교선국장 신영빈

〈흥사단〉 상임대표 김두중, 공동대표 서주원, 심성보, 한만길. 운영위원 김남희, 김언순, 김원태, 이경남, 천희완, 홍승구, 사무처 윤혁, 이윤미, 박성준

(이상 17개 단체 대표자 226명)

'소의치병(小醫治病), 중의치인(中醫治人), 대의치국(大醫治國)'
작은 의사는 병을 고치고 · 평범한 의사는 사람을 고치고 · 큰 의사는 나라를 고친다

대한민국 젊은 의사들은 법치가 무너지고 헌정질서가 파괴된 대한민국의 작금의 시국에 분노한다.

젊은 의사들은 합리적이고 근거중심의 사고에 반하는 사이비 의료가 판치는 대한민국에서 오로지 국민들의 보건의료 향상을 위하여 몸을 바쳤다.

작년 여름, 높은 치사율을 보인 메르스의 유행에도 대한민국의 젊은 의사들은 단 한 명도 등을 보인 채 도망치지 않았다. 행여 가족과 이웃들에게 전염될까봐 병원에서 먹고 자며 동료가 격리되고 쓰러지는 상황에서 우리가 대한민국 국민의 마지막 수호자란 사명감 하나로 치열하게 싸워 이겨내었다.

2012년 대선 후보시절 박근혜 대통령은 의사가 진료에만 전념할 수 있는 나라, 내 꿈이 이루어지는 나라를 만들겠다고 약속하였다. 그러나 젊은 의사들이 합리적 지성으

로 참을 추구하고, 오롯이 의학적 근거에 기반한 최선의 의료를 위해 고군분투하며 환자 곁에서 밤을 지새우는 동안 대통령의 무책임과 직권 남용은 그토록 건강하게 지키고 싶었던 우리 대한민국을 깊이 병들게 하였다.

진료와 처방의 근거가 환자의 임상적 상태와 의학적 원칙이 아닌 누군가의 허락이 되는 나라를, 의료가 모두를 위한 선의가 아닌 누군가의 편의가 되는 나라를, 그리고 공권력이 국민의 몸과 마음을 병들게 하는 나라를 우리는 더 이상 좌시할 수 없다.

이에 대한민국 젊은 의사들은 보수와 진보라는 이념의 영역이 아닌 대의치국이란 신념 하에 대한민국의 소생을 위한 처방으로, 박근혜 대통령과 주변에 기생하며 국가를 병들게 하고 이번 사건을 초래한 현 정권에게 정치적 사망을 선고하고 즉각 퇴진할 것을 요구한다.

2016. 11. 10
대한전공의협의회 회장 기동훈

강릉아산병원, 강북삼성병원, 강원대학교병원, 건국대학교병원, 건국대학교 충주병원, 건양대학교병원, 경북대학교병원, 경찰병원, 계명대학교 동산병원, 고려대학교병원, 고신대학교 복음병원, 광주기독병원, 국립법무병원, 국립부곡병원, 국립정신건강센터, 길의료재단 길병원, 김포우리병원, 단국대학교병원, 대동병원, 대진의료재단 분당제생병원, 동강병원, 동국대학교 일산불교병원, 동아대학교병원, 메리놀병원, 삼성서울병원, 서울대학교병원, 서울아산병원, 서울특별시 서울의료원, 서울특별시 은평병원, 성남중앙병원, 순천향대학교병원, 아주대학교병원, 연세대학교 세브란스병원, 연세대학교원주의과대학 원주세브란스기독병원, 연세대학교의과대학 강남세브란스병원, 예수병원, 용인정신병원, 울산대학교병원, 을지대학교병원, 을지병원, 이화여자대학교 목동병원, 인제대학교 상계백병원, 인제대학교 부산백병원, 인제대학교 해운대백병원, 인하대병원, 전남대학교병원, 전북대학교병원, 제주대학교병원, 조선대학교병원, 좋은삼선병원, 중앙대학교병원, 충남대학교병원, 충북대학교병원, 한국보훈복지의료공단 광주보훈병원, 한국보훈복지의료공단 대전보훈병원, 한국보훈복지의료공단 중앙보훈병원, 한림대학교 강남성심병원, 한림대학교 강동성심병원, 한림대학교 춘천성심병원, 한림대학교성심병원, 한양대학교병원 전공의 대표 이하 1712명 전공의 일동

언론을 바로 세워야 나라가 산다!

대통령 비선실세의 국정농단 실태가 드러남에 따라 대한민국이 흔들리고 있다. 봇물처럼 터져 나오는 그 실체의 끝이 어디인지 가늠하기 힘들 정도이다. 민주공화국 대한민국의 시스템이 이렇게 부실하고 허약했는지 참으로 참담한 마음이다. 더욱 통탄할 일은 국정 운영의 책임을 위임받은 대통령이 이번 사태에 한 뿌리처럼 연결되어 있다는 현실이다. 선출된 권력 스스로가 헌법적 가치와 민주적 질서를 파괴한 것에 다름 아니다.

그럼에도 불구하고 대통령은 진정성 없는 사과와 꼬리자르기식 담화로 책임을 회피하며 국면을 돌파하려 하고 있다. 외롭고 고독했다는 대통령 개인사를 거론하는 한편 국익을 도모하는 과정에서 일어난 측근의 개인적 비리라고 선을 그으며 국정농단 사태를 어물쩍 넘기고자 한다. 여기에 일부 언론과 정치인은 아직도 국민을 기만하고 진실을 은폐하고 있다. 그러기에 국민은 혹한의 추위 속에서도 전국 각지에서 촛불을 밝히며 국정농단의 실체 확인과 책임자 처벌, 무능하고 자격 없는 대통령의 퇴진을 요구하고 있다. 우리 언론·방송학자들 역시 헌정 질서와 민주주의 파괴를 가져온 현 사태를 심각하게 인식하며, 대다수의 국민과 같은 마음으로 철저한 진실규명과 책임자 처벌을 요구한다. 국정 운영의 정상화는 오로지 그런 과정을 통해서만이 가능하다고 믿는다.

이번 사태를 바라보며 우리 언론·방송학자들은 한국 언론의 부끄러운 현실을 직시하는 한편 무거운 책임감을 느낀다. 언론의 사명은 진실을 밝히고 권력을 감시하는 것이다. 그러나 그동안 한국 언론은 권력 집단의 일원으로서 혹은 권력집단에 의해 조종되면서 권력에 대한 감시자이기보다는 권력의 공모자, 호위자로서 기능해 왔다. 최근 일부 언론이 본연의 역할을 다하기 시작했지만, 작금의 국정농단과 국정마비 사태에 언론이 상당한 책임을 가지고 있음을 부인할 수는 없다. 언론이라도 바로 섰더라면 이러한 사태는 오지 않았을 것이며, 최소한 경종이라도 울렸을 것이기 때문이다.

한국 언론이 본분에 소홀했던 주요 원인으로 방송의 왜곡된 지배구조를 꼽을 수 있다. 정권에 장악된 공영방송은 국민의 입과 눈이 되기보다는 권력의 호위병으로 기능했다. 수많은 비판 프로그램들이 폐지되었고, 양식있는 언론인들이 길거리로 내몰리기도 했다. 그 결과 국민으로부터 외면받는 언론, 조롱거리가 되는 공영방송이 현재 한국 언론의 민낯이 되고 말았다. 그러기에 공정하고 책임있는 언론 구조를 견인해내지 못한 책임을 우리 언론·방송학자들 역시 깊이 통감한다.

하지만 위기가 기회라고 했다. 우리 언론·방송학자들은 지금이야말로 언론의 본 모습을 되찾을 수 있는 기회라고 본다. 만시지탄이지만 기울어진 언론 공론장을 바로잡아야 할 시점인 것이다. 이를 위해서는 사회적 공기로서의 임무를 다하지 못하는 언론을 올바로 세우고, 권력의 코드 맞추기로 작동되는 방송 지배구조를 개선할 필요가 있다. 우선 탈정파적 공영방송사 사장 선임, 편집권 독립 보장 등을 위한 언론 관련법 개정이 시급하다. 덧붙여 거리로 쫓겨난 해직 언론인들의 복귀 역시 이루어져야 한다. 이러한 과정은 정파적 이해관계가 아니라 언론을 바로 세우는 소명에 입각하여 진행되어야 할 것이다.

우리 언론·방송학자들은 언론 관련법 개정에 대한 정치권의 책임있는 대응을 촉구한다. 아울러, 현 시국에 대한 우려와 책임감을 절감하며, 차제에 언론이 자신의 본령을 견지할 수 있도록 학자적 양심에 따른 노력을 기울일 것이다. 언론을 바로 세워야 나라가 산다.

2016년 11월 17일
현 시국을 깊이 우려하며,
공정한 언론구조와 민주주의의 정립을 촉구하는 언론·방송학자 일동
참여학회 : 한국언론학회, 한국방송학회, 한국언론정보학회

박근혜 게이트, 복지파탄 책임 박근혜는 즉각 물러나라!

전국장애인차별철폐연대는 현 시기의 국정파탄을 이끈 주범은 박근혜 대통령 본인이며, 이 사건의 본질은 〈박근혜 게이트〉임을 명백히 하며, 박근혜 대통령 스스로 물러날 것을 요구하며 시국선언을 하고자 한다.

〈박근혜 게이트〉는 하나의 사건이 아니라 대한민국에 살아가는 모든 사람들의 삶을 모조리 파탄시킨 중대범죄이다. 특히 장애인, 빈민, 힘없는 사회적 약자들이 그 범죄로 인해 감당해야 할 대가는 너무나 가혹했다.

우리는 오늘로써 1533일째 광화문 지하도에서 장애등급제·부양의무제 폐지를 외치고 있다. 박근혜 대통령은 최순실의 미르·K스포츠재단과 정유라의 승마에는 관심이 있어도, 우리의 요구에는 자신의 공약이었음에도 불구하고 무관심과 왜곡 선전으로 장애인과 가난한 사람들의 삶을 내팽개쳤다. 그래서 김주영, 파주의 어린 남매 지우, 지윤, 송국현이 불타 죽고, 오지석이 호흡기가 떨어져 죽었고, 송파 세 모녀는 자살해야 했다. 이러한 죽음은 여전히 현재진행형이며 그렇게 한 명씩 한 명씩 시나브로 죽어가고 있다.

박근혜 정권은 사회보장기본법 제26조(협의 및 조정)를 들고 지방자치단체의 복지예산을 축소하기 위해 〈협박 및 삭감〉을 하였다. 그 결과 지방자치단체의 자치권한은 심각하게 침해당했고, 장애인과 가난한 사람들의 삶을 보장하기 위한 사회보장기본법은 사회불안기본법으로 변질되었다.

대한민국 2017년 예산은 400.7조 '슈퍼 예산'이라 자찬하고 있다. 그러나 대한민국 전체 인구의 4.8%인 250만 장애인에 대한 보건복지부가 책정한 복지예산은 1.9조원으로

0.41%에 불과하다. 박근혜는 최순실의 사주를 받아 '문화창조융합벨트'라는 사업에 1,200억 원을 배정했으나, 장애인연금은 2017년에 200원 올려주었고, 장애인활동보조예산은 시간당 수가를 최저임금 상승률로 적용하지 않고 2016년과 똑같이 9,000원으로 동결하였다. 발달장애인들의 복지예산은 삭감하면서 박근혜 정권은 사회적 약자들을 위한 생애주기별 '맞춤형복지'를 외쳤다. 권력과 가진 자들의 입맛에 예산을 맞추었다. 그래서 장애인들이 지역사회에서 살아갈 권리는 박탈당했고, 장애인들의 삶을 골방과 시설에 묻혀버렸다.

이에 우리 다음과 같이 선언하고자 한다.

1. 〈박근혜 게이트〉 책임, 복지파탄의 주범 박근혜는 즉각 하야하라!
1. 청와대, 국정원, 행정부 모든 책임자들은 총사퇴하고, 새누리당은 해체하라!
1. 박근혜식 생애주기별 '맞춤형 복지' 폐기하고, 장애등급제·부양의무제 폐지하라!
1. 사회보장기본법 전면 개정하라!
1. 박근혜식 복지예산 폐기하고, 2017년 중증장애인예산 0.41%에서 0.64%로 증액하라!

전국장애인차별철폐연대는 장애인의 이름으로 비상 시국선언을 발표한다. 또한 복지파탄, 국정농단에 대한 진실을 밝히고, 행동을 통해 박근혜 대통령을 퇴진시킬 것이다.

2016년 10월 31일
전국장애인차별철폐연대

박근혜 퇴진, 정권교체를 넘어 우리는 '다른 세상'을 만들 것이다

1960년 11월 25일, 도미니카공화국 라파엘 트루히요 정권의 폭압적인 독재에 맞서 싸우던 세 명의 자매가 살해당했다. 그들은 자신을 성추행한 독재자의 뺨을 때린 후, 끝까지 반독재 투쟁에 앞장서서 싸웠으며, 이들의 죽음은 36년 독재 정권을 무너뜨리는 결정적 계기가 되었다. 이후 라틴 아메리카 여성들은 이 날을 '세계 여성폭력 추방의 날'로 지정했다.

2016년 '세계 여성폭력 추방의 날', 세계 각국의 여성들은 '세계 여성 파업'을 선언했다. 그리고 오늘 한국의 우리는 가부장적 독재정권의 유령에 기대어 온 권력의 카르텔을 무너뜨리고 새로운 세상을 향한 투쟁을 만들어갈 것을 선언한다.

지금 우리는 박정희 독재정권과 함께했던 정·재계, 언론, 종교계의 부역자들이 박근혜 정권을 통해 어떻게 한국사회를 다시금 파탄에 빠뜨려 왔는지 생생하게 목도하고 있다. 박근혜 정권 4년 동안 박정희의 망령은 다시 활개를 쳤고, 비선실세의 국정농단 속에 껍데기뿐인 민주주의가 정치의 자리를 대신했다. 박근혜의 카르텔은 신자유주의가 초래한 각자도생의 삶을 파고들어 혐오를 부추겨 왔으며, 군사적 긴장과 동맹에 기대어 끊임없이 불안을 야기해왔다. 그들은 허울뿐인 '여성대통령'을 상징으로 내세웠으나 여성들의 삶은 더욱 열악해졌다. 우리는 바로 그들이, 민중을 자신들의 탐욕과 특혜를 위해 길들일 개, 돼지로 여기고, 세월호 참사로 304명의 생명을 앗아간 공동정범임을 똑똑히 알고 있다.

이제 그들은 다시금 자신들만의 새로운 카르텔을 구축하기 위해 권력 재편을 시도하고 있다. 그러나 우리는 더 이상 그들의 카르텔을 용납하지 않을 것이다. 우리는 정권 교체나 허상의 민주주의를 위한 투쟁에 머무르지 않을 것이며, 다른 세상을 향한 싸움을 시작할 것이다.

페미니스트로서 우리는 정권을 넘어 체제에 주목한다. 이 파탄의 본질은, 비단 하나의 정권이 아니라 자본과 권력을 지닌 소수가 다른 생명들을 자원으로 삼아 성장하는 가부장체제에 있기 때문이다. 성별화된 권력과 노동의 위계화, 성별이분법과 이성애 중심주의, 정상성 규범과 종 차별이 이 체제를 작동시켜 온 역사적 바탕이다. 개, 돼지를 함부로 다뤄져도 되는 생명으로 여기는 세계가 이 체제의 본원이며, 권력 집단의 파행을 여성혐오로 환원해 버리는 것이 이 체제의 속성이다. 복지를 관리와 통제의 도구로 삼고, 차별과 낙인, 혐오를 부추기는 이들은 이 체제를 유지하는 자양분이다. 임금노동과 상품생산에만 가치를 부여하고 삶의 가치를 위계화 하는 시스템, 여성의 몸을 인구관리와 노동력 재생산의 도구로 삼는 시스템이 유지되는 이상 우리의 삶은 제자리를 맴돌 것이다.

그러므로 이제 우리는 더 큰 싸움을 시작할 것이다. 우리는 박근혜와 가부장적 권력집단의 카르텔을 종식시키고, 그들이 야기한 파탄에 명백히 책임을 물을 것이다. 나아가 우리는 '여성'이 보수 기득권 집단의 정치적 기표나 명분으로 이용되지 않는 세상을 만들 것이다. 우리는 정상성의 규범과 위계를 깨고 우리 각자의 존재가 곧 우리의 가치가 되는 세상을 만들 것이다. 우리는 성별화와 노동의 위계, 지구적 착취의 시스템을 멈추게 할 것이다. 지금 광장으로 나온 모든 이들이 이 변화의 동등한 주체이다. 우리 각자의 요구가 하나하나의 새로운 물길이 되어야 한다. 더 많은 물길들이 끊임없이 이어져 이 세계를 변화시켜 갈 때까지, 우리는 매 순간 가장 경계에 선 이들의 자리에서 함께 투쟁해 나갈 것이다.

2016년 11월 26일
지구지역행동네트워크

2016년 시국에 대한 지혜학교 교사들의 선언

우리는 교사입니다.

우리는 학생들에게 민주주의와 정의와 공공성(公共性)을 가르칩니다. 학생들을 민주적인 시민으로 성장시키는 것이 우리의 사명입니다. 그러나 지금, 학생들 앞에 서는 것이 두렵습니다. 민주주의는 파탄 났고 헌법은 휴지조각이 되었으며, 사익을 추구하는 탐욕의 썩은 냄새가 진동하기 때문입니다. 이대로라면 더 이상 학생들에게 민주와 정의와 공공성을 얘기할 수 없습니다.

역사의 시곗바늘이 거꾸로 돌아서 또 다시 유신독재가 되었습니다. 가장 공적인 사람으로 대통령을 선출하였으나, 공과 사조차 구분하지 못하는 사람이었습니다. 역사교과서를 국정화하여 가족사로 둔갑시켰습니다. 이성과 합리 대신 사교에 빠져들었고, 그로부터 비롯된 개인적인 관계 속으로 국가를 함몰시켰습니다. 아예 국가 자체를 사유화한 것입니다. 이건 더 이상 국가가 아닙니다.

학생들로 하여금 이 무도(無道)한 현실을 목도하도록 한 책임이 우리에게 있음을 통감합니다. 우리는 교사로서 더 이상 '가만히 있을 수' 없습니다.

우리는 대안학교의 교사입니다.

대안학교는 새로운 세상과 새로운 문명을 꿈꾸며 우리의 삶으로 그것을 앞당겨 살고자 하는 학교입니다. 비록 4대강 사업처럼 자연을 착취하고 파괴하는 세상에 살지만 생태적 문명을 꿈꿉니다. 사람마저 개, 돼지로 만들어버리는 세상에 살지만 모두가 인간답게 살아가는 공동체를 노래합니다. 분단과 증오 속에 살아가지만 평화와 통일을 노래합니다. 모두를 죽이는 경쟁 속에 놓여 있지만 우리는 서로를 살리는 연대와 공존의 삶을 그립니다. 우리는 대안학교 교사이기 때문입니다.

그러나 박근혜 정부는 모든 것을 거꾸로 돌렸습니다. 남북갈등을 부추겨 국민을 전쟁으로 내몰고 있습니다. 후쿠시마의 교훈에도 불구하고 국민을 속이고 활성단층 지대에 핵발전소를 짓고 있습니다. 국가의 가장 기본적인 책무인 국민의 안전마저도 버렸습니다. 세월호 참사가 일어난 날, 7시간 동안 대통령은 어디에 있었습니까? 국가가 국민을 살해했습니다. 세월호에서는 책임의 방기를 통해서, 백남기 농민에게는 직접적인 폭력을 행사해서 국민을 살해한 것입니다. 세월호의 진실은 여전히 깊은 바다 속에 잠겨 있고, 유가족은 길거리를 헤매고 다닙니다. 국민을 우롱하는 악어의 눈물을 흘렸지만, 책임자의 처벌은 고사하고 진정성 있는 사과조차 한마디 없었습니다. 기어코 박근혜는 이 땅을 지옥으로 만들고 말았습니다. 우리가 가르치는 학생들은 바로 이 지옥에서 그들의 청춘을 보내야 합니다.

우리는 「지혜학교」의 교사입니다.

성찰적 지성인, 지혜학교가 추구하는 인간상입니다. 지성인은 보편적 가치가 위협받을 때 자신의 안위에 매몰되지 않고 공동체를 위해 나서는 사람입니다. 지금이 바로 그런 시기입니다. 피 흘려 이룩한 자유와 평화와 정의와 민주주의가 무너져버린 지금, 한 사람의 지성인이자 한 사람의 시민으로 우리는 행동할 것입니다. 지금까지 우리의 저항은 교실에서 말로 하는 것이었습니다. 하지만 이제 거리로 나설 것입니다. 학생들에게 그렇게 가르치기 때문입니다. 부끄럽지 않은 교사가 되기 위하여, 우리 학생들이 살아갈 세상을 위하여 우리의 싸움을 싸울 것입니다.

이 위기가 단지 박근혜-최순실에 의해 초래된 것이 아님을 온 국민이 압니다. 그동안 이 땅을 지배해왔던 불의한 정치권력이, 민중의 삶을 옥죄고 있는 자본권력이, 국민의 눈과 귀를 멀게 한 언론권력이, 그리고 불의에 면죄부를 주고 강화해왔던 사법권력이 박근혜의 뒤에 숨어 있었음이 명백해졌습니다. 이제 이들로부터 해방되어 자유인으로서야 합니다. 그러나 자유인이 되기 위해서는 한 가지 조건이 더 갖춰져야만 합니다.

이 불의하고 무도한 사회의 유지에 일조했던 우리의 침묵에 대한 반성이 그것입니다.

시민혁명이 일어나고 있습니다. 시민의 분노가 4월의 피울음으로, 6월의 스크럼으로 거리에 물결치고 있습니다. 단지 불의한 권력을 심판하는 데서 그치는 혁명이 아닌 우리 사회 전체를 바꾸는 혁명, 우리 자신을 바꾸는 혁명이 되어야 합니다. 부끄럽지 않은 나라를 만들어야 합니다. 5월 광주의 후예인 우리 역시 우리 안에 있는 안일과 타협을 성찰하면서 이 혁명의 물결에 동참할 것입니다.

미래세대와 눈이 마주쳤을 때, 더는 부끄러울 수 없기 때문입니다.
이에 우리는 다음과 같이 주장합니다.

하나, 국가를 침몰시킨 박근혜는 퇴진하라!
하나, 권력에 부역하는 새누리당을 해체하라!
하나, 정치검찰 파면하고 별도특검 실시하라!
하나, 진실 외면, 국민우롱 언론권력 해체하라!
하나, 수구세력 조종하는 재벌과 전경련을 해체하라!
하나. 역사를 바꾸려는 국정교과서를 폐기하라!
하나, 세월호의 진실을 밝힐 특별법을 제정하라!
하나, 학생이 꿈꿀 수 있는 권리를 보장하라!
하나, 국가를 내놓아라! 시민이 주인이다!

2016년 11월 9일

지혜학교 교사 일동

장종택, 이남옥, 이수영, 유화정, 최미성, 최좌훈, 김진, 양혜련, 이한나, 박세천, 문숙영, 성수진, 고아라, 지세영, 이수정, 정성우, 박미숙, 강정진, 박숙희, 유미영, 김태완, 추교준, 김성수, 송미성, 장동식(순서 없음)

"국정을 농단한 부정부패 정권의 뿌리인 박근혜 대통령은 즉시 물러나고, 거악의 몸통인 새누리당은 해체하라."

지난 수요일 저녁 버스터미널 앞에서 충남 시국대회가 진행되었습니다. 무대에 오른 한 고등학생은 "세월호가 침몰하여 아이들이 영문도 모르고 죽어가야만 했을 때, 백남기 농민이 돌아가셨을 때 그때 탄핵을 했어야 합니다."라고 말하여 시민들의 뜨거운 박수를 받았습니다. 그리고 부정한 이 정권이 이 지경까지 나라를 망칠 때까지 우리들은 무엇을 하고 있었나 하는 생각에 그 어린 학생들에게 몹시 부끄러웠습니다.

지난 4년간의 박근혜 정권의 악행은 끊이질 않았습니다.
국정원 대선 개입 등 관권이 동원된 부정선거로 당선되고서는 이를 수사하려는 검찰총장까지 내쫓았고, 차가운 바닷속에 가라앉은 세월호의 진상을 밝히려는 노력들을 방해하였으며, 국정교과서 발행을 통해 친일과 독재를 미화하는 교육을 추진하고 있고, 종북몰이를 통해 국민들 전체를 철지난 이념 싸움으로 몰아갔으며, 말도 안 되는 이유로 개성공단을 폐쇄하고 사드 배치를 강행하는 등 남북대결을 부추겼고, 국정농단 세력에 뒷돈을 댄 재벌들에 혜택을 주기 위해 노동자들에게 더욱 가혹한 노동조건을 강요했으며, 경제는 등한시한 채 부동산 투기세력들의 입맛에만 맞는 경제정책으로 국가재정을 탕진하였고, 정권의 실정에 항의하는 농민을 죽여 놓고도 사과는커녕 그 책임마저 돌리려 하였고, 일본과의 더러운 합의로 일본군위안부 피해 할머니들의 명예를 짓밟았으며, 언론과 방송을 길들이고 통제하려 하였고, 자신의 공약마저 저버리며 복지정책을 축소하여 사회적 약자들의 생존을 벼랑 끝으로 내몰았고, 그 와중에도 담뱃세를 올리는 등 서민들의 고혈을 빼는 데는 지극정성을 다하였습니다. 이렇듯 최근에 드러난 국정농단 사태를 제외하더라도 박근혜 정권이 물러가야 하는 이유는 차고 넘칩니다.

또한 이번에 드러나고 있는 박근혜-최순실 국정농단 사건과 각종 불법 비리들은 사상 초유의 헌정 파괴 행위이자 민주공화국의 신성한 주권을 부당하게 찬탈한 범죄 행위입니다. 이로 인해 지금 이 나라는 연일 비상시국이 계속되고 있습니다. 이러한 비상시국을 하루빨리 종식시키는 길은 박근혜 대통령이 스스로 물러나는 수밖에 없습니다. 지금 전국에서 박근혜 정권의 퇴진과 하야를 촉구하는 시국선언과 집회가 줄을 잇고 있으며, '방방곡곡이 시국선언 중'이라는 기사까지 나올 정도로 각계각층의 시민들은 현 상황에 대한 대통령의 책임을 묻고 있습니다.

그럼에도 불구하고 박근혜 대통령은 어떠한 협의도 없이 일방적인 총리 인선을 발표했습니다. 전형적인 물타기요, 진실 은폐용, 사태 무마용 제안이라는 것을 모르는 국민이 없을 것입니다. 박근혜 대통령은 이제 국정을 운영할 명분도 신뢰도 얻지 못하고 있다는 것을 깨달아야 합니다.

국민들은 검찰의 조사 역시 신뢰하고 있지 않습니다. 온 나라를 농단한 주범인 최순실을 입국한 지 하루가 더 지나서야 조사를 한다며 증거 인멸의 시간을 벌어주었고, 최순실은 검찰의 배려로 당연히 압수되어야 할 계좌에서 돈을 인출하기까지 했습니다. 이러니 어느 국민이 검찰이 수사를 엄중히 할 것이라고 믿겠습니까? 박근혜 대통령 임기 내내 권력에 의해 사유화된 검찰이 박근혜 대통령과 청와대가 몸통인 이번 사태를 제대로 조사할 수 없다는 것이 상식일 것입니다.

국민들은 너무나 잘 알고 있습니다.
작금의 혼란을 바로잡고 국정의 공백을 최소화하는 길은 박근혜 대통령이 직접 물러나는 길밖에 없습니다. 그리고 지금까지의 국정농단을 알고 있으면서 방관하고 때로는 한몸처럼 움직이며 권력을 사유화한 공범인 새누리당은 해체되어야 마땅합니다. 계속해서 박근혜 대통령과 청와대·새누리당이 이를 거부한다면, 국민들의 분노는 더욱 커져서 결국 제2의 6월항쟁과 같은 범국민적인 저항으로 정권이 파국에 이를 것임을 엄중히 경고합니다.

위대한 주권자인 천안의 시민들께 부탁드립니다.
삶의 현장 곳곳에서 현 정권에 대한 저항을 이어나가 주십시오. 현수막 걸기, 버튼 달기, 온라인 서명하기, 경적 울리기 등을 포함한 창조적이고 다양한 방식으로 함께 해주십시오. 박근혜 대통령을 물러나게 하는 일은 국정원 대선 개입과 세월호 참사의 진실을 밝히는 일이고, 역사 교과서 국정화를 저지시키는 일이며, 한반도를 파국으로 몰아넣는 사드 배치를 철회시키는 것입니다, 노동자·서민은 죽이고 재벌만 배를 불리는 세상을 바로잡는 것이며, 백남기 농민에 가해진 국가폭력의 책임자를 처벌하는 일입니다. 무너져 내린 민주주의를 다시 세우고, 저들이 내팽개쳐 버린 민생을 되찾고, 사이비 무속인에게 유린당한 한반도의 평화를 지켜야 할 절박한 상황입니다.

11·12민중총궐기에 국민들의 힘을 모아주십시오.
역사는 부패한 권력은 절대 스스로 물러나지 않는다는 것을 말해주고 있습니다. 국민들의 저항이 없다면 국정을 농단한 부패한 세력들은 절대 스스로의 책임을 묻지 않을 것입니다. 오히려 박근혜 대통령이 이대로 권좌에 남아있게 된다면 자신의 반대자들인 대다수의 국민들을 향한 더한 폭압이 있을 것은 자명한 일입니다. 4·19혁명과 6월항쟁이 보여주었던 국민들의 역동적인 힘을 다시 한 번 모아주시길 부탁드립니다. 이 나라의 진정한 주인은 신성한 주권자인 국민 여러분이라는 사실을 저들에게 똑똑히 보여주십시오.

천안비상시국회의는 다음과 같은 활동을 이어가겠습니다.
첫째. 현재 운영되고 있는 백남기 농민 천안분향소를 11·12민중총궐기까지 천안시민들의 저항을 모아내는 거점으로 농성을 이어가겠습니다.
둘째. 매주 월요일과 목요일 저녁에 각계각층이 참여하는 천안비상시국대회를 이어가겠습니다.
셋째. 11·12민중총궐기에 최대한 많은 시민들을 조직하여 함께 참여하겠습니다.
넷째. 천안 일천 시민 시국선언을 11·12민중총궐기 전에 조직하겠습니다.
다섯째. 더 많은 단체와 시민들이 함께 할 수 있도록 노력하겠습니다.

2016년 11월 4일
천안비상시국회의

국민이 위임한 권력을 사유화해
나라를 망친 박근혜 대통령은 물러나야 한다!
—모멸과 자괴의 스포츠 시대를 넘어

온 나라를 경악과 혼란에 빠뜨리고 있는 청와대 발 '최순실 게이트'를 바라보는 우리 체육인들의 마음은 처참하다. 최고통치자가 주권자로부터 위임받은 권력을 사유화해 휘두른 이 범죄는 정부 공조직을 완벽하게 무력화시켰다. 최순실은 안종범 전 청와대 정책기획 수석을 비롯해 전 문체부 장·차관이었던 김종덕, 김종 씨 등을 부정입학과 재벌 갈취, 정부 재정의 약탈 등 사익 추구의 도구로 활용했다. 우리는 박 대통령이 계속되는 국정 실패의 와중에도, 이처럼 사유화한 권력으로 국기문란의 범죄를 저질러온 최순실을 방치했다는 뉴스 앞에 경악을 금할 수 없다.

박근혜 대통령은 취임 이후 스스로 약속한 경제민주화와 한반도 평화정책 등을 포기함으로써 국민경제와 남북관계를 파탄 직전에 내몰고 있다. 세월호 참사의 비극과 메르스 사태에서 보듯 정부의 위기관리 능력은 도무지 정상국가라고 볼 수 없을 만큼 참담한 수준이다. 이 처참한 국정 실패 앞에서 마저 이 정권은 늘 색깔공격으로 국민을 겁박하고 국론을 분열시켜왔다.

최순실은 또 국가적 대사인 평창동계올림픽 시설공사 과정에 노골적으로 개입했다. 설계 변경 등을 강요해 천문학적 이권을 편취하려다 들통이 난 것이다. 설립부터 운영까지 최순실 1인 독점법인이라 할 미르 및 K스포츠 재단과, 그 아래 십 수개에 이르는 국내외 각종 계열사와 페이퍼 컴퍼니는 사익 추구로 긁어모았거나 모을 예정인 검은돈의 저수지들이었다.

돌이켜보면, 2014년 말 70%에 가까운 여론의 지지를 받던 평창동계올림픽 분산 개최는 어느 날 '분산 개최는 없다'라는 박 대통령의 한마디에 없던 일이 되고 말았다. 당시에는 최고 1조원대의 비용을 줄일 수 있는 시민사회의 절박한 요구를 박근혜 대통령이 왜 틀어막는지 이해할 수 없었다. 하지만 청와대 발 최순실 게이트가 터지면서 그토록 풀리지 않던 비상식적 결정들이 모두 풀리고 있다.

최순실이라는 퍼즐을 들이대는 순간, 석연치 않은 이유로 낙마한 김진선, 조양호 전 평창조직위원장의 경질과, 수천억 원 대의 이권이 걸린 평창올림픽 개폐회식장의 설계 변경, 개폐회식 행사 등과 관련한 책임자 사퇴 등의 실체가 드러난다. 박근혜 대통령이 '분산 개최는 없다'고 대못을 박았을 때 우리 체육인들은 그 비합리적 무지에 혀를 내둘렀을 뿐 올림픽이 열리는 평창 주변에 최순실-정윤회 전부부가 사놓은 수십만 평의 땅이 존재한다는 사실은 몰랐다.

청와대 발 최순실 게이트는 대부분 문화체육관광부를 통해 이루어졌다. 국정농단 곳곳에 스포츠가 범행의 명분으로 악용됐다. 최순실의 딸 정유라 한 사람을 위한 승마협회의 사유화와 삼성그룹의 지원 비리, 이화여대 입학과정과 학사부정 비리, 재벌의 팔목을 비틀어 강제 모금한 K스포츠재단, 평창동계올림픽을 핑계로 한 각종 건설사업과 국책 프로젝트 비리 등이 국가 공조직의 참여 아래 이뤄졌다. 또 최순실의 남자로 알려진 펜싱 국가대표 출신 고영태와, 최순실의 조카이자 전 국가대표 승마선수 장시호까지 하루가 멀다고 터지는 각종 비리와 협잡은 우리 체육인을 깊은 모욕과 자괴감에 빠뜨리고 있다.

그동안 스포츠는 국위선양이라는 미명하에 정권에 복무하고 시민을 호도해 왔다. 정치적 이해관계에 따라 일부 운동선수와 지도자들은 권력의 노리개로 때론 먹잇감으로 전락하기도 했다. 이것이야말로 오늘 우리가 마주해야 할 한국 스포츠의 민낯임을 알아야 할 것이다. 우리는 오늘의 이 모멸과 자괴의 순간을 반면으로 삼아 오욕의 시대를 청산하고 스포츠의 온전한 가치를 회복하는 동력으로 삼아야 한다. 국가와 자본에 의해 독점되어 질식해가는 스포츠를 윤리적 가치를 지향하는 경쟁과 국민적 삶의 질을 높이는 스포츠로 바꿔내야 한다. 이를 위해 우리는 다음과 같이 선언한다.

하나, 청와대 발 '최순실 게이트' 몸통으로 국민이 위임한 권력을 사유화해 나라를 망친 박근혜 대통령은 물러나라.

둘, 검찰은 최순실의 조카이자 전 승마국가대표였던 장시호와 최순실의 딸 정유라에 대해 즉각 수사에 착수하라.

셋, 검찰은 김종덕 김종 전 체육부 장, 차관과 전직 펜싱 국가대표 고영태 등 최순실의 범행에 가담한 관계자들을 사법처리 하라.

작금의 참담한 사태는 그간 적폐를 도려내지 못하고 방조한 체육인들에게도 책임이 있다. 체육 전문가주의에 빠져 최순실류에 부역한 잘못을 고백하고 성찰과 쇄신을 해야 한다. 우리는 오늘의 이 모멸과 자괴의 참담함을 넘어 시민이 함께하고 공감하는 새로운 공정 스포츠시대를 열어야 한다.

2016년 11월 7일

4 · 16세월호참사 가족협의회, 4 · 16연대 시국선언

4·16연대는 현 시기 초유의 국가비상사태를 '민주공화국을 파괴시킨 〈박근혜 게이트〉'라고 명하고, 헌정을 파괴시킨 그 주범 역시 박근혜'임을 명백히 하며 시국선언을 하고자 한다.

세월호 참사가 일어난 그날부터 세월호 특조위가 강제해산된 지금까지 유례없는 국정농단이 자행되어 왔음은 이미 사실로 드러났다. 참사 당시 우리는 '존재하지 않는 국가의 구조'를 기다린 셈이었다. 우리는 진실을 밝히기 위한 과정마다 왜 위법, 위헌적 진상규명 은폐 시도가 국가적 차원으로 감행되어 왔는지 비로소 알게 되었다. 세월호 침몰 당시 구조 골든타임 시간대에 '대통령의 7시간' 공백에 대한 국민적 의혹은 더욱 거세지고 있다. 일본 언론 산케이사에서 대통령의 7시간과 사생활 의혹에 관한 보도를 하였고 이를 대한민국 검찰이 기소했지만 무죄 판결로 그쳤다. 얼마 전 이 사건의 당사자인 가토 산케이 전 서울지국장은 당시 검찰이 '최태민과 최순실'에 대해 자신에게 집요하게 물었음을 고백하였다. 사태가 이러하자 정치권에서는 정부에 현 국정농단 사태와 세월호 7시간의 연루를 묻기 시작했다. 황교안 총리는 전면 부인했다. 그러나, 연설문을 개인이 고쳤다는 제기에 대통령 비서실장이 실소를 금치 못하겠다며 전면 부정했지만 사실은 정반대로 드러났다는 것을 우리 모두는 보았다.

세월호 참사에 대한 국정농단은 심각한 일이 아닐 수 없다. 피해자 가족과 국민은 세간에 도는 세월호 참사 연루설에 관한 이야기들에 고통스러워하고 있다. 현 국정파괴 사태가 세월호 참사와 연결되어 있다는 의혹이 낱낱이 밝혀져야 한다. 그러나 증거 인멸의 가능성은 물론이고 수사 권력을 쥐고 있는 박근혜 집권세력이 그대로 있는 한 진실은 밝혀낼 수 없다. 박근혜 퇴진을 비롯한 권력집단이 물러나야 진실은 밝혀질 수 있을 것이다. 이에 우리는 다음과 같이 선언하고자 한다.

1. 민주공화국 헌정파괴 국정농단의 주범 박근혜는 당장 물러나라!
1. 세월호 참사 국정농단 연루 및 진상규명 은폐와 모든 의혹을 낱낱이 밝혀내자!
1. 청와대, 국정원, 행정부 모든 책임자들은 총사퇴하고 새누리당은 해산하라!
1. 최순실을 비롯한 모든 부역자들을 당장 구속하라!
1. 정치권은 국가비상사태에 대한 수습에서 철두철미 국민의 명령에 따라라!

4·16연대는 회원의 이름으로 전국 각지에서 비상 시국선언을 할 것이다. 11월 1일 우리는 회원 서명으로 광화문 분향소 416광장에서 시국선언을 할 것이며, 세월호 참사 국정농단에 대한 진실을 밝힐 때까지 전국방방곡곡에서 대자보를 쓰고 시민과 함께 토론하며 박근혜 사퇴 행동에 직접 나설 것이다. 다가오는 11월 12일 시민대행진을 비롯한 전 국민적 결집을 이루기 위한 행동에 적극 나서 각계 각층의 국민, 시민사회, 종교 등 함께 범국민적 연대로 반드시 세월호 참사의 진실을 규명하기 위해 박근혜를 퇴진시켜 나갈 것이다.

2016년 11월 1일

(사)4·16 세월호 참사 진상규명 및 안전사회 건설을 위한 피해자 가족협의회

4월16일의약속국민연대 회원과 시민 11,413명

국민의 명령이다. 박근혜는 퇴진하라!
노동자 민중이여! 총단결하여 투쟁하자!

주술과 신정의 나라에서 살아왔단 말인가?

지난 4년간 우리 국민은 주술의 여인과 재벌이 결탁한 신정·재벌체제 속에서 고통을 받아왔다. 그들은 국민을 개·돼지로 취급하며 노동자 민중의 삶에 빨대를 꽂아왔다. 상식과 원칙이 무너진 지금, 국민은 적나라하게 드러난 박근혜·최순실과 그 패거리들의 민낯을 보며 분노를 넘어 허탈해하고 있다.

참담한 이 상황에 모욕감을 느낀 시민들이 박근혜의 퇴진을 부르짖으며 거리로 나선 것은 너무나 당연한 일이다. '창조경제'와 '문화융성'은 최순실 일가의 배를 채워주는 기만의 이데올로기였다. 또한 노동개악과 성과 퇴출제는 주술과 결탁한 재벌의 잇속을 채워주는 먹잇감에 불과했다. 국가권력을 탐욕의 도구로 휘두르던 가짜의 속살이 만천하에 드러난 지금, 누가 박근혜를 대통령이라 할 것이며, 누가 이 나라를 정상적인 나라라고 할 수 있겠는가.

치욕과 분노에 떨고 있는 국민들은 외치고 있다. "우리는 최순실을 대한민국 대통령으로 선택한 일이 없다", "박근혜는 국민을 우롱하고 기만했으며 온 세상에 국가 망신을 시켰다", "우리는 더 이상 박근혜를 대통령으로 인정할 수 없다. 당장 퇴진하라!"

박근혜를 통한 최순실의 주술이 한반도를 떠다니던 지난 4년간, 박근혜 정권은 국민의 삶의 질을 개선하는 데는 소홀히 하면서 가진 자와 재벌 편향적인 정책으로만 일관하였다.

우리 국민은 많이 바라지 않았다

송파 세 모녀와 같은 비극적인 일이 다시는 일어나지 않기를 바랄 뿐이었다. 그럼에도 이 정권은 최소한의 형평성을 담보하자는 건강보험료의 형평 부과를 위한 부과체계 개편요구를 철저하게 무시하고 외면하였다. 최순실을 위한 '최순실의 경제'를 활성화하기 위해 수천억 원의 국가예산은 복채 주듯 헌납하면서 최소한의 의료보장과 건강보험 가입자들을 위한 국가예산은 전례 없이 2,200여억 원 삭감하는 만행을 저질렀다. 국민의 고혈로 이루어진 20조 원에 달하는 천문학적 보험재정을 쌓아두고도 국민을 위한 보장성의 확대도 인색하기 이를 데 없었다.

국가의 기간산업과 공공의 자산을 재벌에게 넘겨주기 위해 끊임없이 음모를 일삼다가 급기야는 주술이 결합된 권력과 재벌의 탐욕의 손을 맞잡아 성과-퇴출제를 강압하며 공공성 사수의 보루였던 공공노동자들의 생존권마저 침탈하고 대한민국 공동체의 가치마저 유린하였다.

돈과 권력의 횡포에 진저리를 쳐왔던 국민들이 권력의 심장부로부터 퍼져나간 공공성 파괴, 권력 갑질을 어찌 더 이상 용인할 수 있겠는가. 오로지 권력만을 지키기 위해 감상에 젖은 자기 독백 몇 마디로 사태를 무마하려고 하는 무능력하고 몰지각한 대통령을 용서할 국민은 더 이상 없다. 이제 박근혜·최순실이라는 어둠을 걷어내고 모두가 행복하고 살맛나는 세상, 민주주의와 평등, 그리고 정의의 가치가 모든 국민들의 가슴 속에 영원히 꺼지지 않는 불꽃으로 타오르는 세상으로 가는 길에 더 이상 머뭇거릴 필요가 없다.

보라! 수십 만의 촛불행진이 외치고 있다.

우리 건강보험 일만 일천 조합원도 전체 노동자 민중과 함께 국가 대전환의 장도에 나설 것이다.

우리는 선언한다.

—헌법을 유린한 대통령은 더 이상 대통령일 수 없다

—국민의 명령이다 박근혜는 퇴진하라

2016년 11월 7일

국민건강보험공단노동조합

박근혜-최순실-삼성재벌의
수백억대 더러운 유착은 삼성에서 일하다 병들고 죽어간
수백 명의 노동자 피눈물!

박근혜는 퇴진하라! 최순실과 삼성 이재용을 처벌하라!

최순실 게이트로 시작한 국정농단 사태가 박근혜-최순실-삼성의 비리와 유착으로 얽혀져 있음이 밝혀지고 있다. 반올림과 삼성전자 직업병 피해자들이 삼성 서초 사옥이 있는 강남역 8번 출구 앞에서 '진정성 있는 사과, 배제 없고 투명한 보상, 재발방지 대책의 성실한 이행' 을 요구하며 농성을 시작한 지 1년이 넘도록 삼성은 아무런 답변이 없다.

그동안 삼성은 오른손으로는 스물 몇, 서른 몇 살에 죽어간 피해자들의 부모에게 목숨값 몇 천을 쥐어주고 입막음을 시도하고, 왼손으로는 수백억이 넘는 돈을 최 씨 측에 갖다 바쳤다. 원통하다. 그래서 우리 반올림은 삼성 직업병 피해자들과 함께 참담한 심정으로 시국선언에 나선다.

삼성반도체 공장에서 일하다 백혈병이 걸린 딸아이가 죽어가는데 삼성은 500만 원을 내밀었다. 황상기 씨의 억울함을 듣고 2007년 반올림이라는 단체가 결성되고 지금까지 9년의 세월이 흘렀다. 그 긴 세월 동안 반올림은 삼성공화국이라는 대한민국에서 노동자들의 산업재해를 인정받기 위해 싸웠다.

산업재해를 인정받으려면 아픈 노동자나 유족이 증명을 하라는데, 삼성은 공장에서 쓰이는 화학물질들의 이름과 성분도 영업비밀이라며 공개하지 않았다. 안전보호구 현황마저도 영업비밀이라며 감췄다. 노동자들은 자신들이 무슨 유해물질에 노출되는지 전혀 알지도 못한 채 죽어갔는데 말이다.

9년이 흘렀다. 그간 삼성 반도체와 엘씨디 공장에서 드러난 피해자가 사망자만 76명이요, 백혈병, 뇌종양 등으로 병든 노동자 제보 수는 224명이다. 간신히 목숨은 건졌지만 두 눈의 시력을 완전히 잃고, 하반신이 마비되고, 이틀에 한 번 투석을 하고, 혼자서는 밥도 먹을 수 없는 장애를 입은 피해자들, 병든 몸으로 일을 할 수 없어서 기초수급자가 되어 생활비조차 없는 이들이 허다하다. 삼성 핸드폰을 만드는 하청공장 노동자들은 메탄올에 중독되어 두 눈을 실명 당했다.

그럼에도 정부는 수수방관했다. 검찰 수사 같은 건 아예 없었다. 아니 오히려 정부는 삼성 편을 들어 작업환경 안전정보를 삼성의 영업비밀이라고 감췄다. 산업재해를 인정받으려면 노동자가 증명하라는 부당한 제도를 수정하고 정부가 삼성 직업병 문제에 적극 대처하라는 유엔(UN)의 권고도 모른 체하고 있다.

직업병 문제만이 아니다. 삼성에서 노동조합을 만들려는 시도가 있을 때마다 자행되었던 도청, 미행, 감금, 협박, 해고, 납치 같은 불법적인 노무관리 수법들에 대해 삼성은 아직 그 어떠한 처벌도 받지 않았다. 민주노조를 만들었다고 에버랜드 노동자, 삼성전자서비스 노동자들에게 가해진 노동탄압과 인권유린도 한두 가지가 아니다. 기업의 배만 불리는 온갖 규제완화, 쉬운 해고를 비롯한 노동법 개악도 그렇게 만들어졌다. 이로 인해 평범한 사람들의 삶은 무너져 내렸다.

노동자들과 평범한 사람들이 도탄에 빠져 있는 동안 박근혜 정부 하에 삼성 이재용은 지난 10월 27일 삼성전자 등기임원으로 선임되는 화려한 대관식을 가졌다. 이건희에서 이재용으로의 권력승계를 위해 계열사 주가를 조작하고, 온갖 편법, 불법적 방법을 자행해온 끝에 이제 권력승계를 마무리하고 있는 것이다. 그리고 그 과정은 국민연금이라는 공적기관의 공조 덕분에 순조롭게 이루어질 수 있었다.

박근혜-최순실-삼성 등 재벌의 수백억대의 비리와 유착은 이 대한민국이 어떻게 작동되고 있었는지, 누가 진짜 우리를 지배해 왔는지, 그리고 삼성의 무소불위의 권력이 어떻게 가능했는지를 명백하게 보여주고 있다.

삼성이 미르/K스포츠 재단에 낸 돈만 204억이다. 이외에 최순실에게 직접 뇌물을 건넨 유일한 기업이다. 최순실의 딸 정유라에게 10억이 넘는 말을 선물하고, 최순실의 독일 회사에 35억을 건네고, 매달 80만 유로(약 10억)를 지급해 왔다. 삼성은 최순실 씨의 일가 뿐 아니라 조카 등 친인척까지 밀착 관리해왔다. 지금까지 밝혀진 사실 이외에 또 얼마나 많은 비리가 있었을까 생각만 해도 참담하다. 수백 노동자들의 목숨과 피의 대가가 어떤 방식으로 더러운 거래에 이용되고 있는지를 우리는 보고 있다. 이 돈이 어떻게 만들어져서 어떻게 건네졌고 어떤 대가로 돌려받았는지 삼성의 책임자인 이재용을 구속해서 수사해야 한다.

우리는 외친다. "박근혜 퇴진"과 함께 "삼성 이재용을 처벌하라"고! 박근혜 게이트의 최대 수혜자는 삼성이다. 최순실 일가에게는 수백억 뇌물을 주고, 백혈병 노동자에겐 500만 원을 내민 삼성을 용서할 수 없다. 박근혜 게이트 최악의 공범, 삼성 이재용에 대한 철저한 수사와 엄중한 처벌이 반드시 있어야 한다.

이에 반올림은 삼성 직업병 문제 올바른 해결을 촉구하는 농성장에서 또 한 번의 시린 겨울을 맞으며 박근혜 퇴진, 이재용 처벌의 촛불을 든다.

박근혜는 퇴진하라! 최순실과 삼성 이재용을 구속, 처벌하라!

2016. 11. 3. 반도체노동자의 건강과 인권지킴이 반올림

시국선언 명단

10월 26일
· 건국대학교 총학생회 이하 13단위
· 경희대학교 총학생회
· 동덕여자대학교 총학생회
· 부산 지역 청년 학생 일동
· 서강대학교 총학생회
· 서울대학교 총학생회(1차)
· 이화여자대학교 총학생회
· 여수시민비상시국회의(준)
· 중앙대학교 총학생회
· 중앙대학교 간호대학 학생회
· 중앙대학교 사범대학 학생회
· 중앙대학교 경영경제대학 학생회
· 한국기독교교회협의회(NCCK) 비상시국대
  책회의
· 한국외국어대학교(서울캠퍼스)
· 한국청소년정책연대
· 한성대학교 총학생회
· 한신대학교 신학대학원
· 홍익대학교 총학생회(서울캠퍼스)

10월 27일
· 국민대학교 총학생회 및 중앙운영위원회
· 경북대학교 교수 88인
· 대진대학교 총학생회
· 제주대학교 총학생회
· 조선대학교 총학생회
· 상명대학교 중앙운영위원회(총학생회·경영
  대 학생회·인사대 학생회·자연과학대 학생
  회·사범대 학생회·문화예술대 학생회·ICT융
  합대 학생회)
· 서경대학교 총학생회
· 성균관대학교 총학생회

· 성균관대학교 교수 20인
· 숙명여자대학교 총학생회
· 인천대학교 총학생회
· 총신대학교·감리교신학대학교·서울신학대
  학교 총학생회
· 카이스트 학부 총학생회
· 한국외국어대학교(글로벌캠퍼스) 시국선언
  참가 일동
· 한양대학교(서울캠퍼스) 총학생회

10월 28일
· 가톨릭대학교 총학생회
· 경기대학교 원주캠퍼스 총학생회
· 경북대학교 총학생회
· 고려대학교 법학전문대학원 학생 일동
· 공주교육대학교·공주사범대학교 공동
· 단국대학교(죽전캠퍼스) 총학생회
· 덕성여자대학교 총학생회
· 동국대학교(서울캠퍼스) 총학생회 포함 59
  단위
· 동명대학교 교수 56인
· 서울과학기술대 총학생회
· 서울교육대학교 총학생회
· 서울대학교 법학전문대학원 학생 일동
· 서울여자대학교 총학생회
· 성공회대학교 시국선언 참가자 일동
· 세종대학교 총학생회
· 수원가톨릭대학교 총학생회
· 신학생시국연석회의
· 고려대 법학전문대학원 학생회
· 연세대학교 총학생회(서울캠퍼스)
· 연세대학교 법학전문대학원 학생 일동
· 인하대학교 총학생회

· 박근혜 퇴진을 위한 의정부 시민 공동행동
· 전북대학교 총학생회
· 서울 강남구 중동고등학교 3학년
· 한국전통문화대학교 총학생회
· 충남대학교 교수 207인
· 충남대학교 총학생회

10월 29일
· 경기도 대학생협의회
· 대구경북과학기술원(DGIST) 총학생회
· 민주주의 광주행동(광주 진보시민단체 연합)
· 전국 대학원 총학생회 연합(고려대학교·동
  국대학교·서강대학교·서울대학교·연세대
  학교·이화여자대학교·중앙대학교·카이스
  트·한양대학교·홍익대학교)
· 전남대학교 법학전문대학원 일동
· 한국교원대학교 총학생회
· 한동대학교 총학생회
· 한양대학교 법학전문대학원생 일동

10월 30일
· 경북대학교 법학전문대학원생 일동
· 목포대학교 총학생회
· 중앙대학교 예술대학 학생회

10월 31일
· 11·12민중총궐기 1000인 안산추진위원회
· 가톨릭대학교 교수 107인
· 강남대학교 총학생회
· 강원지역 비상시국선언(강원시민단체연대회
  의·강원여성연대·민주노총강원지역본부 등
  60여 개 단체 모임)
· 동국대학교(경주캠퍼스) 총학생회
· 대전대학교·한남대학교 총학생회
· 경인교육대학교 학생회

· 경기도 대학생협의회(강남대학교·경기대학
  교 수원캠퍼스·명지대학교·서울예술대학
  교·수원대학교·수원여자대학교·안양대학
  교·중앙대학교 안성캠퍼스·한국산업기술대
  학교·협성대학교·한양대 ERICA캠퍼스)
· 경상대학교 교수 219인
· 광운대학교 총학생회
· 광운대학교 교수 64인
· 광주·전남 지역 대학교수 466인(광주대학
  교·광주여자대학교·동신대학교·목포대학
  교·순천대학교·전남대학교·조선대학교·호
  남대학교)
· 노동당 마산당원협의회
· 한양대학교 교수 61인
· 덕성여자대학교(교수·학생)
· 박근혜 정권 퇴진촉구 범시민비상대책위(원
  주 지역)
· 부산가톨릭대학교 신학대학 신학생 85인
· 부산대학교 교수 370인
· 부산대학교 민주동문회
· 부산외국어대학교 총학생회
· 부산외국어대학교 민주동문회
· 부산 복음주의·개혁주의기독단체연합(성서
  부산·부산교회개혁연대·부산기독교윤리실
  천운동·교회를 위한 신학포럼)
· 부산 청년학생 시국선언단
· 사단법인 재외동포언론인협회
· 서강대학교 법학전문대학원생 일동
· 언론단체 비상시국대책회의
· 영남대학교 학생 시국선언단
· 용인대학교 총학생회
· 원주 시민연대
· 인천가톨릭대학교 신학대학 학생자치회
· 인하대학교 교수 223인 일동
· 영남대학교 학생 일동
· 전국 사무금융 노동조합연맹
· 전국장애인차별철폐연대
· 전남대학교(광주 캠퍼스)

- 전남대학교(여수 캠퍼스)
- 전국 전·현직 대학언론인 477인
- 전북 진보연대
- 제천시국촛불공동행동
- 중앙대학교 법학전문대학원 학생 일동
- 포항공과대학교 총학생회
- 한국예술종합대학 총학생회
- 한신대학교 교수노조·직원노조·총학생회· 총동문회·민주동문회
- 한양대학교 교수 64인
- 울산과학기술원(UNIST) 학부 총학생회

11월 1일
- 4·16연대, 4·16세월호참사 가족협의회
- 거제시민 571인
- 경기대학교 교수회
- 경남 시국회의
- 경남대학교 교수 121인
- 나사렛대학교 총학생회
- 단국대학교(천안캠퍼스)(확인)
- 대구대학교 총학생회
- 동아대학교 교수·직원·학생
- 목원대학교 총학생회
- 민주노총 경남본부
- 불교단체 공동행동(실천불교전국승가회·불 교환경연대·대한불교청년회 중앙회 등 30여 개 단체 모임)
- 숭실대학교 교수협의회·직원 노동조합·총 학생회
- 서울과학기술대학교 교지편집위원회〈러 비〉
- 서울시립대학교 총학생회
- 성신여자대학교 총학생회
- 순천대학교 총학생회
- 아주대학교 법학전문대학원
- 역사학계 47개 학회 및 단체 일동
- 우석대학교 총학생회

- 원광대학교 교수 196인
- 원광대학교 총학생회
- 원주 범시민비상대책위(원주지역 시민사회단 체와 종교계·학계 등 24개 단체 모임)
- 인천대학교 교수 128인
- 전국보건의료노조
- 전북 김제 지역 중학생 10인
- 전북 익산시 원광고등학교 학생회
- 중앙대학교 인문대학 학생회
- 진주비상시국회의
- 창원대학교 교수 65인
- 청주대학교 총학생회
- 청주교육대학교 총학생회
- 충북대학교 시국선언 학생연합
- 한국노총 금융노조
- 한국천주교주교회의(CBCK) 정의평화위원회
- 한국항공대학교 총학생회
- 호주 시드니 소재 대학교 학생·졸업생(시드 니대학·UNSW·UTS·맥콰리대학)
- UC 버클리대학교(한인 학생 동아리)

11월 2일
- 가천대학교(글로벌캠퍼스) 총학생회
- 가톨릭상지대학교 총학생회
- 강원대학교 교수 202인
- 경제정의실천시민연합
- 광주가톨릭대학교 신학생회
- 공주대학교 교수 75인
- 교수학술4단체(민주화를 위한 전국교수협의 회·전국교수노동조합·학술단체협의회·한국 비정규직교수노동조합)
- 시국선언을 위한 계명인의 모임(계명대학교 성서캠퍼스)
- 대구가톨릭대 대신학원 신학생과 수도자 일동
- 대구대학교 교수 90인
- 민주노총 공공운수노조
- 보건의료인 2507인

- 보건의학 학생대표자 협의체(전국간호대학
  생연합·전국약학대학학생협회·전국치과대
  학치의학전문대학원학생연합·전국한의과대
  학한의학전문대학원학생회연합)
- 부산 종교인 모임(부산기독교교회협의회종
  교대화위원회·원불교부산시민사회네트워
  크·천주교 부산교구 정의구현사제단·평화
  통일부산불교포럼)
- 선문대학교 총학생회
- 수원대학교 교수협의회
- 군산 비상시국회의
- 안동 시민사회단체(안동 지역 18개 시민사회
  단체회원)
- 인천 시민사회단체연대
- 전국 대학생 시국회의
- 제주대 법학전문대학원생 일동
- 중앙대학교 자연과학대학 학생회
- 중앙대학교 공과대학 및 창의ICT공과대학
- 안동대학교 총학생회
- 창원대학교 교수 65인
- 춘천교육대학교 교수·학생
- 충북시민사회단체연대회의·민주화를 위한
  교수 노조·민주화를 위한 변호사 모임 충북
  지회
- 충청대학교 총학생회
- 꽃동네대학교 총학생회
- 한국사교과서 국정화 저지 네트워크
- 한국환경회의
- 한림성심대학교 총학생회
- 한밭대학교 총학생회

11월 3일
- 가천대학교(메디컬캠퍼스) 총학생회
- 강원대학교 총학생회
- 건국대학교 교수 116인
- 경성대학교 총학생회
- 경성대학교 교수 90인

- 경주지역 대학교수 85인
- 김해 인제대학교 재학생·민주동문회
- 고려대학교(안암캠퍼스) 총학생회
- 고신대학교 학생연대 120인
- 교육운동연대 참가단체 대표자 일동
- 대구가톨릭대학교 총학생회
- 대구교육대학교 총학생회
- 대전가톨릭대학교 학생자치회
- 동명대학교 총학생회
- 부경대학교 총학생회
- 부경대학교 교수 일동
- 부산기독시민사회단체 연합
- 삼육대학교 총학생회
- 상명대학교(천안캠퍼스) 총학생회
- 서원대학교 총학생회
- 서일대학교 총학생회
- 서울연극협회
- 아세아연합신학대학교 총학생회·신학과 학
  생회·기독교교육상담학과 학생회·선교문화
  복지학과 학생회·선교영어학과 학생회
- 아주대학교 총학생회
- 연세대학교(원주캠퍼스) 교수 49인
- 익산 시민 시국선언 참여자 일동
- 인천가톨릭대학교(송도캠퍼스) 총학생회
- 인제대학교 학생 1055인
- 울산대학교 시국선언 서명인 일동
- 울산과학기술원(UNIST) 대학원 총학생회
- 음성 군민시국연대
- 전국교육대학생연합·전국사범대학단위·전
  국예비교사 모임
- 전북 기독인 비상시국회의
- 전북대학교 교수 133인
- 전북 시민사회단체 연대회의
- 전북지역 언론단체 연합(전북기자협회·전북
  PD협회·전국언론노조 전북지역언론노조협
  의회·전북민주언론시민연합)
- 진실과 정의를 위한 제주교수네트워크(제주대
  학교·한라대학교·국제대학교 교수 115인)

· 중앙대학교 교수 194인
· 중앙대학교 약학대학 학생회
· 추계예술대학 총학생회
· 충북대학교 교수 161인
· 팟캐스트 '우리가 남이가' 참가자
· 한국교통대학교(충주캠퍼스) 총학생회
· 한국여성단체연합
· 한국정신대문제대책협의회
· 한일장신대학교 신학대학원(원우회 · 교수 · 학생)
· 현재중공업 노동조합

11월 4일
· 미국 하버드대학교 대학원 재학생 및 연구원 일동
· 성공회대 교수회 소속 교수 76인
· 부산장신대학교 총학생회
· 아세아연합신학대학 교수
· 예술행동위원회
· 전국 공무원·교사 공동 시국선언(공무원 16,000인 · 교사 24,000인)
· 천안비상시국회의
· 천주교정의구현전국사제단
· 한국춤비평가협회

11월 5일
· 고신대학교 신학과 고려신학대학원 재학생 및 졸업생 30인
· 박근혜 정권 퇴진 부산운동본부
· 부산 청소년 199인
· 중고생연대 시국선언(중고생혁명 추진위원회 · 중고생연대 · 전국중고등학교총학생회연합)
· 충청남도 총학생회연합(백석대학교 · 한국기술교육대 · 상명대학교 · 남서울대학교 · 청운대학교 · 순천향대학교 · 세한대학교 · 연암대학교 · 한서대학교)

· 한국작가회의
· 한국YMCA 경남협의회

11월 6일
· 재영한인
· 광주 청소년 203인(동신여고 · 수피아여고 · 주월중 · 숭의중 등 10개 중 · 고등학교 학생)
· 전국청소년정치외교연합(YUPAD)
· 안양대학교 교수 · 학생 · 교직원
· 연극평론가 55인
· 제천 세명대학교 교수 42인

11월 7일
· 부경대학교 총학생회 및 재학생
· 부마민주항쟁기념사업회
· 목원대학교 교수
· 안동대학교 교수 43인
· 인제대학교 교수 122인
· 경남지역 학부모 2344인
· 서울대학교 교수 728인
· 세종대학교 교수협의회 · 총학생회 · 중앙운영위원회
· 중국 상하이 교민 30인(상하이 둥화대 교수 · 교민 · 유학생)
· 천주교 정의구현 청주교구사제단
· 체육인 시국선언 참가자 592인
· 한동대학교 교수 28인

11월 8일
· 경기중앙지방변호사회
· 경제민주화넷
· 극동대학교 총학생회
· 대전 · 세종 · 충남 기독인 비상시국대책회의
· 무용인(한국예술인총연합회 한국무용협회 · 무형문화재보존단체 · 서울시무용단 등 전국

144개 무용단체 모임)
· 빈곤사회연대
· 음악인(대중음악·전통음악·클래식 등의 음악인 2300여 인)
· 민주노총 우진교통 노동조합
· 비정규직 노동자 일동
· 산청간디고등학교 학생회
· 서울시립대학교 교수 190인
· 영남대학교 교수 170인
· 전북 변호사회
· 창원 작은 교회 모임 교우 일동(정금교회·하나교회·한교회)
· 충북 비상 국민행동
· 충주여고 역사동아리
· 침례신학대학교 교수 16인
· 한국장애인 자립생활센터 총연합회

11월 9일
· 광주대교구 정의평화위원회
· 교육희망경남학부모회 669인
· 경남대학교 학생 1182인
· 대구경북 전문직단체협의회(건강사회를 위한 약사회 대구지부·건강사회를 위한 치과의사회 대구지부·대구경북 인도주의실천의사협의회·대구경북 민주화교수협의회·대구사회연구소·민주사회를 위한 변호사 모임 대구지부)
· 미국 UCLA대학교 정의를 위한 한인 학생연합(한인 동아리 16개 연합)
· 밀양송전탑 반대 주민 261인
· 배재인의 모임(배제대학교 학생 모임)
· 서산시민 1000인
· 안동대교구 정의구현사제단
· 연세대학교(원주캠퍼스) 총학생회
· 영남대학교 총학생회
· 천주교 전주교구
· 지혜학교 교사 일동

· 한국기술교육대학교 학생 1514인
· 한국 YMCA

11월 10일
· 경남대학교·마산대학교·창원대학교 민주동문회
· 대구지방변호사회 소속 변호사 101인
· 대한전공의협의회 1712인
· 대한예수교장로회 산하 7개 신학대학교 교수 155인
· 동아방송예술대학교
· 박근혜정권 퇴진 서울행동
· 박근혜 하야 촉구 평화통일인사 207인
· 미국 스탠퍼드 대학 161인(학부·대학원생)
· 전국교원양성대학교 교수협의회
· 창원대학교 학생 1780인
· 창원지역문화예술인 145인
· 6·15공동선언실천 남측위원회
· 한국교원대학교 교수 83인
· 싱가포르와 홍콩대학 한인교수 67인

11월 11일
· 국민대학교 교수 161인
· 천주교 대전교구 정의평화위원회
· 동물보호단체 모임(나비야사랑해·동물권단체 케어·동물보호단체 행강·동물보호법 개정을 위한 동물유관단체 대표자 협의회·동물보호시민단체 카라·동물을 위한 행동·동물의벗 수애모·동물자유연대·미디어125·부산동물학대방지연합·팅커벨프로젝트)
· 미국 매사추세츠 공과대학(MIT) 한인 구성원 118인 일동
· 민주회복을 위한 내서지역 시민행동 800인
· 박근혜 퇴진을 요구하는 충북지역 변호사 102인
· 불교단체 공동행동(실천불교전국승가회·불

교환경연대·대한불교청년회 중앙회 등 30여
개 단체 모임)
· 산악인 1073인(전국산악인의모임·한국대학
산악연맹)
· 서울대 동문 비상시국행동
· 일본 도쿄 동경나라사랑회
· 전국 변호사 비상시국모임
· 한국체육대학교 학생모임

11월 12일
· 민주주의 회복을 위한 건국대학교 1984년 입
학동문 100인 일동
· 서울대병원노조 조합원
· 박근혜 퇴진과 민주주의 회복을 위한 서호주
한인행동
· 인도네시아 재인도네시아 교민·유학생 시국
선언 모임
· 제주불교연합회
· 출판인 888인
· 캐나다 오타와 교민 70여 명
· 뉴질랜드 오클랜드 교민 150여 명

11월 14일
· 경남 꿈키움중학교 학부모 42인
· 경상남도 청소년지도사협회
· 국제아동청소년연극협회 한국본부
· 천주교 부산교구
· 성균관 청년유도회 영주지부

11월15일
· 전국화학섬유산업노동조합 부산경남지부
· 한국외대 교수협의회

11월16일

· 대한 의과대학·의학전문대학원 학생협회
· 산청군민 시국회의 시국선언문
· 정의당 이화여자대학교 학생위원회
· 한국YMCA 경남협의회 2차 시국선언문
· 창원시의회 민주의정협의회 성명서

11월 17일
· 경남변호사회 소속 변호사 109인
· 공정한 언론구조와 민주주의의 정립을 촉구
하는 언론·방송학자 일동(한국언론학회·한
국방송학회·한국언론정보학회)
· 박근혜 정권 퇴진 제주행동(제주지역 103개
단체 모임)
· 진주시민 623인
· 태봉고 학부모 45인
· 예술대학생 시국회의(한국예술종합학교·추
계예술대 총학생회, 국민대·동국대·덕성여
대·경기대·충남대 예술대 학생회, 국민대 조
형대·건국대 예술디자인대·고려대 디자인조
형학부·서울과기대 조형대·숙명여대 미술대
학생회, 청년예술가네트워크)
· 컬럼비아 대학 한인학생 150여 명

11월 18일
· 단국대학교 교수 147인
· 미주N개 대학 연합 한인 920인
· 영국 옥스퍼드대학교 유학생·동문·교직원·
지역 교민 131명
· 한양여자대학교 총학생회

11월 19일
· 미시간대학교 한인 시국선언 서명자 307인
· 베트남 재외동포
· 이탈리아 로마 교민·유학생 약 150명
· 터키 이스탄불 교민·학생 50여 명

· 한남대학교 시국모임(교수·학생)

11월 21일
· 독립영화인 821인
· 문학 5단체 공동 시국선언(국제펜클럽한국본부·한국문인협회·한국소설가협회·한국시인협회·한국작가회의)
· 중앙대학교 동문 689인

11월 22일
· 체육총연합(한국체육학회·한국체육단체총연합회)

11월 23일
· 교토대학 시국선언을 위한 한국인 유학생 및 연구자 모임
· 한경대학교 비상대책위원회

11월 26일
· 민주노총 언론노조 대구경북협의회
· 호주 시드니 교민 800여 명
· 호주 멜버른 교민 200여 명
· 호주 애들레이드 교민 90여 명

11월 28일
· 제주대학교병원 직원 758인

11월 29일
· 제주종교지도자협의회

* 이상 시국선언문 날짜는 시국선언문에 기입된 제작 날짜를 기준으로 하였으나, 날짜가 기재되어 있지 않은 선언문은 언론 기사를 통해 확인하였기에 약간의 오류가 있을 수 있습니다. 또한 모든 목소리를 기록하고자 하였으나 방방곡곡에서 시국선언문이 폭포처럼 발표되었던 때라 미처 확인하지 못하고 누락된 선언문이 많을 것으로 생각되어 채워지지 않은 마음을 함께 담습니다.

모든
권력은
국민
으로부터
나온다

11월

—모든 권력은 국민으로부터 나온다

초판 1쇄 발행 • 2017년 1월 2일

지은이 • 강정효 고동민 권용택 권혁소 김동현 김무환 김병호 김성수 김이하 김해원 김희정
　　　　노순택 나영 노태맹 류성환 문주현 배길남 백무산 이상현 이인철 이종구 이하
　　　　임옥상 임재근 전희식 정용태 정택용 조성국 차규선 하승우 한하늘 홍성담
펴낸이 • 황규관

펴낸곳 • 도서출판 삶창
출판등록 • 2010년 11월 30일　제2010-000168호
주소 • 04149 서울시 마포구 대흥로 84-6, 302호
전화 • 02-848-3097
팩스 • 02-848-3094
홈페이지 • www.samchang.or.kr

종이 • 대현지류
인쇄제책 • 스크린그래픽

ⓒ고동민 외 31명, 2016
ISBN 978-89-6655-071-5　03330